柑橘产业
供给侧改革的主攻方向与对策

侯雨林　著

经济日报 出版社

图书在版编目（CIP）数据

柑橘产业供给侧改革的主攻方向与对策 / 侯雨林著.
-- 北京：经济日报出版社, 2020.12
ISBN 978-7-5196-0745-6

Ⅰ.①柑… Ⅱ.①侯… Ⅲ.①柑桔类-农业经济-研究-中国 Ⅳ.①F326.13

中国版本图书馆 CIP 数据核字（2020）第 245980 号

柑橘产业供给侧改革的主攻方向与对策

作　　者	侯雨林
责任编辑	王　含
责任校对	蒋　佳
出版发行	经济日报出版社
地　　址	北京市西城区白纸坊东街 2 号（邮政编码：100054）
电　　话	010-63567684（总编室）
	010-63584556　63567691（财经编辑部）
	010-63567687（企业与企业家史编辑部）
	010-63567683（经济与管理学术编辑部）
	010-63538621　63567692（发行部）
网　　址	www.edpbook.com.cn
E – mail	edpbook@126.com
经　　销	全国新华书店
印　　刷	成都兴怡包装装潢有限公司
开　　本	880mm×1230mm　1/32
印　　张	10.375
字　　数	225 千字
版　　次	2021 年 1 月第一版
印　　次	2021 年 1 月第一次印刷
书　　号	ISBN 978-7-5196-0745-6
定　　价	56.00 元

内容简介

从我国柑橘产业发展的实际和现状出发，深刻剖析我国现阶段柑橘产业发展过程中存在的突出问题，探讨柑橘产业供给侧改革的主攻方向，探索产业结构性调整及其技术对策。真正解决产品提质、产业增效、果农增收问题。并统筹发展加工专用型和加工鲜食兼用型品种，建立规范化、标准化生产基地，推广和完善绿色食品和有机食柑橘丰产技术，培育柑橘鲜果深加工龙头企业，培育高级新型经营主体，推进柑橘产业的产业化经营。

目　录

第一章　我国柑橘产业的发展现状

第一节　我国柑橘产业发展概况

在我国，最适宜的柑橘种植区域是北纬 19°～23°、海拔 1000m 以下的地域。全国有 20 个省（市、区）、950 多个县（市）种植柑橘，主要集中在湖南、湖北、江西、福建、浙江、广西、广东、四川和重庆 9 个省（区、市），全国 93.6% 的种植面积集中在这 9 个省市区，其产量占全国的 95% 以上。2003 年国家农业部柑橘优势区域规划将长江上中游柑橘带、赣南—湘南—桂北柑橘带和浙南—闽西—粤东柑橘带以及一批特色柑橘生产基地确定为柑橘优势区，这些优势区是我国柑橘的集中产地。这些区域的产量己占全国柑橘总产量的 45%，平均单产 700kg 左右，早熟和晚熟产品占 20%，均高于全国平均水平，鲜果和橘瓣罐头出口量分别占全国的 70% 和 80%。国家统计数据显示，2016 年、2017 年全国 9 个主产区面积、产量情况见 1-1：

表 1-1　2016 年、2017 年全国 9 个柑橘主产区面积产量表

主产区	2016 年		2017 年	
	面积（千 hm²）	产量（万吨）	面积（千 hm²）	产量（万吨）
湖南省	360.1	496.95	369.4	500.9
湖北省	218.8	457.39	217.5	465.9
福建省	121.6	378.9	124.1	315.39
广东省	224.7	378.9	223.6	315.39
广西壮族自治区	370.4	578.22	441.3	682.06
四川省	273.7	401.69	284.3	415.68
浙江省	93.5	178.69	91.4	186.79
重庆市	186.7	242.58	200.4	250.58
江西省	330.7	360.1	323.1	404.26
合计	2180.2	3473.42	2275.1	3536.95

注：种植面积含未受益面积。

1984 年，国家对水果进行了以市场化为导向的流通体制改革，柑橘产业迅猛发展，现已成为我国南方主产区农业经济的一大支柱产业。

一、生产规模成倍增加

1978 年，我国柑橘的种植面积和产量分别为 15.2 万 hm² 和 38 万吨，到 2000 年面积和产量分别增至 127.2 万 hm² 和 1079 万吨。人均柑橘产量由 1978 年的 0.4kg 提高到现在的 8kg，增长了 19 倍。我国是世界第三大柑橘生产国，柑橘面积居世界第一，产量居第三位，仅次于巴西 2399 万吨和美国 1570 万吨。

二、产品质量不断提高

我国柑橘优质果率已由 1990 年前的 25% 提高到现在的 35% 以上，外观、口感和风味更加适应消费者的需求。近 10 年来，各地已开始重视产品包装和品牌的创建。据品质分析，我国脐橙的果形、色泽和风味已可与美国同类产品相媲美。

三、品种结构有所改善

一是宽皮柑橘与橙类的比例有所调整。1990 年以前，我国柑橘产量 70% 为宽皮柑橘，甜橙约占 20%，现在分别下调和上升 10 个百分点。二是产品成熟期有所延长。1990 年以前，我国柑橘 90% 以上集中在 11、12 月份成熟，现在该比例降到了 75%。一些有条件的地区开始注意早熟和晚熟品种的发展，如湖南石门县的早熟温州蜜橘，重庆长寿区和四川江安县的晚熟夏橙。三是注意发展名、优、新、特产品。如重庆的锦橙、江西的南丰蜜橘、福建的椪柑、广西的沙田柚、广东的红江橙、湖南的冰糖橙和无核椪柑。此外，从国外引进的脐橙，在江西、湖北、重庆和四川已建成商品生产基地。我国已经收集、保存在国家柑橘种质资源圃中的种质材料有 940 份（美国为 2000 份，巴西为 1800 份）。我国从 20 世纪 70 年代开展了大规模选育种工作，一批适应性强、品质优良的品种已在生产中得到广泛应用。1990 年以来，通过民间渠道、合作交流和农业部组织实施的柑橘"948"项目等形式，从国外引进了上百个优新品种及育种材料。

四、柑橘生产已成为农民增收和致富的重要途径

据统计，2001 年中国柑橘总产量 1160.7 万吨，已经成为仅次于苹果（2206 万吨）的第二大类水果。按每吨柑橘鲜果产地售价 1000 元计算，2001 年我国柑橘生产实现产值 100 多亿元，900

多万柑橘生产从业人员年均收入超过 1000 元。在许多柑橘主产县、乡（镇），柑橘产值已占农业总产值的 30%~70%。如浙江省衢县柑橘年产值达到 6 亿元以上，占农业总产值的 50%；福建省永春县柑橘年产值 2.2 亿元，占农业总产值的 31%，1999 年我国柑橘鲜果出口 23.5 万吨，创汇 6500 万美元。柑橘生产已成为南方主产区农民增收和致富的重要途径。

五、产业化经营开始起步

近年来，我国柑橘产后商品化处理、贮藏加工和市场营销得到重视，柑橘商品处理比例达到 50% 以上，贮藏能力占产量的 10%，橘瓣罐头加工、橙汁加工等加工产业已逐渐发展。一些工商企业纷纷介入柑橘生产和加工产业，形成"公司+基地+农户"的联合体和新型经营主体——农民专业合作社带动了我国柑橘的产业化经营。现已有黄岩罐头厂、湖南盛节节高、汇源集团、赣南果业、椰风集团、娃哈哈集团等知名企业介入柑橘产业的发展。

六、区域布局逐步形成

我国栽培柑橘的省（市、区）有 20 个主要集中在湖南、江西、四川、福建、浙江、广西、湖北、广东和重庆 9 个省（市、区），这 9 个省（市、区）常年产量占全国的 95% 以上。柑橘的优势种植区域是四川宜宾至重庆万州段长江中上游的橙汁品种优势区；重庆万州以东至湖北宜昌南津关以西长江中上游、江西赣州、湖南西南部脐橙优势区；浙东南、湖北宜昌南津关以东和湖南中西部罐藏温州蜜柑优势区；浙东南、闽东南、粤东南、桂北、湘南柑、柚优势区。

第二节 我国柑橘产业发展的优势和特点

柑橘产业在纵向上已取得了很大的发展，但在横向上与其他柑橘生产大国相比较，除产量位居前列外，在贸易、质量和市场占有等方面仍然很落后。如何利用我国柑橘产业发展中的优势条件，充分挖掘潜在的能量，是发展我国柑橘产业、提高产业竞争力必须解决的问题。

一、柑橘产业发展的生态条件优越

我国疆域辽阔，具有适宜柑橘种植的北亚热带、中亚热带、南亚热带和边缘热带气候，热量丰富，雨量充沛，光照充足，且随全球气候变暖，柑橘生态的最适宜区和适宜区还在扩大。柑橘生长条件对温、光、水、气、热、土壤等生态因子都有一定要求，并在不同的条件下有着不同的生长表现。温度是决定柑橘分布、产量和品质的主要气候因素。柑橘适宜于温暖湿润的气候，在 15℃~22℃ 范围内，年均温度高，果实的产量高、品质好。不同的品种要求的温度条件略有不同。大量的生产实践证明，以年均温 16℃~17℃ 的地区为好。日照是柑橘生长结果所必需的光热来源，直接影响植株的生长、产量和品质。柑橘对日照的适应范围较广，我国的柑橘产区年日照时数为 1000~2700h，生长结果均良好。柑橘是常绿果树，周年需水量大，要求较多的水分才能满足正常生长结果的需要。柑橘的实际需水量随品种、气候、土壤和季节不同而改变。柑橘对土壤的适应性较广，柑橘最适宜的土壤是土层深厚、结构良好、疏松肥沃，有机质含量 2%~3%，地下水位在 1m 以下。柑橘的生态环境是以气温为主要指标，兼考虑雨量、日照、土壤等因子，根据上述指标划分为最适宜区、适宜区、次适宜区、不适宜区，其中最适宜区的特点是无冻害，生长发育迅速，开花结果好，丰产稳产，果实浓甜芳香、果汁丰富，能表现优良品种的固有特性。

优越的气候和良好的地形资源适合柑橘生长，特别是温州蜜柑的发展。如湖南境内的洞庭湖泊水系和湘、资、沅、澧四水以及长度在 5km 以上的河流 5300 多条，径流总长度 4.3 万 km，水资源总量达 2100 亿 m³，人均占有量 3400m³，为全国人均占有量的 1.5 倍。从气候、土壤、区位、环境、水源等自然因素看，其先天条件适合柑橘生长，具有其他区域不可比拟的优越自然条件。

目前，我国有 20 个省（市、区）、985 个县（市、区）生产柑橘，且甜橙的 70%、宽皮柑橘的 75% 和柚类的 80% 都种植在生态最适宜区和适宜区。特别是江西、湖南、福建、广西、云南等省（区）有大量的红黄壤缓坡丘陵地适宜种植柑橘，为柑橘生产提供了丰富的土地资源。我国气候类型十分复杂，大部分柑橘产区基本上能适应不同柑橘品种对生态环境的要求，给我国柑橘生产的发展奠定了良好的基础。我国柑橘专家邓秀新教授的研究表明，长江中上游柑橘带、赣南—湘南—桂北柑橘带和浙南—闽西柑橘带是我国柑橘生长最适生态区，是我国柑橘能与世界其他柑橘主产国竞争的重要条件。特别是重庆三峡库区和江西赣南是我国脐橙发展立地条件最好、果实品质最优、发展潜力最大、最有希望成为我国脐橙生产大基地的区域，可与美国、西班牙等国脐橙比高下的生产基地。

二、种植历史悠久

湖南是我国柑橘起源中心之一，《禹贡》中有"荆州橘柚为善，以其常贡"的记载。屈原著名诗篇《橘颂》曰："后皇嘉树，橘徕服兮，受命不迁，生南国兮。"长沙马王堆一、三号汉墓出土文物中就有柑橘果实和种子，殉葬品竹简上有"橘一笥"的记载。由此证实湖南省种橘历史至少已有2000多年。湖南柑橘种类资源丰富：湖南拥有极其丰富的地方良种资源、野生资源、野生近缘植物及天然杂种资源。现已查明的野生柑橘种类有野黎檬、宜昌橙、野香橙、野柑、野橘、金豆、野金弹、大叶枳等8种，具有适宜柑橘生长的地理环境条件和丰富的柑橘种类，湖南具有多样化野生柑橘类型地理基因中心的地位。

三、发展速度较快

自1984年国家进行水果流通体制改革后，柑橘种植业得到了迅猛发展。目前，中国柑橘种植面积居世界第一位，占全球柑橘种植总面积的18%，产量居第三位，占世界柑橘总产量的10.8%，仅次于巴西和美国。到2018年底，湖南省柑橘栽种面积已达到50.3万hm^2，产量突破277.9万吨，分别居全国20个柑橘生产省份的第一和第二位。同时，逐渐向区域化发展，永州、怀化、常德、湘西和邵阳五市（州）逐渐成为湖南省柑橘优势区域。统计数据显示，这五市（州）柑橘面积占全省柑橘总面积的69.3%，柑橘产量占全省柑橘总产量的68.4%。其中，常德市柑橘种植面积达9.4万hm^2，正常年份柑橘总产量150万吨，平均单产突破1000kg。涌现了不少高产高效典型。且常德市柑橘种植主要集中在丘岗地区，种植面积大的县（市区）依次为石门（2.93万hm^2）、桃源（2.13万hm^2）、临澧（0.9万hm^2）、鼎城

（0.73 万 hm^2）、澧县（0.67 万 hm^2）、汉寿（0.587 万 hm^2）、津市（0.243 万 hm^2）。其他各县（市区）均在 1 万亩以上。

第三节　柑橘品种结构与生产布局特点

我国是柑橘重要的原产地之一，品种资源十分丰富，被誉为"世界柑橘资源宝库"。栽培以甜橙类和宽皮柑橘类为主，近 20 年来，先后从国内选育和国外引进 100 多个适宜商业栽培的品种（品系），极大地丰富了我国柑橘的优良品种（品系），现已有甜橙、宽皮柑橘、柚类等品种，且早、中、晚熟品种配套。重庆锦橙、奉节脐橙、广西沙田柚、江西赣南脐橙、温州蜜柑和福建椪柑等多次荣获全国农业博览会名牌产品称号，具有较高的知名度。由于特殊生态环境的影响，许多引进品种在中国表现出比原产地更优异的品质。例如脐橙在赣南、湘南表现出相当好的外观品质，果皮深橙红色，富光泽；在云南玉溪则表现出极优的内质口感，果肉脆嫩，味纯甜。根据农业部柑橘及苗木质量监督检验测试中心的对比分析，江西赣南脐橙和重庆市奉节县海拔 400m 以下的脐橙，其综合品质都超过了世界著名的美国脐橙，重庆锦橙综合加工品质也能与国外著名的橙汁加工品种相媲美。如湖南省经过 30 多年的发展，特别是近几年的优势区域建设，已有较好基础，产业规模大，生产区域逐步集中。目前，湖南柑橘面积和产量已经成为全国第一，生产区域逐步集中，集约化经营水平明显提高。全省 10 万亩以上的柑橘生产大县 16 个，5 万亩以上的 37 个。从这些县的分布情况看，主要在湘南、湘西和湘西北地区。最近几年，选择了 18 个重点县发展优质脐橙、早熟温州蜜橘、椪柑和冰糖橙，通过连续多年的引导和扶持，这 18 个县的柑橘面积、产量占全省的比重，已经由 2001 年的 30% 和 32% 分别上升到了 50% 和 55%。其中湘南脐橙已发展到 40 万亩，道县、宜章、新宁、临武、安仁等都建立了万亩示范片，在全省乃至全国都有了一定影响。

柑橘品种结构得到有效优化，主要表现在以下三个方面：一是橙类比重有所提高，宽皮柑橘的比重由原来的 80% 以上下降到 75.3%。二是成熟期拉长，由原来的绝大多数为中晚熟发展为现在的以中晚熟为主，特早熟和早熟作补充的格局。三是引进品种和一些名特优新品种得到一定发展，如脐橙与冰糖橙。以常德为例，全市种植的柑橘种类比较齐全，种植面积比较大的依次为：温州蜜柑类（占 69.32%）、椪柑类（占 13.55%）、橙类（占 8.66%）、杂柑类（占 4.46%）、柚类（占 4.01%）。

第四节　产品质量与产业发展标杆的建树

从总体上讲，我国柑橘质量状况不好，在外观品质、内部质量的一致性和产品包装方面与世界柑橘生产先进国家相比都有较大的差距。按照国际标准，我国只有 5% 的高档优质柑橘可以与美国的柑橘媲美。所以，我国柑橘在质量方面总体上不具有竞争优势。但个别柑橘品种具有一定的国际竞争力。具有一定国际竞争力的品种：一是脐橙。外观上，美国脐橙产前色泽不如我国同类产品，但经商品化处理后，规格一致，外观漂亮；但脐橙的内质性指标（可溶性固形物含量），美国比我国脐橙（11%以上）低，一般在10%左右，风味偏淡，含酸量稍高。二是宽皮柑橘。我国宽皮柑橘既适合鲜销又适合加工，无论外观还是内质，基本上可以与世界同类产品相媲美。温州蜜柑无核早熟，红橘色彩鲜艳，杂柑耐贮运，食用方便。三是橘瓣罐头。我国橘瓣罐头在总体上与国际同类产品质量相当，但在去除瓤衣和降低碎瓣率等方面有待改进。

一、柑橘果实品种好

我国湖南柑橘的优势产品如早熟温州蜜橘、冰糖橙、脐橙和橘瓣罐头等特色十分明显，曾多次被评为全国优质水果。雪峰山一带所产的温州蜜橘果肉色彩鲜艳，囊瓣整齐，汁囊细嫩，特别适合于加工橘瓣罐头，其产品质量和价格与日本、西班牙产品相比具有明显的竞争优势。其蜜橘汁、椪柑汁和甜橙汁等加工产品的开发潜力大。围绕这些主导产品，各级政府和各级农业部门狠抓品牌打造，如"湘冠"、"雪峰"蜜橘，"湘南"脐橙，"汇萃"冰糖橙，"湘西椪柑"等一批地方名优品牌，在市场上已有了一定的知名度。在柑橘产业发展上，湖南省己形成"一横一纵"两条柑橘带：一是湘南鲜食脐橙和加工甜橙产业带，重点是宜章、道县、新宁、临武、蓝山、宁远、武冈等县的4万hm²脐橙，怀化、永州的1.33万hm²加工甜橙和永兴、麻阳、洪江的2万hm²冰糖橙。二是雪峰山和武陵山区的宽皮柑橘产业带，以洞口、溆浦、安化、石门为重点县，新发展3.3万hm²早熟、特早熟温州蜜橘及其他宽皮柑橘良种。良种繁育体系不断完善，科技创新能力显著增强。在柑橘优势区域建设中，湖南省始终把良种繁育体系建设作为重点给予扶持。全省已建成8个高标准的柑橘无病毒苗木繁育基地，无病毒苗木的年生产能力达到了 500 万株，是前几年的十多倍。同时，从国内外引进了一大批柑橘优良品种，还自主选育了"安化红蜜橘"等具有自主知识产权的新品种，为今后的发展创造了条件。

20 世纪 90 年代以前，湖南柑橘产量的 80% 是温州蜜橘，其他品种所占比例很小。通过连续几年的调整特别是优势区域建设，温州蜜橘的比例已有所下降，脐橙、冰糖橙等橙类比例上升。尤其可喜的是，脐橙、温州蜜橘早熟品种和橘瓣罐头的加工在湖南省已经形成规模化生产。

特别是拥有"中国早熟蜜柑第一县"美誉的石门县已成为在全国有重大影响的柑橘名县，全县柑橘种植面积达 2.93 万 hm^2。该县柑橘产业在面积、产业、品牌、销售、市场建设等方面，在全国都有重要的地位和影响，是一个在柑橘产业方面的全面典型，对增强湖南柑橘的竞争力发挥了举足轻重的作用。

20 世纪 80 年代初至 21 世纪初，湖南省石门柑橘面积以每年 1.4 万亩的速度扩张，产量以每年上万吨的增量攀升，是全省最大的柑橘种植县。如今，全县柑橘面积达 2.93 万 hm^2，占全省柑橘面积的 5.7%，是全省县均面积的 5.7 倍。年产量稳定在 65 万吨以上，2018 年全县总产达到 95 万吨，实现鲜果收入 18 亿元，全县与柑橘业相关的附加产值达到了 4.8 亿元。

石门柑橘已连续 40 年对外出口，产品远销加拿大、俄罗斯、欧盟、东南亚等 20 多个国家和地区，出口量占全国的 15%，湖南省的 76%。全国已有 28 个省、市、区的 3000 名客商成为石门柑橘的固定经销商。

二、石门柑橘"誉满天下"

2000 年 10 月，中国柑橘学会授予石门"中国早熟蜜橘第一县"称号。2001 年 10 月，石门县被国家林业局命名为"中国柑橘之乡"。2004 年底，"国家级优质特早熟蜜橘无病毒种苗繁育基地"落户石门，进一步夯实了石门柑橘创先争优的雄厚基础。目前，石门县成为全国最大的早熟蜜橘生产与出口基地，是全国四大脐橙生产与出口基地之一，是名副其实的柑橘之乡，中国早熟蜜橘第一县。

20 世纪 80 年代，石门县委县政府鼓励适合发展柑橘产业的乡镇村利用世行贷款发展柑橘产业，在海拔 1000m 以下的区域广泛发展柑橘，不断扩大柑橘的种植规模，建设集体园艺场 213 个，其中国营场 2 个，乡镇场 25 个，村办场 186 个。同时，大力发展柑橘种植大户，发展 50 亩以上的专业大户 1200 多个，石门县境内，各种橘园星罗棋布、漫山遍野。

随着石门县 1998 年 8 月国家商标局申报注册"湘冠"、"金果"商标成功，石门柑橘结束了没有品牌的历史。后来，又相继注册了"皂市"、"秀坪"、"石门红"、"金湘源"、"橘友"、"龙凤"等商标，品牌队伍不断壮大。2008 年 9 月 28 日，"石门柑橘"获得国家地理证明商标注册，身价倍增。

三、充分利用得天独厚的优势抓柑橘产业发展

一是充分利用得天独厚的自然环境，培育品质佳、质量优的石门柑橘。石门北部横亘着海拔 2098.7m 的壶瓶山，东南则是海拔仅 100m 左右的洞庭湖平原，受此影响，北方冷气流难进易出，冬天南方暖气流易进难出，雨量丰沛。加上丘岗山地昼夜温差大，光照充足。这种特殊地理气候环境下生产的果品，不仅糖分

高，而且比同纬度同类品种早熟 10 天以上，极富竞争力。2003年秋，国家农业部柑橘及苗木质量监督检验测试中心经严格化验，给予石门柑橘"果形端庄整齐，色泽靓丽，果皮细薄光洁，肉质红嫩化渣、汁多，酸甜可口，风味浓郁，品质极优。"的评价，可谓推崇备至。二是充分利用交通和通讯优势铆紧产业链条。常德市是湖南省除省会长沙外唯一拥有铁路、高速公路、机场、水运的内陆城市，是中国 60 个高速公路枢纽城市之一。有 8条高速公路：常德——长沙、常德——张家界（重庆）、常德——吉首（贵州）、常德——荆州、常德——岳阳、常德——邵阳的高速公路均已全部完工，即将峻工通车的安乡——慈利高速公路横穿石门，另有两条正在筹划之中。常德机场可起降波音737、757 等大型客机，并已开通至北京、上海、深圳、海口等航线。境内沅江、澧水全年可通航 3000 吨级，沿江有码头 36 座，其中常德港有 500 吨级码头 2 座，千吨级集装箱码头 1 座，水路南抵长沙，北通岳阳，经洞庭湖入长江，上达重庆，下抵上海。常德市外向型经济机构健全，外经贸、招商、进出口商品检验检疫、外汇管理、出口货物联运和外商投诉协调等外向型经济服务机构和设施均居全省前列。目前，常德市己与 80 多个国家和地区建立了直通经贸往来。石门柑橘生产相对集中在澧水沿线，石长铁路和枝柳铁路在石门县城交汇，且靠近国道 G207、G353 国道从县城通过，水陆交通畅通良好，交通条件为石门柑橘流通打下了坚实的基础。

三是注重科研成果转化发展柑橘产业。石门县向来注重柑橘品种改良和栽培技术科研。早在 1963 年，梅伯银技术员倡导引种无核蜜橘，在有核品种一统天下的时代率先引进了无核良种。20 世纪七八十年代，县农业科技部门先后聘请华中农学院教授章文才、湖南省园艺研究所研究员刘庆民、常德地区农业局高级农艺师孙定国等权威专家学者担任技术顾问，制定"特早熟蜜橘优先发展"的技术路线，并长期一以贯之。1984 年 9 月，承办了"全国柑橘速生丰产栽培技术现场评价会"。1988 年 12 月，"石门柑橘特早熟系列技术开发"被国家科委评为国家首届"星火奖"一等奖，刘庆民、熊继和、邢修民获金质奖章。1999 年 9 月 8 日，石门县人民政府与日本国日中技术交流会签订五年期的友好合作协议，确定秀坪园艺场为"中日友好柑橘场"，重点建设其二分场"中日友谊橘园"。2000 年 6 月，组组石门县柑橘技术考察团，考察访问了日本柑橘主产区。通过与美国、澳大利亚、挪威、西班牙、以色列、韩国等国际社会交流，石门柑橘实现了与世界紧密接轨。

四是政府高度重视柑橘产业发展。2001 年 9 月，石门县委县政府筹资 1800 万元，建成总建筑面积 3.5 万 m²、年交易柑橘 30 万吨的皂市柑橘交易大市场，成为全国最大的柑橘产地交易中心之一，被命名为"国家农业部定点市场"。目前，全县共有 16 个柑橘主产乡镇，柑橘专业村 220 个，建成了以蒙泉、夹山、秀坪、新关、皂市、白云、楚江等乡镇街道为主的 2 万 hm² 早熟特早熟蜜橘基地，以维新镇、三圣乡为主的 0.4 万 hm² 纽荷尔脐橙基地，以磨市镇为主的 0.2 万 hm² 椪柑基地，以雁池乡为主的 0.33 万 hm² 中迟熟蜜橘基地，以所街乡为主的 0.67 万 hm² 冰糖橙基地。在石门县柑橘协会的大力倡导下，金湘源食品、秀坪园艺场、恒园果业、亚飞柑橘专业合作社等 14 家市级以上农民专业合作示范社和农业产业化龙头企业与 57 家果品分选打蜡厂及 3200 个柑橘营销大户精诚合作，推行"公司+基地+农户"的现代农业模式。石门县柑橘办按照产前、产中、产后相配套原则，结合国家标准，逐步建立起了柑橘生产、加工、包装、储藏、运输和质量监测、质量安全等一系列标准体系。

第五节　市场与流通状况

柑橘是世界第三大国际贸易农产品，国际柑橘贸易日趋活跃，市场潜力较大。目前全世界有119个国家和地区出口柑橘，其中，115个国家和地区出口甜橙，93个国家和地区出口宽皮柑橘，161个国家和地区进口柑橘。

一、鲜果出口情况

2000年，世界柑橘出口的比例约占总产量的10%，约1000万吨。按出口的相对比例高低排序，南非、乌拉圭（南半球）出口比例超过柑橘产量的60%，其次是西班牙和美国。按绝对量排序，出口最多的是西班牙，达到322.1万吨，其次是美国104.6万吨。而我国仅为20万吨，仅占柑橘总产量的2%左右，柑橘贸易量约占世界柑橘鲜果贸易量的2%，属贸易小国。世界柑橘鲜果进口国主要是一些发达国家和不产柑橘的国家（地区），如德国、法国、英国、加拿大、东南亚国家（地区）以及前苏联和东欧国家。近年来，亚洲国家（地区）进口增长很快，2000年进口甜橙431万吨（其中脐橙约占一半），宽皮柑橘233.3万吨。我国柑橘进口增长较快，2000年进口6万余吨的柑橘鲜果，其中80%是甜橙。主要从美国、澳大利亚、南非、西班牙等国家进口，进口较多的是脐橙、夏橙、柠檬和杂柑，主要消费对象是大中城市和沿海经济发达地区的高收入阶层。目前，我国人均柑橘占有量只有世界平均水平的一半。

从我国柑橘出口的情况可以看出，我国柑橘鲜果除优质宽皮柑橘和少量脐橙外，由于品质差、商品化处理低，在国际市场上占有率只有 2.1%。总体上看，我国柑橘的国际市场竞争力比较弱，加入 WTO 后，我国柑橘的出口量增长缓慢，进口增长较快，这与我国柑橘面积位居世界第一、产量位居世界第三的地位很不相称。

在 2005 年以前，湖南省柑橘出口量长期徘徊在 3000～4000 吨的低水平，出口国主要为加拿大，出口品种也局限于温州蜜橘。自 2006 年起，湖南柑橘出口开始大幅度增加，出口柑橘 1.3 万吨，创历史新高。2007 年达到 6.6 万吨，2008 年再刷新记录，高达到 10.4 万吨，三年实现跨越式大发展，出口国家也逐渐扩大到加拿大、俄罗斯、哈萨克斯坦、欧盟、东南亚等十几个国家或地区，现在出口品种有温州蜜橘、椪柑、脐橙、夏橙、香柚等多个品种。尤其是石门县的柑橘市场建设在全国产生了巨大的影响。但从全国的贸易状况来看，湖南省还处于相对较弱的地位，与广东省柑橘出口贸易量相比还有很大差距，据有关资料显示，广东省的贸易量占全国出口总额的 30%，居全国第一位。

中国是世界柑橘重要的起源中心之一。柑橘产业的长足发展，已成为中国南方主产区农村经济的一大支柱产业，为促进农民增收，扩大就业和改善生态环境作出了积极贡献。随着国内柑橘产业的发展，特别是加入 WTO 后，农产品市场逐步开放，在带来机遇的同时也加剧了竞争，形势比较严峻。

二、加工制品出口情况

目前，世界柑橘加工利用水平为 34%。主导产品是橙汁和橘瓣罐头，分别占 81% 和 5%。橙汁加工有鲜榨汁、浓缩汁和非浓缩汁三种形式。目前，65%和42%浓缩汁是最主要的橙汁产品，其不足之处是营养损失较大。而非浓缩汁（NFC）因质量和风味更接近鲜榨汁，保质期较现榨橙汁长，虽然售价高，却一直受到消费者的青睐，消费量逐年上升。世界橙汁生产大国是巴西和美国，巴西占世界橙汁产量的70%左右，主要供应出口，对国际市场的影响举足轻重。美国占世界橙汁产量的23%，既出口也进口，是世界第一消费大国和净进口国家。世界每年人均橙汁消费量为2.5L，美国为25L，我国仅为0.1L。

橘瓣罐头在发达国家的需求比较稳定，由于橘瓣罐头是一个劳动密集型产品，加工地主要在西班牙和中国，目前中国已经跃居世界第一。20世纪90年代以来，浙江黄岩和宁波一带抓住日本放弃橘瓣加工的机遇，引进技术，合作经营，重新发展橘瓣罐头加工。之后，湖南与美国合作也在发展橘瓣加工。目前，我国橘瓣罐头生产主要集中在浙江和湖南两个省，其中浙江省占大部分。

世界橘瓣罐头出口量在30万吨左右。2000年，我国橘瓣罐头出口达到12万吨，2001年增长到17万吨，占世界出口总量的一半以上，出口目的地主要是日本（48%）、美国（33%）和德国（11%）。随着我国加入WTO，与西班牙在国际橘瓣罐头市场的竞争更加激烈，但因我国生产成本较低，总体上，竞争对我国还是有利的。可以预计，在未来5年内，我国橘瓣罐头的出口会有较大的发展。

第六节　鲜果加工业发展现状

20世纪90年代以来，浙江黄岩和宁波一带抓住日本放弃橘瓣加工的机遇，引进技术，合作经营，重新发展橘瓣罐头加工。之后，湖南与美国合作也在发展橘瓣加工。目前，湖南省的柑橘罐头产业经过优胜劣汰，以湖南熙可食品有限公司、湖南金果果蔬食品有限公司、湖南盛节节高食品股份有限公司等为代表的先进企业正迅速崛起（见表1-2）。他们与科研单位联合进行技术创新，产品质量得到了很大的提高，产品远销美、日、俄等国，正常年份年加工产量为5万吨，全省每年柑橘深加量约15万吨以上，占全省柑橘鲜果总产量的9%左右。

表1-2 湖南省5个柑橘加工代表企业生产经营情况

企业		产量（万吨）	总产值（万元）	创汇（万美元）	利税（万元）
制制	湖南熙可食品有限公司	2.0	30000	2000	2200
	湖南金果果蔬食品有限公司	2.0	30000	700	2000
	湖南盛节节高食品股份有限公司	1.0	15000	500	1058
	合计	5.0	45000	3200	5258
制汁	湘西自治州喜阳阿姆斯天然果汁有限公司	0.6	9000	1000	1100
	益阳泰升天然果汁有限公司	0.7	10500	2000	1380
	合计	1.3	19500	3000	2380
总计		6.3	64500	6200	7638

注：表中数据均为"正常生产年"数据。

　　同时，近年来湖南省加强了对柑橘深加工与综合利用的研究，湖南省农产品加工研究所研制出了全汁发酵的柑橘酒、柑橘白兰地和柑橘果醋（调味醋和饮料醋），采用了酶法脱苦技术，产品质量优良，并取得了多项专利成果。同时，该所还与相关单位合作对柑橘皮渣的再利用进行了研究，连续提取出了柑橘香精油、果胶、橙皮甙，研制出了柑橘皮渣系列饲料。

第二章 影响柑橘产业发展的主要因素

第一节 生产要素

生产要素是产业活动的主要内容。与柑橘生产相关的生产要素主要包括自然条件、劳动力、资本三大要素。

一、自然条件

我国具有适宜柑橘种植的北亚热带、中亚热带、南亚热带和边缘热带气候，热量丰富，雨量充沛，光照充足，且随全球气候变暖，柑橘生态的最适宜区和适宜区还在扩大。柑橘生长条件对温、光、水、气、热、土壤等生态因子都有一定要求，并在不同的条件下有着不同的生长表现。温度是决定柑橘分布、产量和品质的主要气候因素。我国柑橘产区年均气温均在 $15℃ \sim 22℃$ 之间，日照是柑橘生长结果所必需的光热来源，直接影响植株的生长、产量和品质。柑橘对日照的适应范围较广，我国的柑橘产区年日照时数为 $1000 \sim 2700h$ 之间，能满足柑橘生长结果。各大柑橘产区水源充足、雨量充沛，能满足正常生长结果的需要。此外，我国柑橘产区建园多选择土层深厚、结构良好、疏松肥沃，有机质含量2%~3%，地下水位在1米以下的旱地、坡地、丘岗地适合生产优质柑橘。

各柑橘产区所处的自然条件差异较大，湖南、湖北、四川、成都柑橘产区与广东、广西柑橘产区立地条件、气候条件、交通条件各有千秋。柑橘大省湖南位于我国东南腹地，长江中游，是连接东部沿海地区与西部内陆地区的桥梁地带。全省土地面积21.18万平方公里。因大部分地区在洞庭湖之南，故名"湖南"。湖南全境有湘江、资水、沅江、澧水四大水系，四大水系由西南向北汇聚洞庭湖，经岳阳城陵矶注入长江，水路运输发达，千吨级泊位达到65个。湖南省目前形成了"五纵七横"高速公路网络，四通八达，总规模5615公里，其中纵线2530公里，横线2705公里，其他高速公路380公里。湖南省已形成构筑"三纵三横"铁路路网的总体构想，在2010年以前完成武广客运专线、洛湛通道永州以南段、湘桂铁路扩能、娄邵铁路技改以及其他现有线路改造项目，形成三纵（京广、枝柳、大湛）、三横（石长、湘黔、湘桂）交通网络。

二、气候条件

柑橘生长条件对温、光、水、气、热、土壤等生态因子都有一定要求，并在不同的条件下有着不同的生长表现。温度是决定柑橘分布、产量和品质的主要气候因素。柑橘适宜温暖湿润的气候，生长期最适温度为25℃~29℃范围内，最低生长温度为12.5℃。湖南为大陆型中亚热带季风湿润气候，位于北纬24°39′~30°08′之间，居亚欧大陆东南部，面向太平洋，受东亚季风环流的影较强。气候、光、热、水资源丰富，全省4~10月，总辐射量占全年总辐射量的70%~76%，降水量则占全年降水量的68%~84%，非常适合柑橘生产。

三、土地资源

土地是农作物生长发育的母体，直接参与农产品的生产过程。土地肥沃、自然条件好的地区，土地自然生产力高，农产品就在质量上具有竞争力。在湖南省的行政区域内农林用地占全省已利用土地的80.68%，同时土壤中的各种矿物质（元素）养分丰富，既易流失又能得到补充，使土壤的矿物养分能够平衡，能满足柑橘生长的需要。

四、劳动力资源

由于湖南省的柑橘生产区主要集中在山林丘岗区，在柑橘生产和鲜果的采摘过程中，机械很难替代人力，几乎只能使用人力。充足的农村劳动力资源，历来是农村和城市建设的重要力量。根据第二次全国农业普查汇总结果，全国各柑橘产区农村劳动力资源差异不大，湖南省2006年末农村劳动力资源总量为2564.83万人。其中，男劳动力1315.59万人，占51.3%；女劳动力1249.24万人，占48.7%。在湖南省农村劳动力资源中，文盲119.74万人，占4.7%；小学文化程度886.54万人，占34.5%；初中文化程度1246.82万人，占48.6%；高中文化程度287.26万人，占11.2%；大专及以上文化程度24.47万人，占1%。可见，湖南省的劳动力素质还很低，平均受教育年限只有6.77年，低于全国平均水平的8.1年。另外湖南省农村劳动力资源年龄偏向老化，51岁以上780.82万人，占30.5%；41~50岁549.48万人，占21.4%；31~40岁587.58万人，占22.9%；21~

30 岁 340.81 万人，占 13.3%；20 岁及以下 306.14 万人，占 11.9%。目前，全国农村 20 岁以上 50 岁以下的青壮年劳动力中有一半以上外出打工，仅湖南省由农村向城市转移的劳动力就有近千万人，这已经在很大程度上影响了农村劳动力的结构。

五、资本资源

资本是农业生产的重要生产要素。各柑橘产区资本资源差异较大，湖南、湖北、四川、贵州等内陆省份，经济实力相比沿海发达地区比较落后，外资吸收较少，因此在这方面内陆省份处于较弱的位置。

第二节　市场与消费要素

一、市场需求状况

根据波特相关理论，柑橘消费需求构成、需求偏好、需求形态、市场容量以及国内市场需求与国际市场需求的转换能力所构成的需求条件是产品竞争优势形成的重要动力。国内外市场传导机制以及柑橘产品消费需求变化趋势，都对柑橘产业竞争力的形成和发展产生极其重要的影响。国内需求的不断扩大，会促进国内竞争，产生规模经济；成熟而挑剔的国内产品消费者，还有助于提高产品质量和服务水平，从而赢得国际竞争。市场的需求变化，为我国柑橘产业发展既带来机遇又带来挑战。

二、国外市场

全世界柑橘贸易量为 65 亿美元，是第三大贸易农产品（第一是小麦为 160 亿美元，第二是玉米为 90 亿美元）。世界人均柑

橘消费量为 17.7kg，发达国家消费量 60~100kg。全世界有 40%
的柑橘用于加工橙汁，巴西用于加工橙汁的柑橘高达 75%~80%、
美国则达到 70%。世界人均消费橙汁 2.5kg，美国 25kg。世界柑
橘出口接近 1000 万吨，约占总产量的 10%，西班牙年出口柑橘
300 万吨左右，占总产量的 60%。

三、国内市场

改革开放以后，随着我国居民收入水平的提高，根据马斯洛
需求层次理论，人们对生活质量的追求也越来越高，从而对水果
的需求量也不断增加。据统计，我国水果人均消费量由 1978 年的
5.46kg 上升到 2006 年的 60.1kg，增长 11 倍多，年增长率达
10%，是我国所有食品种类中增长最快的品种。2006 年城镇居民
水果消费支出达到 240.1 元/人，占食品消费性支出的 7.72%，较
1995 年增长 1.37 个百分点，且有增长趋势。

我国是大国，随着经济整体水平的不断提高，国内的潜在消
费水平也在不断提高，因此我国国内的柑橘需求市场也将是巨大
的。但目前我国水果人均消费量与世界上人均消费水平还相差较
大。统计数据显示，2006 年我国人均柑橘鲜果消费 12.7kg/年，
与世界人均消费水平 17.7kg/年相比还有差距。同时，我国居民
对水果的消费占食物的支出比例无论是绝对量还是相对量都具有
不稳定性。

四、消费需求的区域差异

我国地域辽阔、环境差异大、民族众多、经济发展的区域不
均衡性等导致我国水果产品的消费需求具有明显的地区性差异。
根据中国统计年鉴（2007）统计结果显示，2006 年人均全年瓜果
类消费额超过 300 元的有北京、天津、河北、内蒙古、山西；消

费额 250~300 元的有辽宁、吉林、黑龙江、上海；200~250 元的有江苏、浙江等 11 个省市；消费额在 150~200 元的有重庆、云南、甘肃等 10 个省。东北地区的人均水果消费量最大，西部地区消费量最低，随着收入的增加，有扩大需求的潜力。

五、消费与收入结构差异

据调查资料显示，2001 年到 2006 年我国居民人均水果消费增加了 9.3kg。从消费群体上看，中国城镇居民家庭的不同收入群体人均购买鲜瓜果数量基本上都在增加，但中高收入群体人均购买鲜瓜果数量的增加比中低收入的家庭速度快些。从不同收入群体横向比较来看，高收入户人均购买鲜瓜果数量大体上是低收入户的 2~2.5 倍。

六、消费需求的季节局限

受我国每年气候周期变化影响，我国国内柑橘市场是典型的季节性消费，国产柑橘主要消费季节为 10 月至翌年 2 月，其他月份主要为高价的进口柑橘，即使在我国大部分柑橘产区，由于受 10 月至翌年 2 月较低气温的影响，消费者对柑橘的消费欲望也不高。如果能将柑橘的主要上市期延长至 7 月，短期内就能增加 50% 以上消费量。

七、消费品味和消费观念发生转变

我国居民随着生活水平的提高，人们开始对生活质量日益重视，人们的消费观念也发生了显著变化，对柑橘产品的需求已经进入从数量消费型逐渐向质量消费型过渡的转变时期。消费者除了满足于柑橘产品的充足数量，而是更加注重其整齐美观的外形、鲜艳的色泽、悦目的包装；喜欢对各种品种种类进行不受季节时令限制的广泛、随心和多元选择，并注重追求风味与口感、

富含营养、具有食疗保健效果、清洁无污染、食用安全、便捷等
更高层次的消费目标。总体来看，目前国内民众柑橘消费结构已
呈现以下几种类型：

一是营养保健型。人们的基本生活满足后，往往注重健康长
寿，开始需求能预防疾病、强身健体的食品。而柑橘就有重要的
食疗功效，它有助于开胃理气，助消化，祛痰，止咳平喘，降
压、降脂，是人类结肠癌、夜盲症、乳腺癌、脑血栓等疾病的克
星，是追求健康食品人士的理想选择。

二是特稀优型。我国地域辽阔，在不同的地域因特殊的气
候、土壤而形成了各自不同的柑橘品种。我国居民水果消费的日
趋多样性，也将导致水果品种的多样化，一个品种"流行"的时
间也越来越短。重视特色产品的不断开发利用，能充分发挥当地
资源优势，就能满足人们对优质果品的需求。如果一个品种几十
年固守不变，忽视改良和更新，最终只能被淘汰出局。

三是绿色环保型。随着生活质量的不断提高，人们对水果质
量的要求也愈来愈高，在购买水果时将"食品安全"放在首位。
在消费者群体中，"绿色环保"的理念逐渐深入人心。在柑橘生
产中，多施有机肥料减少对柑橘的污染已成趋势。

我国水果的需求特征是：在产品供应充分的情况下，收入水
平和生活水平越高，对水果的需求越稳定，即需求弹性越小，反
之则越大。在保持总量和结构平衡的前提下，消费者将开始转向
高质量果品类消费，近年来城镇居民对果品消费量稳中略升，其
消费支出比例增加，其中除了物价指数上涨等原因外，一个很重
要的原因就是人们对水果的消费层次在不断提升。消费者柑橘产
品的需求已经开始从数量消费型逐渐向质量消费型过渡，消费者

除了满足于柑橘产品的充足数量，更加注重其营养、保健、食用安全、便捷等更高层次的消费目标。柑橘的市场竞争已由价格因素主导转向非价格因素主导。

八、相关和支持产业状态

相关产业是指因共用某项技术、共享同样的营销渠道或服务而联系在一起的产业或具有互补性的产业。由于社会分工的不断深化和迂回生产过程的不断延伸，产业之间的经济联系日益密切，任何一个产业都不可能脱离其他产业独立发展。一个地区的产业要想获得持久的竞争优势，就必须要具有竞争力的相关产业支持。柑橘产业是以柑橘生产为中心的产前、产中、产后三个领域全部内容的总和。生产要依赖产前投入要素（如苗木的培育、农业投入品、农业机械等），要素投入的产业是柑橘生产的上游产业；柑橘生产离不开产后的服务（如包装、运输、储存、加工、销售），这些称为下游产业。有竞争力的上游产业的存在可以为柑橘生产提供及时的高质量的原材料和各种服务；有竞争力的下游产业可以通过"提升效应"拉动柑橘生产的发展。

柑橘产业相关和辅助产业范围很广，本章就农用生产资料、柑橘加工业状况对柑橘产业竞争发展的影响展开讨论。

九、农业投入品行业

农业生产资料是农业生产的物质保障和生命源泉。农业生产资料，是指用于农产品（农作物）生产和保证农产品生产过程顺利进行的物质材料及其他物品。从湖南省来看，影响柑橘产品质量的主要因素就是农资生产结构不合理。

从全国来看，农药生产结构一直都不合理。据中国农业网报道：我国农药产品组成中杀虫剂占72%、杀菌剂占11%、除草剂占15%、其他占2%，杀虫剂比例很高，而杀菌剂比例严重不足。其中，杀虫剂中有机磷农药占70%，有机磷农药中高毒农药占70%，剧毒有机磷农药占整个农药产量的35%，占杀虫剂产量的48%。我国与全世界农药市场的组成（杀虫剂占28%、杀菌剂占19%、除草剂占48%、其他占5%）相比较，我国的农药生产结构严重失衡。我国目前生产的农药中，还是以20世纪70年代以前国际上流行的老产品为主，高效、安全的新品种量少价高，用量较大的农药仍然以常规老品种为主。所以，剧毒、高毒杀虫剂使用量过大是造成柑橘农药残留量超标的客观原因。另外，化肥结构的不合理，也接影响柑橘产品质量的提高。因此，农业生产资料的保障问题，是制约柑橘产品质量提高的一个重要瓶颈。

十、加工行业

农产品加工是农业现代化重要标志，柑橘加工是提高柑橘产业竞争力并参与国内外分工的重要手段。柑橘产品经过保鲜、储藏、加工等可以改变季节性和区域性特征，解决由此引起的生产时间、空间集中和消费时间、空间分散的矛盾。柑橘产品通过加工不仅可以提高产品附加值，缓解供需矛盾，还可以刺激柑橘的市场需求。发展农产品加工还可以增加农村大量的就业。我国柑橘的产后加工业正处于起步阶段，实力水平还不高，与发达国家相比还相对落后。主要表现在：一是果品商品化处理能力低。我国柑橘加工仅占柑橘鲜果总产量的比例为7.8%，而世界柑橘加工比例达30%以上，美国、巴西达65%~70%。二是技术装备、工艺技术落后。国内果品加工企业整体规模小、经营水平不高、企业差异大，自动化程度与国际上相比有较大差距，有些还处于原始加工状态。三是加工产品种类单一、质量较差、原料综合利用率低、产品不适应新的市场消费需求。目前湖南省很多加工企业对市场的敏感性不够，产品开发缺乏前瞻性和新颖性，产品不能适应消费者对食品"便利、可口、营养、保健"等要求。除个别有实力的加工企业外，多数企业缺少新产品开发的技术力量。因为科研成果转化率低，所以国内少有专门的科研机构从事果品加工品的开发，产品精深加工及新产品的开发力度严重不足。柑橘产品加工、包装、储藏等环节技术落后，严重制约了加工产品质量的提高，原料损耗严重。这也是制约柑橘产业竞争力的一个瓶颈。

十一、产业经营主体状况

柑橘产业经营主体的竞争力主要体现在两个方面：一是经营主体的素质。柑橘经营主体的素质直接影响到柑橘生产的管理水平、适应市场变化的能力等方面。二是经营规模的大小对于农业现代生产要素的投入和使用、降低成本都有影响，从而影响柑橘产业的竞争力。产业竞争力的强弱指标具体表现于市场占有率，而竞争优势不仅体现于资源的比较优势，还与产业的组织效率有很大的关系。产业的组织效率通过规模经济影响产业的竞争优势。产业的规模经济分为内部的规模经济和外部的规模经济。内部的规模经济是由于农户内部生产规模扩大能带来成本的节约。而外部规模经济是指随着产业的规模增大而给企业带来的利益，比如交易费用降低、管理效益提高等。国外的果农通过协会组织起来，对柑橘产销全过程进行企业化运作，办成了单个果农办不成的事，促进了柑橘产业的发展。国外的果农协会利用组织的集中优势，一方面注重相关产业的科研，从柑橘育种、栽培、贮藏保鲜等方面进行技术开发；一方面协调政府与果农之间的关系；

一方面对产品促销，协会的经费主要是对水果包装商的强制收费。另外，还为农民提供及时的产业信息，例如每年的种植量发布、产量发布、库存发布等。尽管国内的一些小协会组织对水果产销的信息十分关注，但对于水果销售的信息统计、调查了解以及水果销售的效益和销售的途径、方式、流向、流量等，缺乏整体描述，导致了市场交易活动盲从，很难抓住最佳商机，从而导致产业结构调整盲目。

在激烈的市场竞争面前，各地柑橘生产者也正在尝试怎样进行标准化生产和资源整合。湖南亚赛柑橘种苗有限公司，属省农业厅管辖，是国家"948"项目。该公司联合安化、洞口、新宁、隆回、溆浦、常宁、洪江等7家无病毒柑橘种苗繁殖场组建的股份制公司，实行捆绑式联合生产经营，以区域布局、产业特色、市场导向为准则；坚持充分发挥股东的资源和技术优势，提高整体效益；坚持资源共享，成本定额，分工合作，计划产销，风险共担，利益均沾；实行"五统一"（统一标准、统一品牌、统一包装、统一价格、统一经营）管理办法。该公司每年计划产销柑橘无病毒容器苗200万株、接穗100万枝，公司通过树立优质种苗品牌来推进柑橘种苗产业化，逐步减少和淘汰不合格种苗，尤其是千家万户的分散式育苗，杜绝假冒伪劣种苗的生产和种苗纠纷事件的发生，促进湖南柑橘业的可持续、健康发展。近年来，该公司又与中德合资的益阳泰升天然果汁有限责任公司，中美合资的湖南熙可罐头食品有限公司，签订了联合开发柑橘原料生产基地和开展柑橘采后商品化处理的合作协议，从而构成了湖南柑橘产业化经营的企业集群。以上企业和农户联手闯市场，共同抓"三产"（产前、产中、产后），滚动式发展，互助求效益，具有较强的集合作用和相得益彰的优势，是进行柑橘产业化经营的坚实基础和可靠保障。

但是，目前我国的柑橘专业合作经济组织还处于初级阶段，正在发育成长，只是在各个产区自发形成了一些较小规模的协会和组织，还处于各自为政状态，在实力上同国外的水果协会相比存在很大的差距，短时期内还难以单独担当起推进柑橘产业发展的重任。这样的一种态势还很难发展湖南省柑橘的规模效益，资源优势很难发挥出来。

第三节　内部和外部环境因素

在产业竞争中政府主要影响生产要素、市场需求、相关产业等基本因素，维护市场竞争的秩序与公平。政府对生产基础设施的建造，农业科学研究和先进技术推广、农民素质的提高、农产品价格的调控等方面作用明显。由于柑橘产业的比较收益低于非农产业，致使资金和较高素质的劳动力外流，容易造成资金和高素质劳动力短缺；另外，柑橘产业科研周期长，技术进步相对缓慢；因此，柑橘产业受政府行为与政策影响较大。

我国加入WTO后，国内农产品面临的市场条件已经发生了巨大变化，与WTO框架协议的主要条款的衔接和相关农业政策的调整对柑橘产业也产生了一定影响。

一、进口方面

入世后柑橘产品进口关税的削减幅度很大，甜橙、柠檬和酸橙的进口关税在2002年1月就已经降低到11%；宽皮柑橘、柚降低至12%；冷冻橙汁维持7.5%的低关税，其他橙汁则降低至

30%；其他未混合的柑橘属水果汁降低至 18%。由于关税的大幅降低，国外大量的柑橘进入我国市场，不少以种柑橘为生的农民，因"降税计划"导致大量外国水果进入我国，使其收入下降，从而严重挫伤了橘农生产积极性。

二、出口方面

根据世贸规则中的"特定产品过渡性保障机制"（简称特保条款），在 2013 年 12 月 11 日以前，原产于中国的产品出口至任何 WTO 组织成员国家时，如果数量增加幅度过大，对这些成员的相关产业造成"严重损害"或构成"严重损害"威胁时，WTO 成员可单独针对中国产品采取保障措施。自加入世贸组织以来，我国的出口产品经常受到 WTO 组织成员国的"特保"申诉。我国的柑橘出口产品在 2002 年就经历了"特保"申诉。2002 年 7 月 30 日，欧盟认定，中国柑橘出口的价格过低，比西班牙同类产品的价格低 20%，对该国柑橘产业造成严重威胁，1.5 万农民面临失业危险，并正式确定对中国柑橘罐头实施为期 9 个月的"特保"调查。如果欧盟决定实施"特保"措施，就意味着中国柑橘出口产品将在未来 10 年任何时段内面对高关税和配额限制。后来，在中国柑橘罐头行业的努力交涉下，欧盟委员会否决了西班牙的提议，西班牙政府改为申请一般保障措施，但不排除未来再次提议特殊保障立案的可能性。由此可见，"特保条款"今后几年还是我国农产品出口的主要壁垒之一。

我国目前出口的柑橘以鲜果为主，尽管现有湖南"熙可公司"、"精品脐橙公司"等一批果品加工企业，加工产品所占比例还不大，但是随着规模的不断扩大，产量的不断增加，出口贸易的不断增多，对于"特保条款"方面各省人民政府部门和相关企业也应做好相应准备。

三、机遇与挑战

波特认为，来自产业外的机会（如重大发明、战争、政治环境的变化、国外市场的转变）形成了产业发展的不连续性，给一国产业代替另一国产业提供了机遇。20 世纪 70 年代以前美国控制着世界的橙汁市场，但在 60~80 年代间美国连续遭受 5 次毁灭性大冻，导致柑橘产品产量大幅下降，造成市场空缺。1963 年巴西立即抓住机会，大力发展橙汁生产，填补市场真空，仅用 5 年时间就赶超美国成为世界最大橙汁出口国、最大柑橘生产国和橙汁生产国。我国入世后，国际贸易环境已得到了很大改善：首先是国外市场对我国的开放程度大大增加，各缔约国纷纷对我国开放市场；其次是一些歧视我国的措施已得到遏制，我国获得了永久的无条件最惠国待遇（正常贸易关系待遇）、非歧视性待遇，贸易谈判成本和交易成本也有所降低。

我国现在也在按照国际规则，为国外投资者创造更为宽松、透明和稳定的投资环境，这有利于吸引更多的国外资金、技术和管理经验，加快柑橘产品生产新技术引进，提高农产品的技术含量，从而提高产品质量和竞争力。农业部根据市场竞争的要求，已经制定了柑橘优势区域发展规划即优势产业带的划分，并不断调整和完善，也与国内外柑橘市场的连接更加紧密。现在，国际市场信息能更快传递到我国柑橘生产者，生产者能及时更新观念，更加具有国际眼光，可以及时的根据国内国外市场的变化，调整生产结构，优化资源配置。

第四节 栽培管理因素

一是"三低"园比例大。柑橘"三低"园是指低产能、低品质、低效益橘园。由于重发展轻培管，造成柑橘"三低园"在全国各柑橘产区都有不同程度的存在。据湖南省常德市统计资料显示，全市柑橘种植面积约 9.4 万 hm²，常年总产量 150 万吨左右，受益面积平均亩产仅 1000kg，与该作物中、高产要求相距甚远。由此可见，实施柑橘低产园改造对提高该产业效益具有惊人的潜力，对"三低园"的改造势在必行。

柑橘"三低园"的主要表象。在实际观察过程中，我们在不改变栽培管理措施的前提下，选择立地条件、建园标准基本一致、有一定代表性、定植 18 年、连续 5 年单产在 1500kg 以下的橘园和连续 5 年单产在 2500kg 以上的橘树各 3 组、每组 10 株，进行单株结果母枝、叶片数、百叶鲜重对比观察（见表 2-1）；分别在离主杆 1m 处 40cm×40cm 的土壤剖面上观察 Φ2mm 以上的侧根和细根截面数，对在树冠滴水线下 40cm×40cm×40cm 的土体中的根系鲜重称重比较（见表 2-2）；对其单株平均花量、着果率、单株产量进行定株对比观察（见表 2-3）。

表 2-1、2-2、2-3 表明，低产园的主要表象为：根系分布范围小、须根少；叶片小而薄、叶色发黄；生长势弱；坐果率低；果实品质差。

形成柑橘"三低园"的主要原因有品种内在因素、土壤因素和人为因素三个方面的原因，主要体现在：

第一，品种繁多，品种结构不合理。据不完全统计，目前湖南省常德市柑橘种植面积9.4万 hm²，主要有五大类113个品种，各类型及品种种植面积及比例见表2-4。品种结构不合理。从品种结构比例来看，湖南省以及全国柑橘品种结构中，宽皮柑橘比例太大，达70%左右，而世界平均比例只17%。从成熟期来看，中国柑橘中晚熟品种（11~12月采收）比例过大，约占75%左右，造成季节性供过于求。而相比之下，美国柑橘成熟期分布在9月份至次年6月的10个月中，基本能满足人们各个季节的需求。从用途来看，我国柑橘以鲜食为主，加工比例太小，约9%，世界平均比例为35%，国家规划比例为30%。

表2-1 单株平均结果母枝与绿叶数观察

年份	低产园（国庆1号）				丰产园（国庆1号）			
	结果母枝（个/株）	绿叶总数（片/株）	百叶鲜重（g）	调查日期	结果母枝（个/株）	绿叶总数（片/株）	百叶鲜重（g）	调查日期
2013	173.2	7517	61.28	10.22	387.6	15412	81.34	04.22
2014	141.6	7105.7	60.97	10.27	403.5	15073	90.57	04.27
2015	179.3	7307.4	60.18	10.18	415.2	16037	81.39	04.18

表2-2　单株根系分布情况观察

年份	低产园（国庆1号）		丰产园（国庆1号）		调查日期
	离主杆1m处	树冠滴水线下	离主杆1m处	树冠滴水线下	
2013	6.1	78.3	9.7	108.7	06.11
2014	5.9	89.6	10.6	109.2	06.11
2015	6.6	95.7	11.3	117.6	06.11

表2-3　单株平均花量与坐果率产量观察

年份	低产园（国庆1号）			丰产园（国庆1号）			调查日期	
	花蕾数（朵）	坐果率（%）	单株产量（kg）	花蕾数（朵）	坐果率（%）	单株产量（kg）	花蕾	产量
2013	9062	0.69	10.16	17442	1.26	38.8	04.01	10.07
2014	9677	0.73	11.45	18157	1.49	48.39	04.02	10.05
2015	10913	0.74	13.96	17853	1.43	45.71	04.02	10.07

表2-4　常德市各类型柑橘品种栽植面积与比例情况

品种类型	品种个数（个）	种植面积（hm²）	种植比例（%）	备注
无核蜜柑	37	64213	68.31	被公认为不良品种的有11个
椪柑	7	12153	12.93	被公认为不良品种的有3个
橙类	26	7833	8.33	被公认为不良品种的有9个
杂柑类	15	4053	4.31	被公认为不良品种的有6个
柚类	19	3600	3.83	被公认为不良品种的有7个
其它	9	2148	2.29	被公认为不良品种的有7个
合计	113	94000		

表 2-5　各类型橘园土壤化验分析结果

橘园类型	代表面积（亩）	PH 值	速效钾（mg/kg）	有机质（g/kg）	碱解氮（mg/kg）	有效磷（mg/kg）	缓解钾（mg/kg）	备注
丘岗地橘园	120	5.3	104	29.162	113.5	67.8	224	扩穴埋渣
	150	5.9	85	20.074	134.8	172.8	253	只撩壕
	110	6.2	145	21.363	128.8	48.6	243	施有机肥
旱地改制橘园	80	5.3	75	19.238	134.8	51.3	248	只撩壕
	125	6.5	104	26.651	157.3	67.6	713	改土配肥
	69	7.4	90	23.909	94.4	31.0	652	施石灰
稻田改制橘园	70	4.8	125	13.835	83.9	33.8	619	撩壕
	100	4.7	53	15.623	86.9	51.1	304	打穴
	50	6.5	104	26.651	157.3	67.6	713	改土配肥
低洼地橘园	30	4.2	144	18.993	149.8	151.1	359	撩壕
	20	5.3	53	24.403	152.8	21.8	315	施有机肥

表 2-4 统计数据表明，柑橘品种繁多，鱼龙混杂，由于该产业发展之初盲目引种，尤其是"小叶尾张"等不良品种流入苗木市场，是造成柑橘品种混杂的主要原因。

第二，土壤管理技术措施落实不到位。通过对各类型土壤化验结果表明（见表 2-5），土壤管理不当必定造成土壤 pH 值过高或过低、有机质含量和肥料利用率下降。通过对石门丘岗开发橘园、旱地改制橘园、稻田改制橘园、低洼地橘园近 5 年的土壤管理情况及不同管理情况下的柑橘产量情况进行柚样调查，详见表2-6。

表2-6表明，橘园土壤管理程度与单产呈正相关关系，四类橘园管理方式不同，产量差异极大。由此可见，建园后的土壤管理，在柑橘栽培管理上至关重要。

第三，栽培管理技术落实不到位。一是密植园的改造不及时。由于在建园初期，推广速成丰产，每667m² 栽植120株、150株、200株不等。进入丰产期后，又没有及时按规划方案间伐或移苑，形成整园荫蔽，果实产量和品质直线下降。为了解荫蔽橘园产量和品质变化，我们2010～2015年在湖南省石门县龙凤园艺场进行了平地密植园（每120株/667m²）产量变化情况定点观察（见表2-7）。

表2-7表明，密植橘园随着树龄的增大，树冠高、大、空的现象越来越严重，绿叶层逐年下降，结果母枝数逐渐减少，树体结果能力逐年减弱。

表2-6 各类型橘园近5年土壤管理及平均单产情况调查

橘园类型	抽查面积（hm²）	土壤管理情况							
		深挖撩壕的		打穴的		扩穴并施用有机肥的		既不扩穴又不施用有机肥的	
		面积（hm²）	单产（kg）	面积（hm²）	单产（kg）	面积（hm²）	单产（kg）	面积（hm²）	单产（kg）
丘岗地橘园	34.2	20	1753	13.5	1312	4.2	2732	29.9	1544.8
旱地改制橘园	14.5	10.2	2007	4.1	1522	2.7	2508	12	1863.7

续　表

橘园类型	抽查面积（hm²）	土壤管理情况							
		深挖撩壕的		打穴的		扩穴并施用有机肥的		既不扩穴又不施用有机肥的	
		面积（hm²）	单产（kg）	面积（hm²）	单产（kg）	面积（hm²）	单产（kg）	面积（hm²）	单产（kg）
稻田改制橘园	11.5	2.1	2122	9.3	1131	1.1	2413	13.3	1314.5
低洼地橘园	8.9	2	707	6.9	612	0.6	1063	8.3	634.3
合计	69	34.5		33.9		8.5		60.6	
加权平均值			1787.8		1146.9		2550.8		1443.1

表 2-7　密植橘园随树龄增大结果部位产量变化情况

年份	树龄（年）	树冠高度（cm）	无绿叶的树冠空堂高度（cm）	树冠绿叶层厚（cm）	有效结果母枝个数（个）	当年单产（kg/667m²）
2013	23	247.2	85.7	161.5	267.4	2433
2014	24	258.1	99.7	158.3	255.6	1357
2015	25	264.5	106.8	153.4	241.7	2099
2016	26	275.2	111.1	150.2	230.3	1251
2017	27	282.7	136.6	146.1	212.7	1708
2018	28	289.5	145.5	144.3	197.5	1104

　　二是肥料品种选用和施用方法不当。通过对石门县蒙泉、新关、楚江等乡镇 500 户施肥情况的抽样调查结果显示，85% 的橘

农全年只施化肥，没施用有机肥，33%的农户偏施氮肥；50%的橘农将肥料撒在橘园地表；73%的橘农没有施用壮果促梢肥，90%的橘农采果后不喷施叶面肥（采果肥）。据石门县耕地质量管理处土壤化验结果显示，全县3715个橘园土样中，有机质含量达到3%以上的仅147个，占4.63%；土壤pH值小于5.5的土样3105个，占83.58%；由于化肥的大量使用，加速了土壤板结。

三是修剪的对象和方法不当。只剪树冠下部弱枝，不剪上部强枝大枝；只注重枯枝和衰老枝的删剪，而不注重弱枝和衰老枝的回缩更新；春季修剪时大量短截旺枝；过重抹芽控梢；忽视夏季短截促梢；不舍得剪除盖顶大枝。

四是病虫防治不力。造成病虫防治不及时、不彻底的原因主要表现在以下四个方面：①由于劳务输出造成的农业劳动力严重不足；②不按病虫防治适期施药；③由于密蔽严重，不便施药；④农资经销商职业道德缺失，误导橘农。

五是过量施用除草剂。由于橘农多次使用"草甘磷"等灭生性、灭绿性除草剂，并将除草剂喷洒在橘树枝叶上，造成柑橘树根系尤其是须根大量中毒枯死，树体表现为极度缺肥症状，导致弱势寄生菌病害严重发生。

六是生产集约化程度不高。我国柑橘产区虽然果园集中连片，但一家一户规模较小，而且一家一户生产经营各自为战，专业化、机械化程度不高，从而导致生产成本较高，单产较低，生产不规范，难以管理，产品品质不高，影响了产后增值的能力。

七是丰产优质栽培技术推广应用力度不够。就湖南而言，柑橘栽培面积约50.3万hm^2，平均每亩产量不足700kg，远低于世界水平。无病毒苗木的生产推广力度有待加大。中国目前柑橘无病毒良种苗木生产能力只能满足生产需要的 2%，苗木繁育体系的各个环节没有形成有机整体，有资料显示，使用柑橘无病毒良种苗木可以增产 30% 左右。

八是加工业发展相对滞后。①市场观念陈旧。全国的柑橘加工最初只是在鲜销市场过剩的情况下，拿出一部分来加工，以减轻鲜销压力。但加工有其专用品种，鲜食品种不一定适合加工，原来那种市场观念已无法适应形势的发展。②加工产品的生产技术落后。就柑橘罐头而言，不仅生产的后续设备，如固形物称重、贴标、捆包等工序的设备陈旧。而且产品种类单调，内销产品档次低，已不适应国内中高层次消费者的需求。此外，综合利用水平较低，尤其是果皮的废弃，不仅造成了资源的极大浪费，而且对环境造成了大量的污染。

柑橘果汁及果汁饮料在生产技术上同样存在着：①未采用先进的赋香及抑制煮熟味（烂番茄味，即二甲硫 DMS 味）的工艺技术；②天然果汁及真正的果汁饮料市场尚处于启动阶段，低价的无果汁的配制果味饮料充斥市场；③加工成本较高，而进口果汁价格并不高，处于"制汁不如买汁"的境况；④单纯的宽皮柑橘汁风味不及橙汁；⑤综合利用水平较低等技术问题；⑥产业化推广乏力，用于加工的产量尚不足总产的 10%，而全世界柑橘年产量的 35% 用于加工，其中巴西和美国分别达到了 70% 和 80%。这主要是由于柑橘加工技术成果的产业化推广力度不大造成的。

九是产业化配套技术不成熟，措施不完整。中国柑橘采后商品化处理、贮藏、加工和市场营销是产业化链条中最薄弱的环节，采后增值率低，柑橘产业的整体优势没有得到充分发挥。目前我国柑橘鲜果采后商品化处理率不足 50%，而发达主产国家高达90%以上。中国橘农的组织化程度低，缺乏龙头企业和果农协会等组织，还没有一个像美国新奇士（Sunkis T）公司那样的中介组织。同时，技术培训与推广、质量标准、市场信息体系建设和质量监督滞后。

十是新型农业经营主体（农民专业合作社、家庭农场等）成长缓慢。农民合作经济组织的发展经历了自发和政府引导发展两个阶段。从总体上看，发展成长仍处于初级阶段，覆盖面偏低，内部治理不健全，合作紧密性不强，功能和作用有限，外部运行环境不够宽松，目前已经到了促进其发展的关键阶段。特别是单个的农户和组织机构不完善的专业合作社面对有组织、有规模的龙头企业，往往处于弱势地位，合作组织和农户在产业化经营中没有主动权，农产品的价格实际上由公司决定，价格差、不公平竞争等情况难免让他们受到打压和欺负。同时，农民专业合作社的健康成长，还需要信息化平台的建设、合作社成员个人能力提升尤其是合作组织负责人的各种能力提升。另外，农民合作组织还缺乏吸引投资的制度基础，绝大多数合作社组成成员经济实力较差，资金基础不稳定，是造成农民合作经济组织资金短缺的重要原因。此外，农民专业合作社还普遍存在着所有权缺失、法人财产权空缺、产权结构失调等诸多问题，主要因为社员们对合作组织性质、功能、生产、经营、利益分配等问题的认识模糊，理事会、监事会履责不力形同虚设，社员大会制度不健全不规范，重大决策表决机制不完善等造成的。内发型解决途径重在农民合作经济组织内部融资机制的创新和完善，突出农民合作经济组织内部多形式、多层次融资能力的结合。外援型解决途径强调政府的宏观调控手段，政策和法律的扶持及保障，公司、项目管理机构、金融机构等市场经济主体的参与和共赢，突出多渠道、多领域的共同作用。在内发型和外援型融资途径的共同作用下，使之在农村经济发展中更好地发挥其连接小生产与大市场的桥梁和纽带作用。

十一是柑橘重大病虫害的普遍发生严重威胁产业安全。近年来，柑橘大果实蝇、柑橘黄龙病、柑橘溃疡病等病虫害，在国内多个柑橘主产区大量发生，并且传播速度快，发生面积大，危害程度越来越重，已成为影响柑橘产量和品质的重大病害虫，严重威胁着柑橘产业的安全和广大橘农的收入。探索柑橘大果实蝇等病虫害防治技术，寻求绿色、高效、节本、省力新突破，已成为柑橘产业发展亟待解决的技术难题。近年来，湖南省石门县按照"绿色植保"理念，遵循农业防治、物理防治、生物防治、生态调控以及科学、合理、安全使用农药等原则，在柑橘大果实蝇绿色控防上取得了新的突破。

第三章　柑橘产业供给侧改革的主攻方向

第一节　改革宏观政策

改革现行管理体制，使之适应柑橘产业健康发展的要求，加强政府职能部门之间的沟通与协作，坚持政策引导与经济引导相结合，强化社会组织尤其是行业协会、学会的中介职能，加强产业发展的战略研究，加强对国际市场特点与走向的研究。

一、革新柑橘栽培体系

全面落实柑橘果实品质提升战略，全面推广柑橘标准化生产，推进绿色食品、有机食品柑橘生产基地建设：一是优化布局，调整结构。根据农业部柑橘优势区域发展规划，结合各柑橘产区的实际情况，在适宜地区发展优质橙类的同时，继续重视适于加工制罐的优质温州蜜柑和名优特新品种的发展，重点发展加工专用型品种和加工鲜食兼用型柑橘品种，适度发展早熟、特早熟温州蜜柑和杂柑类。建立规模化、标准化的绿色食品、有机食品柑橘生产基地和加工原料生产基地，这也是我们在下章"实现柑橘产业供给侧改革的主要技术对策"中讨论的重点。二是推广优质丰产技术，实施标准化生产。以提高质量为重点，从栽培措施上入手，积极推行柑橘大枝修剪、集中施肥、生草覆盖、病害绿色防控、化学控梢、疏花疏果、完熟采摘等优质生产技术，实施标准化生产，从苗木培育、栽培、贮藏、包装等各个环节对柑橘生产进行规范，以保证果品质量。三是加强品牌建设，提升品牌知名度。

二、大力发展加工业

一是加大科研投入，实施科技创新战略。以高新技术和先进适用技术改造现有加工制品，加快高新技术成果的转化。研究柑橘罐头、柑橘果汁及果汁饮料、果冻和果酱、什锦水果罐头、柑橘即饮产品、果汁果奶、果醋、果酒、香橙皮等产品的高新加工技术，发展适于不同需求的新产品。引导和支持科研单位与企业迅速将一些跨行业、跨地区的重大技术成果，特别是能提升传统产业水平和发展高新技术产品的共性技术，以及经济、社会和生态效益显著的公益技术，以促进科技创新，加快科技成果向现实生产力转化的进程。

二是扶持龙头企业，推进产业化经营。扶优汰劣，对已上规模、产品质量优、市场潜力大的骨干企业重点扶持，提高企业的生产能力和生产水平，以现代企业标准与国际接轨，采取多种形式，建立产、供、加、销和科技支撑一体化的利益均沾、风险共担的柑橘产业化组织；推广并完善"公司+基地+农户"、"行业协会+企业+农户"等多种形式的组织模式，推广应用契约制、合作制、会员制、股份制等多种形式的利益分配机制，通过资本运营和资产重组，实现产业化经营。我们可以借鉴南非发展柑橘产业的经验：南非 1652 年引种柑橘，1902 年开始出口柑橘，现南非有 3500 个农场生产柑橘，年产柑橘 93 万吨，其中 64% 出口，其出口收入占整个柑橘业收入的 92%。

三、加强产业化配套措施

一是强化采后商品化处理。全面推广柑橘贮藏保鲜技术和机械化选果、打蜡等技术，改进包装，提高产品外观品质。二是加强流通体系与信息网络的建设，建立以批发市场为中心的销售网络，完善柑橘流通体系。组建产品中介服务组织，建设供需信息网络。三是加强质量安全标准建设与实施。针对目前中国农产品标准体系不完善，与国际不接轨，缺乏全程质量控制体系等问题，开展技术标准战略、重点领域技术标准及检测手段的研究，借鉴国外推行 GMP、HACCP、ISO9000 质量管理规范的先进经验，构建中国农产品标准体系框架，提出与国际接轨的全程质量控制技术规程，并建立产业化示范样板，为中国柑橘产业的快速发展提供有力保障。四是加强人才培养与技术培训推广。要有计划、有针对性地加强人才培养，特别是要加强营销队伍的建设。同时，要加强技术培训与推广，对新开发及引进的技术要迅速推广，并及时对橘农进行培训，特别是对专业橘农进行系统教育，以提高其专业技术水平，促进柑橘产业的发展。

第二节　把握机遇提升竞争力

我国加入 WTO 后，有利于发达国家在我国的投资，给我国柑橘产业带来发展资金和先进的采后处理、加工设备以及管理经验。随着市场竞争的加剧，必然促使我国柑橘生产由粗放经营向集约经营转变，推进柑橘产业的农、工、商、贸、研的进一步合作，加快柑橘产业化建设。同时，国家对农业和农村结构的战略性调整、实施西部大开发、对农产品加工业日益重视（国务院2002年印发了《关于促进农产品加工业发展的意见》等一系列重要文件），以及湖南省"柑橘"已列入农业部农产品优势区域发展规划，这些都给湖南省柑橘产业的发展带来了良好的发展机遇。而且，湖南省柑橘业近年来对产后商品化处理、贮藏、加工和市场营销逐渐重视起来，积极学习国际先进经验，不断加强国际合作，调整产业重心，加大技改力度，正逐渐朝着健康方向发展，市场前景逐渐被看好。从消费需求来看，根据1998年联合国粮农组织预测，世界柑橘年总消费量到2005年将达9597.9万吨，人均消费量为16.01kg；在中国，预计消费总量将达1085.1万吨，人均8.21kg，需求量很大。从供求平衡来看，随着产品结构的调整，将不再有季节性过剩的现象出现，加工专用型以及鲜销、加工兼用型品种产量的增加将降低加工业的生产成本，保证产业正常发展。从进出口贸易来看，目前中国柑橘进口主要是橙汁与优质甜橙，这些都可以改由国内自己供应；出口主要是柑橘罐头与宽皮柑橘鲜果，有了加工专用型品种的原料保证后，罐头产品质量将得到提高，市场潜力也将更大。

一、把握鲜果市场机遇

目前，世界人均柑橘产量16kg，其中鲜食人均9.7kg。柑橘鲜果消费市场增长较快的是亚洲的一些国家和地区。2000年，中国出口柑橘20万吨，仅占总产量的2%，低于世界平均水平8~9

个百分点，仅占世界柑橘鲜果贸易量的 2%，这主要是由于中国柑橘品质不高，采后商品化处理水平较低等原因造成的。近年来，国际宽皮柑橘市场消费见涨，特别是那些以克里曼丁为代表的容易剥皮、无核且风味较浓的宽皮柑橘，很受欢迎。据业内权威学者预测，以后 10 年，世界柑橘生产和消费总量的增长率为 6% 左右。

湖南省引进的脐橙是近年国际国内逐渐畅销的品种，目前正处于市场成长阶段，到 2005 年，国内市场容量已达到 260 万吨。而且，优质脐橙在港澳台和东南亚市场也有很大发展空间，并可能挤占其他的海外市场。

二、把握加工产品市场机遇

世界柑橘加工的主导产品是柑橘果汁和柑橘罐头。一是柑橘果汁与柑橘果汁饮料。世界柑橘汁年产量 1600 万吨以上（原汁），人均消费量为 2.5kg。世界柑橘汁第一消费大国美国，人均消费量为 25kg，中国人均消费量还不到 0.2kg，需求缺口很大。据国家信息中心统计，柑橘汁进口量由 1998 年的 0.54 万吨增加到 2001 年的 1.9 万吨，增长了 3 倍。根据北京国际柑橘研讨会国内外专家预测，到 2020 年，中国柑橘汁（橙汁）人均需求量达 3.5kg，需求缺口将达 200 万吨以上。这展现了柑橘汁企业巨大的发展空间和美好前景。另外，目前湖南省柑橘汁生产企业喜阳集团、泰升公司主要是用不太适于制汁的柑橘制汁，籽多渣多且产品风味较淡。在调整了柑橘品种结构，加大了橙类比重之后，将能解决这一矛盾。把温州蜜柑全果榨汁后所得香气浓郁、带有一定苦味的果汁，作为罐头汤汁的配方成分，制成果汁橘片罐头，产品试销德、美，反映良好，买价上升，产品定型后有望占领更大的市场。同时，湖南省自产的温州蜜柑汁、橘汁、甜橙汁等也可作为搭配品种或果汁饮料的配方原料，随着中国整个果汁市场的开放搞活而得到发展。

二是柑橘罐头。柑橘罐头在发达国家的需求比较稳定，且还有一定的上升趋势。迄今为止，美、日、德、英等发达国家，柑橘罐头都有稳定的销量。2000 年中国柑橘罐头出口达 12 万吨，2001 年增加到 17 万吨，占世界出口总量的一半以上，主要出口到日本、美国和欧洲，大约各占三分之一。据预测，在未来 5～10 年中，中国出口柑橘罐头在国际贸易中的份额将不断扩大，特别是加入 WTO 后，世界贸易门槛降低，更有利于中国柑橘罐头的出口。据国家信息中心统计，2002 年柑橘罐头、柑橘鲜果的出口量分别为 18.7 万吨和 12.4 万吨，同比分别增长 22.7% 和 23.3%。可以预计在未来的若干年内，中国柑橘罐头产业还有较大的发展空间。近年来，湖南省熙可公司与美国进行合作，产品出口美国，受到了普遍欢迎。同时，国际上对柑橘罐头的需求已出现多样化，风味独特、安全性高的杂柑类罐头具有良好的市场前景，将会成为果农的"金罐"。而且柑橘罐头在国内也仍然是长线产品，只要搞好内销柑橘罐头生产的改造，也一定能有所作为。

三是其他精深加工产品与新产品。湖南省农科院研制出的柑橘白兰地、柑橘果醋、果胶、橙皮甙、香精油等柑橘精深加工产品也具有良好的市场前景。柑橘白兰地符合国家关于酿酒业"四个转变"的方针，填补了国内相关领域的空白。柑橘果醋不但具有怡人的水果风味，而且具有营养、保健的功效，顺应了消费者对食品营养、天然、保健的追求，同时柑橘资源丰富，原料成本低，处于领先水平的工艺技术确保了优良的产品质量，市场潜力巨大。此外，以罐头厂的橘皮为原料生产的制蜜饯用干橘皮，产出比为 5.2∶1，经济效益较高。浙江省自 20 世纪 90 年代中期开始加工条状干橘皮出口日本，年出口量达数百吨到千吨，售价 600~1000 美元/吨。从橘皮中提取出来的果胶除可用作果酱原料外，还可用于轻工领域的许多方面，低甲氧基果胶作为蛋白饮料稳定剂的成分，效果很好。香精油、橙皮甙等提取物应用范围广，附加值高，发展空间较大。柑橘皮渣饲料的开发扩大了反刍动物的饲料来源，有利于环境保护，在柑橘加工地推广，经济、社会、生态效益显著，已引起不少柑橘加工企业的兴趣，这也正是柑橘加工业发展的趋势，前景广阔。

第三节　激活新型经营主体的活力

农民专业合作社自诞生 170 多年来，合作社的价值和功能受到人们的广泛关注。根据国家农业部的统计，截至 2018 年底，我国加入农民专业合作社的成员总数已达 9870 多万，其中农民（户）成员 9480 多万，约占全国农户总数的 38.8%。各类农民专业合作社拥有注册商标 46600 多个，取得无公害、绿色和有机等"三品"认证 4267 个，占其总数的 11.4%。而根据全国工商总局的统计，截至 2018 年 9 月底，全国依法登记并领取法人营业执照的农民专业合作社有 109600 个，已占全国农民专业合作社总数的二分之一以上，登记成员 148.15 万人（户），农民成员 144.09 万人（户）。

　　我国的农民合作社发展非常快速，但和许多发达国家相比，差距还很大，任务还十分繁重。我们必须在立足国情的基础上，参考和借鉴发达国家的成功经验，探索出有中国特色的现代农业合作社发展之路，实现农业的现代化发展。

　　我国农业发展随着改革开放的深入而进一步深化的，我国农业产业化经营是以市场为导向，以众多的农户组成的农产品生产基地为基础，以龙头企业为依托，形成农、工、商或农、商有机结合的产业链和利益共同体的经营组织。它具备五个明显特征：

　　1. 产业化经营的基础是由一批承包集体土地的农户组成小规模、大群体式的农产品生产基地。基地农户应达到一定数量，并能达到一定批量的商品产量和产值，形成农业产业化经营团体。

　　2. 产业化经营是以龙头企业为依托。龙头企业可以是农产品加工企业、专业市场、中介组织，对基地商品农产品具有较大的收购、加工或经销能力，是连接基地农户和市场之间的桥梁和纽带。

　　3. 产业化经营发展的核心是龙头企业和基地农户之间有着稳定的联系、稳定的产业链和稳定的利益共同体。龙头企业和基地农户之间既是较松散的信誉型市场交易利益共同体，也可是书面契约或章程建立起紧密型合同制和合作制利益共同体，是有机结合的农工商或农商型产业链和利益共同体，这是实现农民增产增收的关键。

　　4. 完善的社会化服务系统，基地范围内要有较完善的社会化服务系统，包括龙头载体对基地农户的服务和各阶层社会化服务。有的完全依靠龙头载体的服务，有的依靠龙头载体服务为主，也有的以各阶层社会化为主。总之，基地农业产前、产中、产后各阶段的社会化服务应达到一定的比重，这是农业产业化经营的客观要求。

5. 基地农户已达到一定的组织化程度。随着农业产业化经营的发展，参与农业产业化经营的农户越来越多，依靠小规模、大群体式商品生产基地，能实现专业化生产、区域化布局、集约化经营和社会化服务产业体系。形成相对稳定，并且农民易于接受的合作组织形式，农民在自愿互利的基础上，形成各种不同类型和规模的互助合作社协调生产，加强与龙头载体及市场的联系，克服一家一户的局限性，发挥群体的优势。

进一步完善柑橘产业化经营模式。柑橘产业化经营模式是指在农业产业一体化组织系统内，各参与主体之间相互联结和影响所构成的一种一体化组织形态。我国由于各地生产力条件和经济发展的不平衡性，农业产业一体化组织模式有很多种又有很大区别。

按产业的联结方式划分可分为三种类型：

一是市场买卖型。龙头企业和农户之间通过市场买卖发生联系，双方没有任何经济上的约束。由于龙头企业与农户利益关联度小，农民自行决定产销，价格随行就市，农户要承担生产经营和市场的双重风险，容易造成生产的大起大落，势必影响龙头企业的原料供应。因此，这种市场买卖型模式是农业产业一体化的雏形。

二是合同契约型。龙头企业和农户之间通过签订合同契约建立协作关系。企业根据自己的生产需要，与农户签订合同，对农户生产给予扶持和提供各种服务，并以保护价收购农产品。农户根据合同规定进行农业生产，为企业提供农产品。这种模式中，企业主要承担市场风险，从而大大降低了农户的风险，避免了由于农产品价格波动引起的生产大起大落。同时，龙头企业与农户的生产以合同契约形式规范化，双方各尽其责，形成了利益相关的共同体。根据各地的实践以及发达国家的经验，这种形式是农业产业化的重要组织形式。

三是共同资产型。龙头企业与农户之间以产权为纽带，通过股份制、股份合作制以及土地租赁制形式结成利益相关的共同体。这种共同出资形成的经济实体，有利于双方利益的协调，使企业和农户形成利益共享、风险共担的关系。有利于龙头企业迅速凝聚生产力，扩大经营规模，增强产业整体实力。这种类型属于农业产业一体化的高级形式，也是农业新型经营主体建设的主要方向。

按生产关键环节划分。可分为四种方式：

一是市场带动型（专业市场+基地+农户）。通过培育和发展各类农产品市场特别是农产品专业批发市场，为生产和消费架起桥梁，使农民直接面向市场组织生产，从而带动当地区域经济的发展和生产专业化；通过健全市场功能和规范市场行为，保护农业生产者利益。

二是龙头企业牵动型（公司+基地+农户）。这种形式是以经济实力较强、有辐射带动能力的公司、加工企业等各类经济实体为龙头，带动相关农业企业、农产品生产基地和区域农业经济的发展，提高农业综合比较利益，即以工业带农业，围绕农业办工业，实现以工保农、以工促农、以工补农。这其中应处理好龙头企业与农户之间的利益分配关系，确保农民利益不受侵害。

三是生产基地启动型（基地+农户）。从开发当地柑橘产业资源、建设生产基地入手，培育和发展区域性主导品种和优势的产品，并兴办骨干企业，组成以生产基地为依托，以加工企业为龙头，广大农户积极参与的产业链、产业群体，进行农产品资源的生产、加工、销售一体化经营。

四是合作经济组织推动型（农业专业协会或供销合作社+农户）。通过农民自办、自愿结成的农业专业协会、供销社合作社等农村合作经济组织，为柑橘生产经营一体化建设提供各类服务，以科技服务和市场导向为中心，以服务促联合，以联合促供销，以供销促效益。这种具有群众性、专业性、互利性和自治性的经营服务实体，日益成为农业社会化、一体化的一支重要力量，具有广阔的发展前景。

进一步完善柑橘产业化经营模式。一是充分发挥龙头企业牵动作用。政府鼓励相关企业（公司）牵头，实施"公司+基地+农户"为运作模式，充分利用企业（公司）的优势，带动柑橘生产经营企业、柑橘生产基地和区域产业经济的发展，提高产业综合利益。在连接基地和市场的环节上，发挥合作社的桥梁和纽带作用，结成紧密的产、加、销一条龙、农工贸一体化的生产体系。

进一步提高合作经济组织的引领作用。由种植、加工能手牵头发起，以"合作社+农户"为运行模式，依托种植、加工大户的管理经验及资金、技术、销售等优势进行带动。

充分发挥专业市场的带动作用。从政策上、资金上支持和鼓励农贸市场、营销大户、农村供销联合社等流通载体，以"专业市场+基地+农户"为运行模式，充分利用政府主管的市场、场地、设备、经营管理及市场销售等优势，实施统一生产、统一品牌、统一营销、统一服务，支持柑橘产业发展。

目前，政府在柑橘产业化经营方面发挥着重要的作用，要实现柑橘产业化经营的持续快速健康发展，离不开政府对各种社会资源的选择与整合。农业产业化的起步已经充分显示了政府部门的动员、宣传、组织和协调作用。从政府部门的角度讲，就应解放思想，在尊重市场经济规律和农民意愿的基础上做到"少干预，多服务"。"少干预"就是尽量减少行政性强迫指令行为，在农业产业化组织中不能搞"拉郎配"，应该允许多种所有制经济共同参与产业化的生产与经营，以不同形式参与农业开发，"多服务"就是柑橘产业化经营多做些服务性的工作，并着力解决好以下五个方面的问题。

一是要着力解决农民作为参与主体的重要价值问题。我国还缺乏引导和激发农民参与到产业化经营的有效措施，有时把农民群众排斥在外，忽视了农民群众在农业产业化经营模式中主体作用的发挥。有很多县乡的农业产业化经营模式规划是政府部门做出来的，农民没有说话的机会，严重挫伤了农民的积极性。在政府主导的强势作用下，一些农民也没有把自己摆进去，表示"上面要干啥就干啥"。这导致许多地方柑橘产业化经营模式主要是龙头企业带动模式和专业市场带动模式，使柑橘产业经营中模式比较单一，抗风险能力比较低。

二是要着力解决农业产业化经营中存在趋同的问题。在柑橘产业化经营的过程中，有的地方由于当地政府继续沿用计划经济的行政命令的办法，没有坚持市场导向，盲目上项目追求发展速度，缺乏对本地产业发展的认真分析，其制定的开发步骤和规划缺乏科学性，存在低水平重复建设现象。造成柑橘产业化经营和模式的结构趋同,缺乏区域特色。各地之间柑橘产业化的产品设计、市场定位等方面有雷同之处,造成国家资金的浪费,使农业产业化经营企业刚起步就陷入进退维谷的困境之中,反而影响比较优势因素的发挥。

三是要着力解决缺乏大型柑橘产业龙头企业带动的问题。目前,我国绝大多数的柑橘龙头企业组织规模小,带动能力弱,竞争力不够强。在现有柑橘产业龙头企业中,年销售收入上亿元的企业仅占龙头企业总数的4.3%,中小企业和组织居多。从事柑橘产品初级加工者较多,从事精深加工者较少。总的来看,我国柑橘产品加工产值与农业产值之比仅为0.6∶1,而发达国家高达3∶1。柑橘产业化龙头企业应该具备:资金雄厚、技术先进、规模大、信息渠道广等特点,因而能较好地抵御市场风险,有竞争优势。柑橘产业化的发展,离不开龙头企业强有力的带动作用,龙头企业减少,将影响柑橘鲜果的深加工和转化增值。我国大多数农村地区经济结构以粮、猪为主,其他农产品较少或没有形成规模,区域化生产和主导产业不明显,这也影响到柑橘龙头企业的发展。

四是要着力解决贸、工、农,产、加、销一体化的内在机制问题。目前,我国柑橘产业化组织形式逐渐在增加,但组织化程度低,特别是宏观层次的组织化程度低,政府部门对柑橘生产、流通管理和调控不够,柑橘的产销和贸工农分别属于不同的管理部门,相互的结合从体制上还没有突破,使一体化经营难以形成。一些地区存在部门分割、体制不顺、分散指导的现象,没有形成合力,有的甚至侵犯农民的经营自主权,不尊重农民的意愿;我国农业的行政管理体制不适应市场经济发展的要求,也影响柑橘产业化经营的进一步发展。

五是要着力解决龙头企业与农户利益联结机制的问题。龙头企业带动模式的利益连接机制还不够强，原因是企业与农户都有追求利益最大化的倾向。龙头企业与农户都是经济体，都想追求利益最大化。一旦柑橘鲜果市场价格有较大变动，在企业与农户的购销关系中，不少"合同"是口头约定，所以违约现象屡见不鲜。有的企业在农产品"卖难"时忽视农民利益，有的农户在柑橘鲜果出现"买难"时不按合同约定把柑橘鲜果卖给企业。各地违约事件中，商家约占七成，农户约占三成。企业与加盟农户主体地位不对称，农户处于弱势被动地位，也与履约率低有很大关系。由于龙头企业可以为地方财政增加税收，因此，当龙头企业与农户发生矛盾时，不少地方政府大都保护龙头企业。于是，大多数农户难以真正获得柑橘加工增值的利益，根本原因在于大多数的龙头企业不是农民自己的合作制企业。

第四节　完善农民合作社的功能

农民合作社是农业产业化的核心载体，虽然仍处于初级阶段但已经取得了一定程度的发展，而且在农村经济社会发展中发挥着重要的作用。所以我们要充分了解和完善农民合作社的各项功能，推进农民合作社从初级阶段向高级成长。

一是完善合作社的规模集成功能。过去由于农户之间种植的农作物种类和品种不同，产品质量及其规格不一致，很难联合生产和批量销售。农民专业合作社的成立，农民抱团出海，对逐步实现产业发展规模化、产业经营集约化、应对市场战略化、产业效益和农民收益最大化起到其他任何措施不可替代的作用，为解决农户之间的农作物种类和品种不同，质量规格不一致，很难联合生产和批量销售问题打下了坚实组织基础。中国特色的规模效益把一个个农户联合起来，形成统一农产品的群体规模。各个农户出于提高自身收入的需要，接受了合作社的组织协调，合作社达到小规模、大批量的效果，把每个农户生产出来的农产品都能以联合批量销售的形式打进超市或国际市场。合作社对各个农户生产的品种、栽培管理技术、选用农药、收获产品的时间及产品规格等提出统一要求，这样就在发挥家庭积极性的同时，实现产中的协调，为产后合作打下了基础。我们就是要用产品的批量去占领市场，这也是合作社最主要的功能。现在，千家万户进市场的问题，就是群体规模的问题，产品的批量规模问题。只要提高农民的组织化程度，把农民组织起来就有了规模。

二是完善合作社技术培训功能。实践证明合作社对农民进行教育和培训是提高农民生产技能的有效的途径之一。合作社可以通过组织社员出国考察、举办培训班、召开现场会、发放技术资料、建立科技示范户、示范园、示范基地等多种形式，传授农业新科技、推广新的品种、运用农业新技术，提高农民的科技素质和生产水平。同时还让农民参与到合作社的经营、管理、决策等活动中，从而提高合作社的生产、营销、管理和决策等方面的能力。合作社也有能力聘请农业专家作为技术、市场、政策顾问，把最先进的科学技术、管理方法吸收到合作社中来，又把新的实用技术源源不断地传播出去，社员能够从合作社得到最好的技术、最新的品种。湖南省石门县龙凤柑橘专业合社，发起人只有

20 户橘农，现在这个柑橘专业合作社已发展到 500 多个农户，生产基地近 3000 亩，带动周边乡镇 1000 多个橘农共同致富，每年为社员和周边橘农组织优质有机肥和低毒高效农药几百吨，统一销售柑橘鲜果 15000 余吨。合作社聘请街道办高级农艺师作技术顾问对社员进行技术培训，使橘农的生产水平不断提高。

三是完善专业合作社的科技示范功能。我国农业科技转化率低的一个重要原因是现有的农业科技推广体系不完善。农业科技推广与农民的需求脱节，不能满足农民经常性和多样性的需求。许多农技推广活动仍以行政命令形式进行。推广活动是带任务、带指标进行的，带有一定程度的强制性。农民合作社是农民自己的组织，对农民的技术需求十分了解，在推广一种新技术时，极为审慎，先要进行充分的考察、论证、比较、鉴别，然后才做出推广决策。因此避免了技术选择上的盲目性，降低了试用新技术的风险，因而具有广泛的群众基础。此外，与政府主导的"强制性"的农技推广不同，由农民合作社主导的农技推广离农民更近，便于农民认识更清楚，更于模仿和掌握，有很强的示范作用，更易得到农民的认可。这种形式的技术推广往往是一两个农户、一两个地块的"示范效应"引致的，农民"眼见为实"后，这种技术的推广与普及便是水到渠成的事了。

四是完善合作社智慧共享功能。农户与农户之间在经营管理能力方面存在着较大的差别和悬殊，这种差别和悬殊是造成贫富差别的关键所在。管理能力受各种因素制约，不是简单培训就能奏效的。在合作社内部，担任合作社领导的多是经营能手，他们的点子多，能力强，通过合作社的服务，往往能够把这些点子变成各个社员的行动，这就把社员的群体经营管理能力提高到新的

水平上来。比如浙江有个柑橘合作社，开始只有 1 个能人种了 6
亩柑橘，为自己注册了个"忘不了"商标，他的柑橘贴上商标，
很快就卖完了，但是数量少，在市场没有形成影响。后来，他带
头成立了柑橘合作社，该合作社的全体社员都按照他的修剪、疏
果和栽培管理技术做，也贴上"忘不了"商标。由于合作社的柑
橘批量大，很快在当地产生了影响，成为知名品牌。这说明一个
人的智慧，通过合作社的辐射，就变成了合作社的财富，能使全
体成员增收。

五是完善合作社信息集合功能。农产品供求信息的获得多是
一般性的概念，缺乏时间、地点、货主、客户、品种、规格、数
量等具体内容。这种产业信息概念是经营者无法利用的，加之农
村一家一户的信息传播渠道不畅，信息辐射面狭窄，农民就只能
凭道听途说判断。专业合作社则不同，同行之间信息灵通，对于
农产品的客户来讲，产品、产地、产品的主人都是具体的，货物
的品种、规格、数量都是确定的。对于农户来讲，农业投入品的
来源、产品的去向、数量、价格也是确切的，合作社是这些信息
的集中点。所以说专业合作社需要搞网络建设，提高信息化的综
合能力和利用效率。同一类专业合作社又会形成一个产业的合作
社集群，把全国相同或相似的集群信息收集起来加以利用，这就
有可能把全国农业生产纳入信息化轨道。

六是完善合作社产业开发功能。在柑橘产业结构调整中，新
产业的开发，从市场调查、品种引进、生产技术辅导、产品的整
理和包装，对各个农户都是新课题。合作社有能力组织市场调
查，搞新品种试验示范，开展技术辅导和组织产品整理，在较短
的时间实现产业开发，形成生产能力。湖南橘农之友农林产品专

业合作社、石门龙凤柑橘专业合作社看到了产业的前途，但都感到生产基地距离果品批发市场太远，两合作社组织社员通过积极开发网上销售通道，并在全国部分大中城市开发自己的批发市场和线下体验店，对柑橘果实施分期采收、分级包装、分级销售，绕过了地头收购商、分拣商、经纪人等环节，开辟了一条新的致富门路。这里没有政府强迫命令，是农民通过合作走出的一条自主选择与协调开发产业的新路。

七是完善合作社增收增效功能。一要想方设法降低生产成本。合作社能以较低价格直接从供货商那里批量采购农业投品从而降低了农民的生产成本。合作社能突破家庭经营的局限性，在自愿、民主的基础上对合作成员设备的生产要素进行优化配置，购置所需的生产、加工、储藏和运输车辆，形成专业化分工协作的格局。提高生产经营效率，扩大经营规模、降低单位产品生产成本。合作社整合了内部的优质谈判资源，把单个农户与企业分散的、独立的谈判，综合为合作社与企业的一对一的谈判，与企业形成长期稳定的交易关系。既提高了谈判的效率，节约了资源，又降低了交易成本。二要争取较好的价格。合作社以集体的力量与收购方抗衡，避免了农产品被压级压价，能获得较为合理的价格，合作社能把握生产经营的主动权，当本地市场农产品价格较低时，合作社能采用好的价格组织到外地销售。合作社通过统一配方、统一原料供应、统一工作程序、统一质量标准、统一注册商标、统一包装对外销售，提升农产品品质，创建农产品品牌，影响消费者偏好。三要谋求新的收入增长点。农村合作经济组织能发挥自身优势和特长，利用组织的人力、财力和物力等资源，发展新业务，实现一体化增长，获得新的收入来源。

第五节　提升柑橘产业的竞争力

纵观全国 9 大柑橘产区的产业发展，有其得天独厚的自然资源优势，其产业规模大、聚集程度和区域化布局程度高，并且培育出了大批地方名优品牌，建立了大批优良品种繁育基地，奠定了良好的柑橘鲜果加工基础，营造了良好的出口贸易势头，打造了一批像"中国柑橘之乡——石门"这样享誉全国的名牌。但调查分析发现：各柑橘产业的上下游行业发展不均衡；产业组织化程度较低（如：小生产不能适应大市场，没有统一质量标准等）；资本市场薄弱；产业科技含量低（单产水平，品种更新、培育技术，病虫防治，商品化处理等）；果品加工程度水平低等方面的不足。依照波特竞争优势理论和国际贸易理论，就如何提升我国柑橘产业竞争力展开讨论。

一是不间断地做好市场分析、市场信息和市场建设工作。产品是否适应市场需求，是决定产品竞争力的首要条件。各级政府应组织或明确有关部门专门负责柑橘市场的研究与服务工作，定期或不定期地发布市场信息，并对橘农开展增强市场适应能力的培训。在市场建设方面，各省要建立多层次的市场营销网络，促进柑橘市场体系建设。在主产地建立大、中型果品交易市场，在全国各大中城市设立柑橘直销窗口；建立网上交易平台，实现与国内外水果市场联网；组织参加多种形式的贸易活动，宣传柑橘产品和企业，扩大产品知名度，提高柑橘产品的国内市场占有率。同时，要合理定位外销市场，实施出口市场多元化战略。巩固提高北美、港澳、东南亚等传统市场，积极扩大俄罗斯、欧盟市场，努力开拓中东、非洲、拉美等新兴市场。大力拓展边境贸易，建立国际性营销网，稳步推进柑橘产品的国际化经营。

二是大力推行柑橘生产的区域化布局、专业化生产。柑橘生产区域化布局是创造规模效益、品牌效益和柑橘产业竞争力、提高柑橘品质、降低柑橘生产成本的必然要求。生产的区域化布局，有利于果园的集中统一管理，集中统一的病虫害防治；有利于吸引本国和外国公司投资，改变分散的农民销售和公司收购成本高的状况；有利于先进的生产经验、生产技术的推广、交流和共享，发挥种植能手的典型示范作用；有利于提高橘农的组织化程度，增强橘农闯市场的能力。李国满、刘玉在分析了湖南省柑橘栽培种植中存在的主要问题之后，提出要把加速实现生产良种化、优质化、高效化、安全化、产业化作为发展湖南柑橘产业的思路，从而建立大市场，树立大品牌。

相关柑橘产区应积极研究贯彻农业部关于："建设好长江上中游柑橘带、赣南—湘南—桂北柑橘带和浙南—闽西—粤东柑橘带以及一批特色柑橘生产基地（简称三带一基地）。在长江中上游建立我国的橙汁加工原料基地，鲜食脐橙基地，早熟温州蜜橘和橘瓣罐头加工原料基地。在赣南—湘南—桂北柑橘带重点发展优质脐橙，适度发展早熟温州蜜橘，调整品种和熟期结构。在浙南—闽西—粤东柑橘带重点发展优质外向型温州蜜橘、椪柑、柚类生产，适度发展早熟温州蜜橘、晚熟椪柑，调整品种和熟期结构，试验推广新技术，提高品质，稳步扩大橘瓣罐头出口的柑橘发展战略部署。

根据农业部的部署、市场供需情况和现有区域优势，因势利导，重点强化三大区域优势:一要着力培育无公害优质鲜食脐橙基地。湘南与桂北接壤地区,优势地带脐橙面积仅 1.33 万 hm²,且分散在 20 多个县、区,显然缺乏规模优势。根据湖南省柑橘区划和园艺产业发展规划对柑橘品种结构调整的要求,可在湘南与桂北接壤地区的 7 个县、市集中发展脐橙 3.33 万 hm² 以上。二要进一步发展无公害优质特早熟温州蜜橘。因其成熟期集中在 9~10 月,此时正处于水果上市淡季,国庆、中秋、旅游黄金周三个消费亮点接踵而至,是最佳的上市时间,在上述"两节一周"消费高潮的推动下,特早熟温州蜜橘成为市场的俏货,特别是还能赶在入冬之前进入北方市场,可以从根本上解决柑橘进入北方市场冻果损伤问题,并最大限度地延长了货架期,是一个方兴未艾的发展品种。目前全国柑橘产区特早熟品种尚不足总面积的 20%,而湖南省占 10% 左右。特早熟温州蜜橘是根据市场需求变化在近几年着力开发的一个新品种,目前已在湖南石门县己形成较大规模。因此可在石门县及湘西北等较适宜地区大力发展。三要形成雪峰山和武陵山区的宽皮柑橘产业带,以洞口、溆浦、安化、石门等县市为重点县,大力发展宽皮柑橘良种。对武陵山区的椪柑生产基地,以提高品质为重点,适度新扩。在全省分区域形成特色集中产区,打造产业"航母",带动柑橘优势区域建设整体推进。

要对各柑橘主产区柑橘生产进行周密而深入的普查,组织社会发展、自然资源、气象、农业、林业科技等部门的专家,对湖南柑橘的集中产地的气候、土壤、生产基础、市场、技术构成等在实地考察的基础上,在量和质上进行单项和综合分析,然后根据市场供需情况,对不同区域的柑橘品种、品牌、商品化处理与加工的方向、市场建设等,提出区域化布局的可持续发展方案指导各地的生产和经营。力争根据各地的比较优势做到一村一品、一乡一品、一县一品。只有这样，才能抓住机遇，不断调整各柑橘产区的柑橘生产区域化布局，避免盲目发展。

三是调整品种结构。在柑橘生产中，宽皮柑橘的比重仍显得过大，甜橙需求量和柑橘果汁需求量快速增加的情况下，宽皮柑橘的市场会受到一定程度的挤压。出于对全国的消费习惯和消费惯性考虑，宽皮柑橘的生产一段时间内仍应保持主导地位，但必须适当压缩宽皮柑橘的比重，提高甜橙产量的比重。必须大力发展加工专用品种特别是橙汁的加工专用品种。是我国尤其湖南省缺乏加工橙汁的专用品种，这已经严重制约了湖南省橙汁加工业产业的提高和成本的降低。在熟期方面，湖南省柑橘的中熟品种居多，造成了上市旺季时销售难，淡季时却无货可供的局面。应合理搭配早中熟品种，改变中熟品种过多的局面，积极发展早熟和晚熟品种，全面拉开成熟期。同时，还要加强新品种的研发与推广，以不断获得市场先机。

四是加大科技投入的力度，改革科技投入和推广制度。我国柑橘的种植面积最大，但生产率不高，特别是土地生产率比其他国家低，可见，科技含量低是我国柑橘产业竞争力的瓶颈，依靠科技进步提高柑橘的品质、产量是我国柑橘产业长远发展的关键。针对我国橘农文化科技素质偏低的实际，要突出加强对橘农的系统培训；应加大对柑橘科研的投入力度；应尽快研究出适合我国广大橘农的优质高产生产技术，研制既能保鲜又能增色的优质腊液，替代对国外腊液的进口；应尽快培育优良的新品种，特别是不同成熟期的新品种，适宜用作加工的专用品种；应加快研究无公害栽培的一整套技术体系，尤其是无病毒苗木的繁育技术；应加快对柑橘深加工和综合利用的研究与转化；应加快研究优质高产的生产技术，尽可能降低生产成本。同时，要加快改革农业科技投入和推广制度，建立主体多元化的投资体系；建立分工明确、层次分明的多元化柑橘生产技术推广体系。

五是提高广大橘农的组织化程度、积极建立新型合作经济组织。生产的组织化程度愈高，愈有利于形成规模经济，构建生产集团军，提高生产率，增强产业竞争力。

国外柑橘产业发展的成功经验证明，行业协会起了非常重要的作用。如美国的新奇士公司（协会），就是一个合作经济组织，实现了生产者在生产、加工、营销各方面的联合，在品种引进、品牌创建、开拓市场等方面整合了优势，提升了质量，有力促进了柑橘生产由传统向现代，由零星向规模化方向转变。我国橘农的组织化程度很低，抵御市场风险的能力很差，小生产和大市场无法实现有效的对接。应充分尊重农民的意愿、按照平等互利的原则，积极帮助建立"民有、民营、民受益"的新型合作经济组织，并鼓励其实现跨地区的联合与合作，条件成熟时要建立区域性的合作经济组织。如：统一规划在生产区组建批发市场和集配中心，负责组织物流、商流和信息流。这一点可推广湖南石门县的经验。同时可选择适合的区域市场和细分市场，鼓励有实力的企业到省外甚至国外建立销售网点或创办跨国公司，实现柑橘产品的国际化经营。最好能形成省级联合公司（或协会），做好全省协调服务，确保柑橘运销绿色通道的畅通。

六是加强采摘后的商品化处理。在发达国家，柑橘产业实现了采后的大幅度增值，源于它们对商品化处理环节的重视。我国柑橘商品化处理正是一个薄弱环节。因此，应大力推广以洗果、打蜡、分级、包装为主要内容的采后商品化处理，这样不仅能提高我国柑橘的外观品质，还能适当的延长柑橘的储藏期。

提高包装质量。包装规格应多元化，增加便于携带的小包装和礼品装，以满足不同消费者的需求。纸箱包装在设计上不仅要美观结实，而且成本低廉，最好能使消费者直接可以看到里面的果实。积极推广柑橘的选果分级技术，尤其是适合广大橘农使用的小型选果分级打蜡机。没有条件的地方，要采取人工分级。打蜡是改进外观品质的最重要环节，应对优质果全面打蜡。

七是加快柑橘加工业尤其是果汁和罐头加工业的发展步伐。在发达国家，鲜果的消费正在下降，而果汁类的消费在上升。虽然我国柑橘国内市场当前和今后一段时间仍然会以鲜果柑橘产品为主，但柑橘果汁的消费增长很快，并且呈现出巨大市场，这对我们来说既是机遇也是挑战。我国目前的柑橘加工现状远不能满足国内的需求，必须大力发展，替代国外的进口产品，获取产业链下游的利润。从发展的重点来看，应该优先发展国内需求旺盛，进口增长很快的橙汁加工业。普通橙汁的风味、营养要优于浓缩橙汁，国内外市场看好，且单位运费相对较高，巴西、美国等国运输到我国周边国家的成本较高，我们可优先发展，占领周边市场。在发展措施上，大力推进农业产业化经营，推动多种多样公司加农户的方式实施，要积极引进外国的资金、技术和设备，创造良好的投资环境吸引省外企业投资湖南省的柑橘加工业。

第四章 实施柑橘果实品质提升 战略的主要技术对策

实施柑橘果实品质提升是顺利推进柑橘产业供给侧改革的重要措施，其主要技术概括起来有以下四个方面：一是完善和推广柑橘标准化生产技术；二是完善和推广柑橘绿色食品生产技术；三是完善和推广柑橘病虫害绿色防控技术；四是绿色食品柑橘采收及采后处理技术。

第一节 完善和推广柑橘标准化生产技术

柑橘标准园建设首先由农业部在 2008 年初提出，并得到国内柑橘界广大同仁的广泛赞同。为什么要提出这样一个命题呢？最基本的依据就是国内现有的柑橘大多数不是标准园（估计标准园仅占柑橘园总量的 5% 左右），正是因为标准园少，导致柑橘平均单产水平低（常德市平均单产在 1000kg 左右）、优质果率低（常德市优质果率在 45% 左右），低质低产能是柑橘"卖难"和生产效益差的重要因素。因此，要夺取柑橘优质、高产和高效就必须大力推进柑橘标准园建设。柑橘标准园建设应分为标准化建园和老园改造两个类型，标准化建园是指新植橘园的标准化建设；老园改造是对成年橘园按照标准化建设园要求进行改造。

另外，随着经济全球化和农业产业结构调整的不断推进，柑橘产销形势发生了急剧变化，加上柑橘生产仍存在产量、品质良莠不齐，生产和品牌经营规模偏小，产后商品化处理程度不高，区域布局与品种结构欠合理，疫病威胁较重等问题，导致柑橘产业优势近年来有所削弱，柑橘难卖问题有所抬头，影响了农民收入的增加和农村经济的发展。为切实解决柑橘产业存在的突出问题，实施柑橘精品园建设，对加快柑橘产业转型升级，提高柑橘产业市场竞争力，确保农业增效、农民增收具有重要意义。

一、标准化建园及其努力方向

（1）设施栽培：橘园建立自动收缩塑料薄膜和遮阳网大棚，铺设微喷灌或微滴灌管网及喷药管网，使用机动喷雾器喷药喷肥，根据地形地势按 50 亩安装 1 盏太阳能杀虫灯。

（2）改土、测土配方施肥：对土层浅薄、有机质含量低的果园进行改土。平衡施肥，多施田头生物有机肥，配合果园生草技术，做好还阳肥和壮果促梢肥几次土壤施肥。

（3）省力化修剪：采果后至春季萌芽前实施大枝修剪。结合采果、疏花疏果进行树体枝组微调。

（4）疏株间伐：对计划密植果园和常规郁闭果园采取隔行或隔株间伐。

（5）品种改良：在 2~3 月或 8~10 月将品种退化和混杂的劣质品种高接换种为优良品种。

（6）生态栽培：推广果—草—鸡等生态栽培模式。

（7）病虫害绿色防治：全面实施以"挂灯、挂球、挂黄板、挂碗、挂瓶"为主的农业、生物、物理、矿物源等综合绿色防控技术。

（8）节水灌溉，生长期均衡灌水：干旱季节及时开启微喷灌或微滴灌管网灌溉。

（9）覆膜增糖：果实成熟采收前1个月在果园内覆盖反光膜或无纺布，控水增糖，一般雨水多的年份可早覆，雨水少的年份可迟覆；土层深的可早覆，土层浅的可迟覆。

（10）留树保鲜：延迟留树1~2个月采收。

二、柑橘标准园建设的对象

对于各柑橘产区现有的柑橘园来讲. 并不是所有的柑橘园都能够轻而易举地建设成标准园。因此，对建设的对象就应该有所选择，对建设成本大、甚至得不偿失的，我们不应去刻意建设标准园。有下列情形之一的橘园不宜建设标准橘园：空气、灌溉水、土壤污染严重，有害气体、重金属、硝酸盐、亚硝酸盐以及农药残留严重超标的地块；有效土层浅的地块；土质过于贫瘠的地块；因树龄偏大树势衰弱的地块。除上述对象外，其他柑橘园均可建设成标准园。

三、柑橘标准园建设的内容

大家知道要划出一个标准的圆形，必须使用圆规，要划出一个标准的方形，必须使用直尺，这就是常讲的，不依规矩不成方圆。柑橘标准园建设的"标准"就如同规和矩一样，而这个"标准"是广大科技工作者依据柑橘生长发育并通过无数次实践总结出来的，是柑橘标准园建设过程中必须遵循的。目前，我国的柑橘园与标准园对照存在的问题就是我们需要建设的内容。归纳起来大概有如下几个方面：

一是改良橘园土壤。作为柑橘标准园，应具备良好的土壤条件。具体讲，就是土壤应呈微酸性，pH 值 6～6.5 范围内，氮、磷、钾含量丰富且比例适宜，微量元素不欠缺，有机质含量在 3%以上，土质疏松并具有良好的团粒结构等，对照柑橘标准园的土壤要求，我们的橘园土壤条件还相差甚远，今后必须重点做好如下两件事：

（1）降低土壤酸度。由于长期偏施化学肥料尤其是化学氮肥，橘园土壤 pH 值逐渐变小，土壤酸性逐步加重，土壤板结严重，已经影响到柑橘根系正常生长发育。要解决这一问题，就必定期对橘园土壤的酸碱度进行检测，对 pH 值小于 6 的橘园土壤，应在每年采果后结合施采果肥每亩撒施石灰 100～150kg。酸度大的重施，酸度小的轻施。施用石灰不仅能中和土壤酸性，还能提供钙质营养和减轻病虫危害。

（2）提升土壤肥力。由于当初建园时大多没有按照"大穴大肥"的要求进行，加之在以后的培管过程中，施肥不够科学，长期使用化学肥料，导致橘园土壤板结的多，没有形成良好的团粒结构。养分供应也不均衡，氮素营养丰富，磷、钾尤其是磷素营养欠缺，使得柑橘口感逐步变差，酸度逐步加大，内质逐步下降，要解决这一问题就必须对橘园土壤的养分含量进行检测，通过检测，并依据柑橘的需肥特性，确定施肥的配方，这就是我们提过多次并正在实施的"测土配方施肥"。通过橘园土壤养分检测，我们才清楚什么养分含量丰富，什么养分欠缺，才能有的放矢的做到缺什么、补什么，缺多少、补多少。此外，为逐步改良土壤结构，提升地壤肥力水平，应大力改变施肥习惯，要改施用化学肥料为施用有机无机微生物复合肥（全素肥），在目前有机无机微生物复合肥不能保障生产供给的情况下，最好是施用农家肥（如腐熟的菜饼肥、湖南湘佳农牧生产的生物有机肥等）。以早熟温州蜜柑为例：在早熟温州蜜柑成年园一年应地面施用两次肥料。第一次施肥在 6 月中下旬，每株结果树施有机复合肥 1~2kg 并同时施用过磷酸钙 1kg，并沿树冠滴水线挖放射状沟埋施。第二次施肥时间在采果后，每株结果树根际施用有机肥 2~5kg，有条件的还可同时施用一些土杂肥以及其他一些农家肥，沿树冠滴水线挖环状沟或放射性沟埋施。

二是改善橘园灌排条件。作为柑橘标准园，应具备良好的排灌条件，雨季或遭遇大到暴雨能够及时排水，不至于发生渍害；旱季需要抗旱时能够及时灌水，不至于发生旱害。但我们的橘园大多建在丘岗和缺乏灌溉水源的地域，这就需要大力改善排灌条件，否则要夺取优质高产就是一句空话。

（1）配套排水系统。对柑橘园尤其是地势较低的平地柑橘园，应以等高平面为单位，配齐围沟、腰沟与垄沟，围沟一般深 60cm，腰沟深 45cm，垄沟深 30cm，并在雨季注意经常疏通，做到雨停园内不见明显渍水。

（2）建立灌溉系统。对具备灌溉条件的柑橘园，应建立起必要的灌溉设施，如提水设施、灌溉渠道、蓄水池等的建设，对不具备灌溉条件的柑橘园，应在旱季来临前，也就是 6 月中下旬第一次地面施肥结束后，用稻草或山青杂草对柑橘园实行全园覆盖，覆盖厚度应达到 20cm 以上。但离主杆周围 20cm 左右范围内不能覆盖，以防止鼠害和根茎部病虫害。

三是合理稀植。柑橘标准园要求种植密度适宜，树形合理，园内通风透光良好，病虫危害轻，表现为立体结果。以早熟温州蜜柑为倒，种植密度不超过 56 株，肥沃土地还应适当稀植，树形应为自然开心形，树体高度应在 2.5m 以内。与标准园建设要求相比较，我们现有的柑橘园存在种植密度偏大、树体偏高甚至过高，园内荫蔽，通风透光不良，局部病虫危害严重等诸多问题，因此，在标准园建设过程中应采取如下技术措施，使之逐步与标准园靠拢。

（1）调整种植密度。以早熟温州蜜柑为例，对已经封行荫蔽的橘园，能够隔一行抽一行或隔一蔸抽一蔸的要坚决抽掉。对种植密度不是太大，但园内表现为荫蔽的，应实施重修剪，应在冬季清园时锯除中心直立大枝，也就是我们常说的"开天窗"。对园内因病虫危害等导致缺株的，应在春季萌芽前引进同品种的幼龄树予以补栽。

（2）加强修剪整形。对不是一把伞树形的温州蜜柑，应通过修剪的手段调整至一把伞树形，也就是自然开心形，主杆高度控制在 50cm 以内，树体高度控制在 2.5m 以内，删除树冠中间直立大枝，回缩四周旺长枝，疏除过密枝，在树冠空档处如抽出旺长夏梢应在长出 8~10 片叶时及时摘心，以培养出新的枝组。值得特别提出的是，对于修剪量大的橘树，不能一次性修剪到位，应通过 2~3 年多次修剪来培养理想树形。每次修剪的量不能超过枝梢总量的四分之一，否则将严重影响到来年产量并对树势产生不利影响。

四是科学防治病虫。病虫防治问题在本章后面的章节专门讨论，在这里就不展开讨论，只作一些必要的提示。病虫防治重在防，不得已的情况下才治。柑橘园所在区域近几年内危害比较严重的病虫害是我们防治的重点。就全国而言，近几年内危害比较严重的病虫有：疮痂病、炭疽病、烟煤病、砂皮病、溃疡病、黄龙病、柑橘大果实蝇、红蜘蛛、黑刺粉虱、蚧壳虫类、锈壁虱、天牛类、恶性叶甲等，但各柑橘产区的表现不尽一致，在柑橘病虫防治方面大家还应改变一种习惯，就是一切病虫都用农药来解决，好像除此之外，别无良法。其实不然，柑橘病虫防治最重要的一环是加强培管，增强树势，增加树体本身抵抗病虫危害的能力。其次就是应用物理、生物防治法防治病虫。比如在虫害发生期，每15~30亩柑橘园悬挂一盏频振式杀虫灯，在6月上旬着手每亩均匀悬挂20张"黄版"（黏虫版），橘园内均匀放养捕食螨（一种螨类害虫的天敌）等等。在柑橘病虫防治过程中，只有在万不得已的情况才能使用农药、尤其是化学农药防治。在实施农药防治的时候，应尽可能使用植物源或矿物源农药，尽量少使用化学农药，尤其是高毒高残留化学农药，禁止使用六六六、DDT、三氯杀螨醇、3911、甲基1605、久效磷、对硫磷、甲胺磷、氧化乐果、磷胺、呋喃丹、杀虫脒、五氯酚钠、1059、除草醚等几十种农业部公告过的禁止在柑橘生产上使用的农药。如果你在柑橘生产过程中使用了上述农药，那么你生产出来的柑橘就不符合农产品质量安全标准，如果食用必将给消费者带来或大或小的潜在危害。此外，农药防治病虫还有四个要点：即喷药要适时，浓度要适宜，药量要充足，方法要正确。

四、标准化橘园的建设方法

一是搞好园地选择。新建橘园要选择交通比较方便，坡度25度以下、无污染的坡地或地下水位较低的平地，土壤pH6.0~6.5以内为宜。伏旱期有充足可用水源，一般不少于30吨/亩。

二是配套好果园道路。果园道路由主干道、支路和便道组成。主干道为双车道，路面宽不小于 5m，超过 1000 亩的果园，应有主干道通入园地或从园地旁边通过，支路为单车道，路面宽 3~4m。主干道和支路坡降一般不超过 15%，路基需压实并尽可能铺成水泥混凝土路面。便道宽 1.2~1.5m，坡度较大的地方采用 "S" 形上下或修成阶梯直线上下。便道间距 30~50m。

三是配齐水利设施。①排水设施。包括拦山沟、排洪沟、排水沟、梯地背沟和沉沙凼。山地或丘陵果园上方有较大的集雨面的，在上方开挖拦山沟将水引到果园外，沟底比降 0.3%~0.5%。排洪沟以自然形成的或现有的排洪沟整治为主，对不够牢固的地方进行加固。平地果园的主排水沟与柑橘行向垂直，每 50m 左右一条，每 2~4 行树一条沟，土壤排水性能差的每行树一条沟（起垄栽培），沟深 0.8~1m。坡地果园的排水沟多为顺坡而下，但每隔一段距离要采用 5~10m 的水平走向，并在水平走向上建沉沙凼或蓄水池。梯地在梯壁下设置背沟，短背沟在出水口附近设沉沙凼，长背沟每隔 20~40m 设一沉沙凼或小蓄水池。

②配备蓄水设施。蓄水池有大、中、小三种型。大蓄水池有效容积 100m³ 以上，因地制宜修建；中蓄水池 50~100m³，20~50 亩 1 个；小蓄水池 1~2m³，尽量多建。蓄水池需做防渗处理并在池前建沉沙凼。小蓄水池可用抗老化塑料薄膜整张铺设池底和四周防渗。

③预埋灌溉设施与喷药管道。水源充足的果园建设引水沟，利用排水沟和背沟进行沟灌或漫灌，水源较紧的果园可安装简易管网进行浇灌，必要时建设提水设施。小果园可配置移动式小水泵。大型果园可采用滴灌（黏土区）或微喷灌（沙质土）。为方便喷施农药，果园内可沿道路或排水沟铺设地下喷药管道，管道

间隔 40~60m，并在管道上每间隔 30~50m 安装一地面阀门，方便接喷药软管。

四是高起点建设园地。已开挖平整的平地或梯田的耕地，或坡降 10% 以下的坡地，可直接开挖等高定植壕沟进行改土。坡降超过 10% 的坡地，应先开挖修整成比降 3/1000~5/1000 等高梯地，再挖定植壕沟改土。梯地的梯面外高内低，向内倾斜 3°~5°，外边修筑边埂，里边开挖背沟。石砌梯壁向内倾斜 80°~85°，土筑梯壁向内倾斜 65°~80°。

①起垄栽培。水田、河滩、低洼地等易积水的地块改建果园，适宜采用深沟高畦改土（起垄栽培）。

采用 1 行树 1 条垄方式整地改土。如果是地下水位较高的水田改建果园，最好不要破坏犁底层，可将耕作层土壤聚集成 1.6~2m 宽、高 0.6~0.8m 的长条形土垄。聚集时在土壤中加入有机肥、磷肥等改土材料培肥土壤。旱耕地或缓坡地也可采用起垄栽培，先向下开挖 60~80cm，挖松下层土壤，加入改土材料，回填后形成土垄。起垄栽培可有效控制土壤湿度，提高果实品质。

②壕沟改土。沟宽 1~1.5m，深 0.8~1m，沟底比降 3/1000~5/1000。回填时每 m^3 沟加杂草、作物秸秆、农家肥料等 25~50kg 与土壤混合，表层或耕作层土壤填至离地面约 0.30m 深处，回填土最后高出地面 0.3m 左右。

③挖穴改土。穴直径 1~1.5m、深 0.8~1m，积水穴需做排水处理。按回填壕沟方法埋入改土材料，最后高出原地面约 0.3m 左右。无论是壕沟还是挖穴改土，pH 低于 5.5 的土壤，回填时每 m^3 土壤均匀加入 2~4kg 石灰。

④栽植。栽植的柑橘苗木应是脱毒容器苗或脱毒苗。砧木应

适应当地生态条件并与接穗品种亲和性好。种植密度依品种、砧木、土壤类型和改土方式等而定，一般枳橙、枳、红橘作砧木的柑橘种植密度可参考表4-1。

表4-1　柑橘主要品种参考种植密度

品种	土地类型	行距（m）	株距（m）
宽皮柑橘与杂柑类	坡地或梯地	4	3
	平地	4~4.5	3~3.5
甜橙与柠檬类	坡地或梯地	4.5~5.5	3~3.5
	平地	5~6	3~4
柚类	坡地或梯地	5~6	4~4.5
	平地	6~7	4.5~5

一般裸根苗在2月中下旬至3月中旬和9月下旬至10月底栽植较容易成活。容器苗在春、夏、秋季栽植为好，温度高的地方冬季也可栽植。

（1）裸根苗的栽植。栽植前对苗木进行剪枝、修根和打泥浆。远距离运输的苗木，定植前可将根浸泡在水中3~6个小时后再栽植。剪枝是剪除病虫枝和多余的弱枝、小枝；长途运输后的裸根苗也可对健壮枝适度短截，去掉一部分叶片，减少栽植后的水分蒸腾。修根是对受伤的根进行修剪，短截过长的主根和大根，剪掉伤病根。打泥浆是用黏性强的黄泥等配成泥浆，必要时可在泥浆中加入杀菌剂和生根粉，将根在泥浆中浸蘸一下，使根周围粘上泥浆。泥浆的黏稠度以根上能粘上泥浆，又不形成泥壳为宜。

栽植时在栽植点挖一栽植穴，弄碎穴周围泥土并填入部分细碎肥土，将柑橘苗放入栽植穴中扶正，根系均匀地伸向四方，并在根系周围填入细土，填土到 1/2～2/3 时，用手轻轻向上提苗，使根系伸展，再填土直到全填满。填完土后根茎露出地面，灌足定根水，然后垄土 10～15cm 护苑。9～10 月定植的苗木次年 3 月底扒开垄土，春季栽植的苗木 4 月中旬后扒开垄土。

（2）容器苗的栽植。轻拍容器周围后取出柑橘苗，抹掉与容器接触的营养土，使靠近容器壁的弯曲根伸展开来。如果有伤根、烂根，则应剪除到健康部位。容器苗栽植方法与裸根苗基本相同，但填土时不需要提苗，注意填土后将回填土与容器苗所带的营养土结合紧密，不留空隙。然后灌足定根水，立支柱扶正和固定树苗。

五是附属设施建设。（1）防风林与绿篱。在有冻害或风大的地方建柑橘园应建防风林。大果园的防风林分主体林带和副林带，小果园只需在四周种植防风林。主林带的方向与主风方向垂直，副林带一般建在主干道和支路的两旁。主林带安排栽 3～6 行数，林带宽度 6～15m。绿篱应选与柑橘没有共生性病虫害的树种。绿篱以带刺灌木为好，种 2～3 行，行距 25～30cm，株距 15～25cm，三角形栽植。

（2）果园用房。建在交通方便、水源较好的果园路旁或果园进出口位置。

（3）电力设施。一般果园应有 220 伏电源，较大的果园应有380 伏电源。

（4）畜牧场与沼气池。畜牧场和沼气池建在交通方便的果园中上部，将沼气管道铺设到果园用房或生活区，沼液管道铺设在果园内。

（5）绿肥与饲料基地。在果园空地、坡坎地和边角地带种植牧草饲料作物和绿肥等，防止水土流失，同时解决家畜、家禽的部分饲料。柑橘园内也可规划专用的饲料或绿肥区。

（6）田间收购点。每500亩左右橘园应设收购点，建在地势平坦的主干道或支路旁，面积400~600m²，为压实的平地，用于果实收购、周转，以及肥料、农药等农业投入品的临时堆放等。

（7）其他。大型果园应设立气象哨，记载果园内气象数据。位置选择在果园内具有代表性的地方，一般在果园的中部，丘陵山地果园应选在最具代表性的坡面中部。示范果园应设置参观点。在交通方便、地势较高的位置建设简易参观设施。

五、老橘园的标准化改造

老园改造是指柑橘园虽然存在品种老化、树势衰退、产量和品质低下等问题，但还具备一定生产能力，在此前提下对果园进行适度的改造，以恢复树势、提高产量和果实品质。老园改造应落实以下技术措施：

一是密改稀。密改稀主要有间伐、露骨更新、高接换种等技术措施。密改稀的对象是指密度太大导致果园郁蔽，病虫害发生严重，品质和产量下降的果园。主要技术要点是对行距在3.0~3.5m以下时，应选择隔行间伐。留下的一行枝梢即可向两边伸展，树体开张再结合上部开天窗、下部回缩裙枝，就可以形成较好的树形，株距稍密一点没有关系。间伐的树，若树龄、树势尚好则可移栽利用。此种间伐应在早春进行，利于间伐树的移栽成活。

露骨更新。行距 4m 以上，但树冠太大而造成果园密不透风的，可采用大冠改小冠的方法，降低树冠，缩小冠幅，改善透风透光条件。可在 1.2~1.5m 的高度对骨干枝进行露骨更新（锯下来），重新抽梢后即可使树体高度控制在 2.5m 以下。为了减少树体改造对产量的影响，大冠改小冠可选择在小年进行，改造后也有利于树体恢复。树冠改造可在春季萌芽前或 7 月上中旬进行。春季改造后会抽发许多强旺枝梢并多次生长，不利于树冠控制和翌年的产量恢复。夏季改造后只有一次枝梢生长，不易形成强旺枝，却可促发众多的早秋梢成为翌年的结果母枝。但夏季温度高、光线强，露骨更新后有使树干晒裂、伤口染病危险。故采用春夏二次修剪更新法为好，即春季露骨更新后发出的强旺枝，在夏季再进行一次短截促进早秋梢的抽生。

二是高接换种。高接换种更新可以分为成片更新、隔行更新、单株更新等多种方式。

时期：一般在春季树液流动后（3~4 月）或秋季（8~9 月）进行。对于树冠高大密挤的单株，应首先进行控制高度的露骨更新，仅对其主要的主侧枝、骨干枝进行高位嫁接更新，其他枝杆一律删除。

嫁接高度：嫁接的高度以 0.6~1.2m 为宜，成活率高、恢复生长快。

嫁接方法：一般采用多头高接，树体骨架留头和接口数的多少应根据树体生长状况、树冠大小等而定。一般 10 年生以下接 6~7 个接口，10 年生接 10~15 个，20 年生接 20~25 个，30 年生以上接 30~40 个。接口多虽有利于产量快速恢复，但树体更易衰老。

三是土壤改良。老果园的树势衰弱、产量下降和品质退化，多是由于培肥管理不到位、土壤板结、长期大量结果而没有得到应有的肥料补充等，使树体营养严重失调所致。因此，土壤改良是柑橘老果园改造的重要途径。

老园改造应注意的事项。

1. 不宜改造的老果园

（1）树龄大且树势严重衰弱、产量和品质低下的果园，应采取毁园重植；

（2）患病毒病，或是根系、枝杆病虫严重的果园；

（3）已高接过 1 次，品种又老化或生长异常的果园；

（4）土壤酸碱度太强、长期渍水难以排除，或有其他化学污染等的果园。

2. 加强对树体的保护

大冠改小冠和高接换种需要去掉大量的枝叶，在枝杆上形成许多的伤口，或使枝杆裸露在强光下，应对树干进行必要的保护。其主要技术措施：

树干保护白涂剂：生石灰 15kg，食盐 1kg，黏着剂牛胶 0.5kg 或豆浆 1kg，水 36kg（按比例加入杀菌剂）。配制：将石灰装入桶中，先用少量水化开，再加入其余水分，并加入食盐和豆浆（如是牛胶则先用水溶解后加入），调匀即成。

伤口保护①"三灵"膏：凡士林（或用桐油）1 份 500g，多菌灵（或其他杀菌剂）200 倍 2.5g，920 赤霉素）100 单位 0.05g。配置方法：先将多菌灵均匀撒入凡士林内，再加入晶体 920，调拌而成。②牛粪桐油浆：在桐油中加入牛粪渣（或锯末粉，但以牛粪的黏着性更好），具有隔热作用，以防伤口和病斑处蒸发干枯。以有较高的黏稠度、容易涂抹为宜。

六、柑橘标准化生产整形修剪

整形是将树体逐步培养成具有合理的枝梢配备和通风透光条件的丰产树形。修剪是综合运用短截、回缩、删除、弯枝、撑枝、拉枝、吊枝、扭枝、抹芽等方法来调节树体生长与结果间的平衡，实现丰产、稳产和提高果实品质的一系列技术措施。整形是通过修剪实现的，好的树形修剪就相对简单，反之就会变得相当烦琐和无所适从，故整形和修剪紧密相关。

培育合理树形。柑橘的树形依品种而异，一般橙类、柚类、椪柑杆性较强，温州蜜柑、南丰蜜橘等杆性较弱，让其自然生长就会形成"自然圆头形"或"多主枝丛状形"等。虽然柑橘不同品种有差异，但它们对光照的需求、生长与结果的关系等大体是相同的，因此可以有一个相对合理的树形标准，根据这个标准，生产者就可以根据自己的柑橘品种和具体情况去调整，如对"自然圆头形"开个天窗，或对"多主枝丛状形"抬一下主杆，就能在一定程度上达到整形所期望的效果。

目前广泛采用和推荐的是自然开心形，田间的树形是千变万化的，可根据柑橘品种加以调整，也无须那么多标准，多一个主枝、枝梢的方位错一点也没有关系，只要在基本点上符合整形修剪的目标即可。这些基本点是：①有一定高度的主杆，或叶片绿色层离地面有一定的距离（30cm以上）；②树体中上部没有直立的中央杆，呈相对开张姿势；③构成树体骨架的骨干枝少，主枝3~4个，每主枝上侧枝2~4个；④树体高度控制在2.5m左右。

为了使柑橘稳产优质，近年来还研究出了新的开心形，其特点是主杆更高、骨干枝的分支角度更大，类似于雪松的树形。这种树形更有利于树体的上下通透，结果更稳定，修剪量少且增进果实品质。

整形措施。目前的苗木质量，定杆和分枝的高度大都难以一次性达到要求，其绿色枝叶尽可能保留。幼苗（树）的任务是迅速扩大树冠，下部的枝叶作为临时性的辅养枝看待，辅养枝太强旺时可弯枝削弱或疏除，待植株长到 1.0~1.5m 高度后，再在合适的高度选择角度、方位、长势较好的枝梢作为主枝培养，在枝梢的 1/3~1/2 处短截促其分支，其他与之类似妨碍其生长的枝梢进行弯枝削弱或疏除，依次逐年再在主枝上选择培养侧枝。随着树冠的扩大长高，主枝以下的辅养枝（或结了几年果的裙枝）分年度疏除。

幼树整形与结果的关系：在树体整形的几年中都会有相当数量的枝梢陆续结果，其部位主要放在辅养枝和其他非主枝的枝梢上，作为主枝、侧枝培养的延长枝的中上部位应不结果，让其引领树冠扩大。幼树的徒长强旺枝也不应轻易疏除，将其缓放或弯枝，可使其转化为主侧枝或结果枝组。

修剪方法及其作用。修剪的方法主要有短截、回缩、缓放、疏剪、抹芽、摘心、弯枝等。修剪的作用主要是促发新枝扩大树冠、培养结果母枝、改善柑园通透条件、衰弱枝更新多种作用。不同的修剪目的采用不同的修剪方式。

短截：将一年生枝梢减去一部分的修剪方法。短截可促进枝梢分枝和生长延伸，但使枝条当年失去开花结果能力。短截一般用在主侧枝的延长枝或是有较大空间的枝梢上，促其延伸和填补空间。一般夏季修剪时多采用短截的方法对上年旺长夏梢进行短截，促发健壮秋梢，培养下年结果母枝。

回缩：对多年生枝剪到大枝组后部若干节位的分枝处。回缩有利于通风透光、紧凑树冠、枝组和更新树冠等。一般所说的大枝更新、开天窗、衰弱枝更新，采用的修剪方法都是回缩修剪方法。

缓放：缓放又称为甩放，即对一年生枝梢不进行修剪，一般用在当年要结果的结果母枝上。缓放可缓和枝梢的生长势，是在弱势修剪中常用的方法，促进从营养生长转向生殖生长。

疏剪：即从枝梢基部剪除。疏剪可增加枝梢间的间距，促进整个树体和树冠局部的通风透光条件。

抹芽：在新梢抽生至 1~2cm 时，将不符合生长结果需要的嫩芽抹除。春季一般用在粗枝的剪口和弓背上，夏季控制夏梢。

摘心：在新梢伸长至 15~20cm 时摘去其顶芽，是限制枝梢徒长、促进分枝的方法。

弯枝：将直立枝拉平或拉斜，可打开树体的光路、缓和生长势，使直立徒长枝转化为大的结果枝组。

七、柑橘标准化生产的修剪时期与任务

1. 春季修剪。萌芽前：春季萌芽前的修剪相当于落叶果树的冬季修剪，树体对修剪较敏感，是树冠、枝组更新修剪的最佳季节，短截和回缩修剪大枝后会抽生许多强旺的枝梢，此后一定要搞好抹芽定梢工作。

萌芽后：春梢的抽生与开花坐果有一定的矛盾，特别是矮密栽培和骨干枝直立时尤为严重，此时需进行必要的抹芽定梢以促进坐果。如果树形开张、枝梢平斜和披垂时就没有什么问题。

2. 夏季修剪为防潜叶蛾、粉虱、溃疡病，减少梢果矛盾、促发早秋梢等。如果树形开张、枝梢平斜和披垂时就没有什么问题。

夏季修剪的主要措施是短截：夏季短截修剪可使早秋梢萌发整齐健壮，成为翌年好的结果母枝，北部产区应在 7 月上中旬进行，南方产区相应推迟。温州蜜柑在减少粗皮大果比例、提高果实品质上，夏季的短截修剪是一种非常有效的方法。

3. 秋季修剪秋季疏除大枝后，树体在翌年的反应不敏感，不会造成众多强旺枝梢的抽生。早中熟品种则依情况而定。

简化修剪。简化修剪方法因树龄而定。

幼年树：幼树的修剪包含整形过程，可参照前面的整形进行。

成年树：主要是维护好或改造成合理的树形，调节生长与结果的关系，疏除严重遮光、密挤、拖地和衰老的枝梢，促进树体的通风透光和枝梢的更新。柑橘修剪的方法虽然很多，但无须那么细致。以疏枝、回缩为主，采用大枝修剪，每株树只剪几个剪口即可；少用短截，萌发的枝头就会少，就会减少以后的抹芽定梢等工作。欧美柑橘的规模化生产，不可能做到细致的枝梢管理，仍然整体产量高。从整形修剪的定义上看，原理并不复杂，加之柑橘为常绿树种，冬季叶片的保有量非常重要。因此，柑橘的整形修剪应该是相对简单。

八、橘园土、肥、水标准化管理

（一）柑橘根系生长与橘园土壤管理

1. 柑橘根系生长对土壤条件的要求

柑橘对土壤的适应范围较广，紫色土、红壤、黄壤、沙滩和海涂都可种植。土壤 pH4.5~8.0 均可生长，以 pH5.5~6.5 为最适宜，土壤 pH 大于 8 会影响土壤锌（Zn）、铁（Fe）、锰（Mn）、硼（B）的有效供应；土壤 pH 低于 4.0 则影响土壤磷（P）、钙（Ca）、镁（Mg）、钼（Mo）的有效供应，阻碍根系生长。柑橘根系生长要求土壤含氧量要求较高，以土壤质地疏松、结构良好，有机质含量

2%~3%，排水良好的壤土最适宜。柑橘根系在土温12℃时开始生长，23℃~31℃时根系生长和吸收能力最为活跃，地上部分也旺盛生长，37℃以上或19℃以下则根系生长衰弱。

一般柑橘园土壤适宜条件为：土层深（熟化层>40cm），质地松（总孔隙度50%~60%），容重0.90g/cm³~1.10g/cm³，水稳性团聚体50%~80%，有机质充足（2%~3%），全氮0.1%~0.15%，速效养分平衡（水解性氮150mg/kg，速效磷20mg/kg以上，速效钾60~100mg/kg），盐基饱和度高（45%~60%）。

2. 橘园土壤管理

（1）定植穴培肥。柑橘定植前，已挖壕沟或大穴压埋好基肥后，应有充足时间使土层下沉，若下沉时间不足时应在定植前充分灌水使土壤沉实。定植穴应施腐熟肥、堆肥、畜肥等20~30kg或饼肥2~3kg并混入磷肥0.5~1kg，深施30~50cm，与土混匀，而后培薄土定植。黏重土可在定植穴混入沙土。

（2）园地土壤管理

①深翻扩穴改土。随着柑橘的生长，树冠不断扩大，根系活动范围随之扩展，须深翻并拓宽原有的栽植沟穴，并翻压绿肥和有机肥，酸性土还应补施石灰以调节土壤酸碱度。深翻扩穴时间以夏、秋季柑橘发根前期为佳，此时断根后发根快、发根数量多。此工作应在柑橘苗栽植后前2年完成，此时树冠还小，可以用机械化操作，树大后不便机械操作。人工深翻扩穴成本过高，目前已难于实施。如果栽植前改土沟宽1.5m以上或改土穴直径1.5m以上，则可省去深翻扩穴。

②树盘浅耕及覆草。树盘浅耕5~10cm，保持表土疏松，除杂草。但中耕宜浅不宜深，仅限于树盘范围，尽量不使用灭生性

灭绿性化学除草剂防除杂草（如草甘磷、飞达等除草剂）。树盘覆草10~20cm，宽至树冠滴水线外20cm，能显著稳定地温和土壤水分，促进柑橘的生长。

③冬季翻土清园。在采果后结合施肥、修剪、喷药，翻土深度10~20cm，酸性土壤先撒石灰再翻耕。冬季有冻害地区，不宜冬季翻土。

④果园间作与生草栽培。幼龄橘园空地较多，可视土壤肥力状况间作蔬菜、饲料、绿肥等作物，但不宜间作高秆深根作物，且要在树冠滴水线70cm以外。

提倡果园采用生草栽培，可保留浅根、矮秆、自然生长的草，草太高是通过刈割控制高度，伏旱来临前和果实成熟季节，及时刈割。

3. 橘园土壤缺钙与克服措施

橘园土壤缺钙的发生条件：一是钙与氮或钾、镁等元素的比例失调，即土壤溶液中高浓度的铵、钠、钾和镁离子抑制柑橘钙的吸收。二是土壤条件抑制了柑橘钙的吸收，土壤板结、水分张力大或前期干旱、根系生长弱；土壤湿度过大，柑橘根系缺氧；土壤酸性强，发生土壤铝、锰毒害；土壤本身缺钙等。克服柑橘缺钙的措施：一是基肥施钙，石膏、石灰、过磷酸钙等与有机肥一起作基肥施用；二是分别于盛花后第3周和第5周、采果前第10周和第8周叶面喷施0.3%~0.5%硝酸钙溶液。

4. 不同类型柑橘园土壤管理

丘陵山地红壤，土壤盐基呈不饱和状态，土壤有效养分普遍很低，有效磷、钙、镁、锌、硼含量更低，应注意施用这些肥料；山地紫砂土，呈石灰反应的柑橘园易发生铁、锰、锌、硼缺乏，而酸性土壤柑橘园也易发生硼、镁缺乏，必须配施这些元素肥料；下游冲积土，质地疏松，养分丰富，应注意配施有机肥，化肥要分期施用；滨海咸黏土，除盐基丰富外，其他养分含量都低，铁、锰、锌含量更低，需要施用锌、锰肥；部分柑橘土壤 pH 较高，应适当施用石膏防止土壤碱化。很多柑橘园土壤会随着树龄增大而酸化，尤其是十年以上的柑橘园，土壤酸化会进一步加剧磷、钙、镁、锌、硼、钼的缺乏，所以需要施用石灰调节土壤酸度，以提高养分有效性。

我国绝大部分柑橘主产区土壤都表现出不同程度的养分障碍，具体为：重庆、湖北和福建柑橘园土壤有机质、氮、磷多处于中等偏低水平；广东、广西、福建、江西以及浙江台州地区橘园钙、镁缺乏比较普遍，特别是镁的缺乏极为突出，主要是由于土壤 pH 偏低以及不注意施用镁肥造成的；绝大部分柑橘园土壤有效硼缺乏，大部分地区橘园土壤有效锌缺乏。因此，既要平衡施用氮、磷、钾肥，又要有效补充中、微量元素尤其是硼、锌、镁肥料，特别需要增施有机肥，调节土壤 pH 值，以培肥地力。

（二）柑橘标准化生产建议施肥量

1. 柑橘的养分需求

综合各地的研究成果，每生产 1000kg 柑橘鲜果，平均带走氮（N）1.75kg、磷（P_2O_5）0.53kg、钾（K_2O）2.4kg、钙（Ca）0.78kg、镁（Mg）0.16kg，$N：P_2O_5：K_2O$ 比例为 3：1：5。此外，还有大量的养分贮藏在树体内，其数量约为柑橘果实带走的 40%~70%。

2. 柑橘有机肥施用建议

柑橘有机肥既是提高果园土壤缓冲性的重要措施，也是保证柑橘优质丰产的重要手段。基肥主要是将化肥与各种有机肥混合施用，与鸡粪、猪粪、羊粪、牛粪等混合。有机肥施用时，要提前进行腐熟，避免直接施用未腐熟的畜禽肥料。一般每亩用农家肥2000~3000kg加适量化学肥料混合沿树冠滴水线挖环状沟或穴施。施肥沟要每年变换位置，尽量避免肥料撒施。

3. 氮肥施用量的确定

柑橘氮肥追肥建议施用量见表4-2。

表4-2　柑橘氮肥追肥建议施用量（kg/hm²）

土壤有机质含量（g/kg）	产量水平（吨/hm²）			
	≤20	20~30	30~40	>50
≤7.5	>150	>250	>350	~~
7.5~10	150	250	300	350
10~15	100	200	250	300
15~20	50	150	200	250
>20	<50	100	150	200

4. 磷肥建议用量的确定

柑橘磷肥追肥建议施用量见表4-3。

表4-3　柑橘磷肥追肥建议施用量（P_2O_5 kg/hm²）

土壤速效磷（mg/kg）	产量水平（吨/hm²）			
	≤20	20~30	30~40	>50
≤15	>90	>120	>150	>180
15~30	90	120	150	180
30~50	60	90	120	150
>50	<30	<60	<90	<120

Content:

5. 钾肥建议施用量的确定

柑橘需要钾素多，柑橘为忌氯作物，不提倡施用氯化钾，可优先考虑施用硫酸钾。在同时缺钾、缺氮或磷的情况下，可施用硝酸钾、磷酸二氢钾等二元或三元复合肥。叶面喷施钾肥，可应用于及时矫正柑橘缺钾，硝酸钾适宜作叶面肥，浓度一般在1%以下，每10~15天喷洒一次。应注意肥料浓度不能过浓，否则会引起叶面灼伤受损。柑橘钾肥追施建议用量见表4-4。

表4-4 柑橘钾肥追施建议用量（K_2O kg/hm^2）

土壤速效钾（mg/kg）	产量水平（吨/hm^2）			
	≤20	20~30	0~40	>50
≤50	>250	>300	>350	>400
500~100	250	300	350	400
100~150	200	250	300	350
>150	<100	100~150	150~300	250~300

6. 叶面施肥

柑橘叶面施肥的时期、浓度见表4-5。

表4-5 柑橘叶面喷施肥料、浓度和时期

缺素	喷施试剂及浓度	喷施时期
氮	0.2%~0.3%尿素	周年均可
磷	1%~2%过磷酸钙浸出液或0.3%~0.6%磷酸二氢钾	周年均可

续 表

缺素	喷施试剂及浓度	喷施时期
钾	0.5%硫酸钾或1.0%~3.0%草木灰浸出液	周年均可
镁	0.1%硫酸镁	春、夏梢期
铁	整合铁+（0.1%硫酸锰+0.1%硫酸锌）	春、夏梢期
锰	0.1%硫酸锰	春、夏梢期
铜	0.5%波尔多液或0.01%~0.02%硫酸铜	花后4周内或采果后
锌	0.1%硫酸锌	春、夏梢期
硼	0.1%硼酸或硼砂	花期、秋梢期
钼	0.05%钼酸铵	花期、秋梢期

注：整合铁的配制方法：26.1g乙二胺四乙酸钠溶于268ml1摩尔/LKOH中，再溶入24.9g七水硫酸亚铁，稀释至1L，通气过夜，调pH值至5.5，喷施时稀释1000倍。应该特别注意的是：硫酸盐对柑橘有药害，浓度一定要准确，稍微高浓度时应加等量的石灰作沉淀剂，加入0.5%的尿素有增加渗入的效果。

硼（B）肥：根据土壤有效硼含量分三个层次：有效硼≤0.25mg/kg，土壤严重缺硼，基施硼肥（含量10%计）15g/株，幼果期用0.1%~0.2%易溶于水的硼肥溶液，每隔15天喷施一次，加喷施硼肥1~2次；土壤中有效硼含量为0.25~0.5mg/kg，土壤中度缺硼，基施硼肥10g/株，幼果期用0.1%~0.2%易溶于水的硼肥溶液，每隔15天喷施一次，加喷施硼肥1~2次；有效硼为 0.5~0.8mg/kg，土壤轻度缺硼幼果期每隔 15 天喷一次，边续 2~3 次。

锌（Zn）肥：当 Zn（DTPA 提取）含量低于 0.55mg/kg，则土壤缺锌，在此情况下，需施锌肥，一般作基肥，用量为 22kg/hm² 硫酸锌，也可以在幼果期给合病虫防治使用 0.1%~0.2% 的硫酸锌溶液叶面喷施。

其他元素肥料叶面喷施浓度见表 4-5，为保证叶面施肥的效果，喷施时间应尽量选在阴天或傍晚时分。

7. 柑橘建议施肥方案举例

(1)肥料施用量

亩产 3000kg 以上的果园，每亩施用有机肥 3~4m³，氮肥（N）25~30kg，磷肥（P_2O_5）8~12kg，钾肥（K_2O）20~30kg。

亩产 1500~3000kg 的果园：每亩施用有机肥 2~3m³，氮肥（N）20~30kg，磷肥（P_2O_2）8~10kg，钾肥（K_2O）15~25kg。

亩产 1500kg 以下的果园，每亩施用有机肥 2~3m³，氮肥（N）15~25kg，磷肥（P_2O_2）6~8kg，钾肥（K_2O）10~20kg。磷肥优先选择钙镁磷肥或过磷酸钙，钾肥优先选择硫酸钾。

（2）肥料分配方案

秋冬季施肥（采果肥）：20%~30% 的氮肥、40%~50% 的磷肥、20%~30% 钾肥、全部有机肥，在 11~12 月采果前后施用；

春季施肥（花肥）：30%~40% 的氮肥、30%~40% 的磷肥、20%~30% 钾肥在 2~3 月开花前施用；

夏季施肥（壮果肥）：30%~40% 的氮肥、20%~30% 的磷肥、40%~50% 钾肥在 6~7 月稳果后施用。

土壤缺硼、锌的柑橘园，每亩施用硼砂 0.5~0.75kg、硫酸锌

1.0~1.5kg，与有机肥混匀后于秋季使用。pH<5.5 的果园，每亩施用石灰或白云石粉 60~80kg，50%秋季施用，50%夏季施用。

表 4-6 亩产 2500kg 柑橘果实的参考施肥量（kg/亩）

元素与肥料		方案一	方案二	方案三
氮 五氧化二磷 氧化钾			22~27 12~17	
有机肥	猪牛粪尿、绿肥 或菜籽饼 或棉籽饼	4000~5000 275~375 375~500	7500~9000 475~600 650~800	2000~2500 112~185 180~250
化肥	尿素 过磷酸钙或 钙镁磷肥 硫酸钾	25~35 25~35 45~50	— 12~15 35~45	40~50 40~50 50~60

说明：（1）红壤和黄壤等酸性土壤，每1~2年施用1次钙镁磷，紫色土等碱性土壤可2~3年施用1次过磷酸钙。酸性土壤还需定期施用石灰调节 pH 至 5.5~6.5.

（2）初结果幼树可减少施肥用量的30%~50%。以后随产量提高而随之增加。

（三）柑橘标准化生产施肥方法

柑橘标准化生产施肥主要分土壤施肥和叶面喷施两种。土壤施肥方法主要有：

1. 环状沟施肥法

平地幼年果园在树冠外缘投影处开环状沟；缓坡地果园，可开半环状沟。但此方法在挖沟时易切断水平根，而且施肥面积小。

2. 放射状沟施肥法

根据柑橘树冠大小，沿水平根生长方向开放射状沟4~6条。此施肥法分布面积较大，且有隔年或隔次更换施肥部位，扩大施肥面，促进根系吸收，适用于成年果园。

3. 条沟施肥法

在果树行间开沟（每行或隔行）施入肥料，也可结合果园深翻进行。在宽行密植果园常用此法。

4. 钻孔施肥法

视树体的大小，在柑橘树的地面四周（树冠滴水线下）向下钻直径30cm、深60~100cm的施肥孔4个以上。为了避免泥土填没洞孔，必须用富含有机物的生活垃圾（如树叶、茅草、动物的尸骨、毛发等）填入孔内，然后在上面加一个盖子或塞子，如用石头、稻草、水泥袋装上泥土盖上或塞住，不使洞口崩塌填没，每次施肥时只要打开盖子即可施肥。肥料要兑水施，施肥后不要填没洞孔，以便长期多次施肥。树冠扩大后必须再另外钻孔使用。

（四）柑橘标准化生产的水分管理

柑橘在萌芽、着果、果实膨大期需要的水分多；果实成熟、花芽分化期需水量少。由于全年降水分布不均衡，水分管理很重要，要抓好三大环节。

1. 保水防旱提高土壤蓄水保水能力，可减少灌溉次数及用水量。保水对于无灌溉条件或者灌水量不足的橘园尤其重要。

（1）在距树干 10cm 至滴水线外 30cm 处进行地面覆盖，覆盖物的材料就地取材，最好是稻草、绿肥、杂草、谷壳以及其他作物茎秆，厚 10~20cm，最上面再盖一层薄薄细土。这样能减少土壤水分蒸发，而且在下雨和灌溉时便于水慢慢往下渗。覆盖物在采果后翻入土中还可做基肥。

（2）山地橘园要修小山塘和蓄水池；梯田背沟中每隔一定距离筑一小山埂，形成"竹节沟"，雨水多时可截留部分水，待干旱时浸入土中。

（3）选用珍珠岩或膨润土等高吸水树脂类物质与土壤混合，施入树冠滴水线附近的树盘沟中，深 20~30cm。这些材料遇水吸收膨胀，使附近土壤经常保持湿润。

（4）在树冠四周滴水线上挖 3~4 个深、宽各 30~50cm 左右的穴，填入稻草或杂草加适量农家肥，上面覆土，以便于蓄水和渗水。

2. 灌水抗旱夏秋季一般连续高温干旱 15 天以上即需要灌溉，秋冬干旱可延续 20 天以上再开始灌溉。若叶片出现萎蔫则太迟了。灌水方法有以下几种：

（1）漫灌和沟灌水沿渠道流到橘园各处为漫灌；流到灌水沟内称为沟灌。漫灌成本低，但水土容易流失，土地不平整时灌水不均匀。沟灌效果较好，但耗水量大。

（2）简易管网灌溉在柑橘园内铺设输水管道，利用水的自然落差或水泵提水加压后将水送到园内。成本适中，对地形没有严格要求，可减少水土流失。

（3）浇灌适于水源不足的橘园及幼年树或零星种植的植株。

利用输水系统直接往树冠下挖的穴或盘状沟逐株浇灌。最好结合施肥一起进行，浇灌后及时覆土。这种方法可以省水，但花人工较多。

（4）节水灌溉以滴灌和微喷灌应用最广泛。水经过过滤加压后通过输水管道送到每株柑橘树下，滴灌是水以滴状输入根部进行灌溉的方法。微喷灌是以微灌系统尾部的灌水器为微喷头，以细小的水雾喷洒在叶面或根部附近的土壤表面。以上方法对水分利用率高，省时省力，但建设成本较高。

3. 排水防涝橘园土壤含水量过多，造成烂果，叶片发黄，落花落果。防御橘园涝害关键在于搞好橘园的排灌系统，按地形和水流走向略呈一定高差，园内可根据情况每隔 2~4 行开一条排水沟与总排水沟相通，即畦沟、腰沟和围沟，三沟配套，沟的深度应低于根系的主要分布层，1m 左右。行间排水沟最好在地下铺设瓦管，便于橘园管理，但修建费用较高。丘陵山地橘园可利用梯田的背沟排水。在容易积水的低洼地建园，最好进行深沟起垄栽培沟内地下水位不要超过 1m。

九、柑橘标准化生产花果管理技术

（一）花量调控技术

1. 减少花量

柑橘定植后 1~3 年的幼树以扩大树冠为主，要少开花或不开花，进入结果期的弱势树也要少开花，减少花的措施有：

（1）防止秋冬干旱。9~12 月保持土壤处于适度的湿润状态。

（2）增施氮肥。平时增施氮肥，秋季和初冬增施 1~2 次速效氮肥。

（3）喷施抑花剂。在 9~12 月树冠喷洒 2~3 次浓度为 70~

100mg/L 的赤霉素，翌年基本无花。

（4）抹除晚秋梢和冬梢。春季萌芽前短截部分夏梢和秋梢，回缩弱枝组，促发营养枝。

2. 增加花量

进入结果期而生长势太旺、开花少的树要促花。促花措施有：

（1）控水。10~12 月保持土壤适度干旱，使晴天的中午叶片微卷。

（2）施肥。增施磷肥，减少氮肥用量。

（3）环割和环剥。环割：8~9 月对大枝环割 2~3 圈，深度以刀切到木质部（即木头部位）为好。环剥：在大枝上环割两圈，然后把两圈中间的皮层剥下来，宽 0.1~0.2cm，剥后包薄膜促进伤口愈合。环剥和环割都能增加花量，但花质较差，畸形花多，并易引起异常落叶，应慎用。

（4）拉枝、吊枝和扭枝。8~11 月将生长旺盛或生长直立的枝条拉平，或拉成斜向，或秋梢叶片完全展开后对其扭枝，可增加花量且花质好。

（5）喷促花剂。10~12 月喷施 2~3 次促花剂，间隔 15~20 天。

（二）果实管理技术

多数柑橘品种都有程度不同的大小年结果现象。大年结果多，果实小；小年结果少，果大皮厚。柑橘树应适度结果，防止大小年，延缓树体衰退，达到丰产、稳产和优质的目的。

1. 疏果结果太多的柑橘树应疏果

疏果时间尽可能早，一般分两次完成。在幼果第一次生理落果高峰后，进行第 1 次疏果，摘除小果、畸形果、病虫果和近地面。幼果第 2 次生理落果结束后，再进行第 2 次疏果。疏果方法有化学疏果和人工疏果。化学疏果方法比较难掌握，要么疏果过量，要么过少。人工疏果仍是目前最可靠的办法。一般的柑橘品种，第二次生理落果结束后很少再发生大的脱落，此时疏果可根据叶果比来确定：脐橙 50~60：1；普通甜橙 40~50：1；早熟温州蜜柑 20~35：1；中晚熟温州蜜柑 20~25：1；小叶宽皮柑橘 50~60：1。但对后期易裂果品种留果量应适当多些。

2. 保果

包括减少幼果生理落果、防止裂果、日灼和采前落果等。

（1）减少幼果生理落果。适当修剪保持果园和树体通风透光、加强栽培管理、及时施肥、防旱防涝、防止病虫害是保花保果的基本前提。此外，保果的生产措施还有：

①喷施叶面肥。春叶展开后至第 2 次生理落果结束前，多次喷施硝酸钾、尿素或磷酸二氢钾等叶面肥 2~4 次。

②枝条处理。开花前对生长直立的枝条进行撑、拉、吊，抑制生长势，开花后对大枝或主枝进行环割或环剥，环剥口宽 0.1~0.2cm，以剥口在生理落果结束时完全愈合为好。

③使用保果剂。保果剂是目前保果最有效的方法，效果好的保果剂主要有细胞分裂素类和赤霉素。细胞分列素类喷施浓度为 100~200mg/L，赤霉素喷洒浓度为 20~50mg/L（1g 赤霉素用 30~50ml 50%的酒精或 50 度以上白酒溶解后，加冷水 20~50kg），从谢花后 3~7 天开始到谢花后 20~30 天内，对准幼果喷洒 1~2 次。

（2）防止裂果。主要方法有：

①尽早疏除畸形果、易裂果。如脐橙顶端扁平、大的开脐果

易裂。

②增施氮、钾肥，提高果皮抗裂强度。

③喷洒植物生长调节剂，促进果皮细胞的分裂与生长，减轻裂果。

④人工授粉，使无核品种有核化。

⑤深翻改土，果园覆盖，减少水分损失，缓解土壤水分干湿交替变化幅度。

⑥及时灌溉，保持土壤处于适宜含水量，防止干旱。

（3）防止日灼。防止日灼的措施有：

①培养枝繁叶茂的树冠，减少阳光对果实的直接照射。

②喷涂石灰水。石灰水配制方法：用质量好的熟石灰 0.5kg，加水 4.5kg，配成石灰浆，7~8 月喷涂到阳光直接照射的果面。

③套袋或贴白纸。幼果第 2 次生理落果结束后，树冠外部受到阳光直接照射的果实套白纸袋或果面帖白纸。

④有喷灌的果园，间隙喷灌降温。

（4）防止采前落果。采前落果主要指果实成熟前 1~2 个月的落果。引起采前落果的主要原因有低温、土壤积水和病虫害。防止采前落果的主要措施有：加强栽培管理，增强树势；避免果园积水；改善通风透光条件；防治病虫害。在成熟前 1~2 月内喷施 1~2 次甲基托布津、多菌灵或胱鲜胺 1000 倍液，或退菌特 700~800 倍液，同时喷施 1~3 次浓度为 20~40mg/L 的 2.4-D 溶液，要将果蒂喷湿。

（5）防止脐黄。脐黄即脐橙果实脐部黄化，是脐橙所特有的病害。防止脐黄的主要措施有：

①栽培脐黄少的脐橙品种（系），如纽荷尔、奈维林娜、福

本、华盛顿等。

②加强栽培管理，培养长势适中的树势，减少树冠外围结果，防止土壤出现严重的干湿交替。

③在脐黄出现前喷施脐黄防治药剂。

十、防灾减灾措施

（一）日灼

日灼病是果实在日光的直接照射下，温度过高（果园温度持续超过45℃以上）所造成的一种生理病害。受害果实的果皮灼伤变黄硬化或坏死，严重影响果实外观品质和商品价值。夏季日照时间长，土壤干旱时容易发生。特别是幼年结果树发生普遍。在高温烈日情况下喷石硫合剂或硫磺悬浮剂，也可使该病加剧。其主要防止措施有：

1. 选择合适地形

在气温高的地区栽培温州蜜柑、椪柑、脐橙等对日灼病敏感的品种，尽量避免西向或西南向坡地，并注意营造防护林带。

2. 加强肥水管理，合理整形修剪

①在广东、广西、闽南和湘南地区，在保证稳果的前提下，可适当提早放秋梢，保持树冠枝叶丰满，以减轻阳光对果实的直接照射。②实行生草栽培，旱期进行树盘覆盖，改善橘园生态环境。③7～9月适时灌水或喷水，以调节果园土壤水分和小气候，减少日灼果发生。④夏、秋季防病虫尽量不用石硫合剂和机油乳剂。气温高，喷药宜在上午10时前、下午3时后进行，可以减少该病发生。

3. 喷石灰水或贴白纸

在秋季高温强光照来临前，可在树冠外围易日灼的挂果部位喷1%～2%的熟石灰水，或者对树冠顶部受阳光直接照射的果实在向阳面贴耐雨水淋洗的白纸（粘贴剂宜用合成胶水），也可对大果类型的柚和脐橙等果实进行套袋。

4. 搭盖遮阳网

有条件的果园，可在日灼发生前于幼年橘园上方搭盖遮阳网，直接降温。

（二）冻害

柑橘防冻，首先应立足长远，坚持在柑橘的生态最适区和适宜区发展生产，在柑橘的次适宜区栽培必须选择局部温暖的小气候建园，如背风向阳且地势开阔的坡地，或者是河流、水库等大水体的周围。地势低洼的平地或盆地，因易发生冷空气沉积不适宜建园。

其次应根据当地的生态环境条件选用合适的抗寒品种及砧木。一般情况下抗寒强弱的顺序为金柑、温州蜜柑、朱红橘、本地早、南丰蜜橘、椪柑等宽皮柑橘、脐橙和甜橙类、柚类，以柠檬等为最弱。在常用的砧木中以枳壳抗寒力最强。

第三是增强树势，提高树体自身的耐寒性。通过深翻改土引根深扎，合理施肥，特别是早施、重施采果肥，（采果期偏迟的柑橘树，不便土壤施肥时可通过喷施叶面肥促进树势恢复），秋冬干旱及时灌水，及时剪除晚秋梢和冬梢，加强病虫综合防治，保护叶片安全越冬等，都是防冻的基本措施。此外，越冬前还应采取以下临时性措施：

1. 主杆和大枝包扎

对保护主杆和防止主杆树皮开裂有良好作用。先用稻草包扎后，再缠裹塑料薄膜或用黄泥25%、鲜牛粪10%，加杀菌剂3%、石灰 2%、清水 60%配成涂剂涂抹树干。也可利用废旧薄膜，剪成宽 4cm 的长条从下至上捆扎直至树干无干的部分。宜在 11 月下旬至 12 月初进行，次年 2 月下旬至 3 月上旬拆除。

2. 主杆刷白

未包扎的可于 11 月中下旬进行涂白。涂剂的配制：用生石灰 0.5kg、硫磺粉 0.1kg、水 3~4kg，加食盐 20g 左右，调匀涂抹主杆大枝，兼有杀虫灭菌的作用。

3. 根茎培土

可保护根部和根茎不外露受冻，最好从橘园外取客土培壅，或者从橘园行间取土培壅，切忌在树盘上取土。土壤必须松散细碎，培成馒头形，高 30~40cm。大块土易使主杆及根茎漏风受冻。12 月上旬培土壅蔸，早春气温回升后及时扒开。

4. 树冠围捆覆盖

用草绳将树冠拦腰捆束，冠外束草；大树可将骨干枝牵拉在一起，或覆盖草帘，或覆盖塑料薄膜，既可防御霜冻又可防止冰雪劈裂断枝。如果用薄膜覆盖树冠，则需注意在晴天气温升高时及时将扎口敞开透气，防止落叶。次年 2 月下旬大冻过后，覆盖物全部解除。新植幼龄柑橘树和耐寒性较弱的柑橘品种树最好用稻草搭棚。即先在树冠周围插上三根小竹竿，将上端扎紧，形成三角形，然后在东、西、北三面外围覆 1~2 层稻草。南面不围草，以利通风透光。一般在 12 月上中旬进行，春季气温回升后及时拆除。

5. 冻前灌水

提高土温，增加土壤湿度，防止树体失水，减少冬季落叶。冻前灌水应注意灌透，时间掌握在严寒来临前 7~10 天为宜。

6. 挖排冷气沟

平地、洼地开挖排冷气沟（兼作排水沟），可改善橘园小气候，特别是减轻辐射霜冻。开沟时间，可在采果后至 12 月上中旬（或疏通），沟深、宽各 1.0~1.5m，每隔 20~50m 开一条。根据果园周围地形决定沟的走向，要便于冷气的排出。挖沟时应注意使沟内不能有积水。

7. 熏烟

当绝对气温已下降到 -5℃以下，可在无风无云的辐射霜冻夜晚，橘园中均匀布设发烟物堆，每亩约放 4~6 堆。发烟物就地取材，可选用杂草、稻草、枯枝落叶、锯木屑、谷壳、粗糠等。发烟堆不需要明火，需压实或覆土，烟雾越大，持续时间越长越好。在凌晨 2 点左右点火发烟，延续至 7 点左右。可有效减轻地面辐射冷害。

8. 摇雪和敲冰

及时摇落树上积雪和敲除冰块，并铲除树盘内积雪，修整沟渠系统排除雪水。

9. 冻害后的护理和恢复措施

冻害后及时采取护理和恢复措施，能有效减轻灾害损失。

（1）松土排水。根系一般不会遭受冻害，及时开沟排水和松土，有助于提高土温，促进根系提早活动，恢复树体元气。

（2）施肥。轻冻树用 0.5%尿素根外追肥 2~3 次。春肥以速效氮肥为主，应薄施勤施，分次完成。

（3）适时适量修剪。原则上是剪去冻伤部分，即轻伤摘叶，中伤剪枝，重伤锯干。受冻叶片一般不会自然脱落，留在树上易导致枝条失水往下干枯，因此冻伤叶片要及时摘除。根据石门县

2018 年冻害后恢复经验，中度、重度冻害的橘树应在温度稳定超过 12℃时进行修剪，修剪越迟损失越大，修剪量可根据剪口形成层的鲜活度来确定，或采取两次修剪，先剪去明显冻伤的部分，等萌芽后进行第二次修剪，并且在第一次修剪时要适度重剪。大枝锯口要削平，用 75%酒精或 0.1%高锰酸钾消毒，再涂保护剂，用 30%黄泥、65%新鲜牛粪、5%石灰调成糊状物或用波尔多液或石蜡等均可，也可用薄膜包扎。冻害后易引起树脂病等病虫害盛发，应及时防治。

十一、柑橘标准化设施栽培技术

（一）设施栽培及其类型

柑橘设施栽培，是指在某些人工控制的环境中进行的栽培，具有促进早熟、提高品质、丰产稳产和满足消费要求等作用，并可有效提高栽培经济效益。

柑橘设施栽培的类型主要有促成型、延后型和避雨型三种。在我国，促进型柑橘加温设施栽培尚在试验中，目前生产中常见的是延后和避雨两种类型。其中，延后栽培是通过设施保护将果实留树越冬至翌年采收的一种栽培方法。由于适合市场需求，栽培效益十分明显。

（二）柑橘大棚覆盖越冬栽培技术要点

柑橘延后栽培是将果实挂在树上至翌年 1~3 月采收。方法有果实套袋、挂网、大棚覆盖越冬三种。由于果实套袋和挂网防冻的措施比较简便，这里略过。现将柑橘大棚覆盖越冬栽培技术介绍如下，避雨栽培可参照此技术。

柑橘越冬栽培的优点是果实可溶性固形物（TSS）和糖度较高，可溶性固形物达到 12%以上，酸度较低（0.6%左右），即固酸比和糖酸比较高，果肉化渣，风味口感佳，果皮色泽鲜艳，品质综合性状好于露地果实。大棚内的日灼果和裂果、病虫果明显减少，亩产可达2000kg以上，商品果率达90%以上，果实销售价格和经济效益提高数倍，即使出现隔年结果，效益仍然很高。

1. 品种选择

柑橘越冬栽培的适宜品种是通过完熟能改善品质，或露地栽培品质不能得到充分表现得越年成熟品种。可供选择的品种有早熟温州蜜柑、瓯柑、血橙、胡柚、不知火等。中晚熟温州蜜柑品种，即使越冬完熟后，果肉囊壁化渣性仍差，酸度较高，品质不会明显提高，所以不适合越冬栽培。

2. 立地条件与大棚要求

柑橘大棚可选用竹木、钢架建造，竹木大棚成本低，使用寿命2~3年；钢架大棚成本高，使用寿命10年以上。

大棚立地条件以平地或缓坡地为宜，排灌条件良好，面积1000m²以上，过少则不利于保温和温湿度管理，大棚设置以南北走向为好。采用连栋拱顶大棚，以两行为一栋，单栋大棚宽度一般为7~9m。树冠顶部与覆盖薄膜间的距离应保持1.5~2.0m，肩高与顶高相差1.5m左右。因为，从垂直高度的温度变化来看，越接近棚顶薄膜，温度变化幅度越大，最高温度越高，越容易发生果实浮皮、日灼等果实高温障碍。若树高为2m，则顶高应为4m以上，肩高3m以上，四周离薄膜的距离一般为0.5~1m。棚架上及四周可先拉防鸟网，再覆盖薄膜。

3. 薄膜覆盖与棚内温度、湿度管理

（1）温度管理。每年3~5月的雨季，如果雨水过多，可进行塑料薄膜顶部覆盖，以避免雨水进入园内，特别是花期多雨的年份要及时覆盖。夏、秋季 7 月至 10 月底揭去薄膜和地膜，当最高气温高于 35℃时，用透光率为 60%～70%的遮阳网覆盖，以降低温度，防止裂果和日灼果。当温度下降后及时揭去遮阳网，过度遮阴会影响叶片光合作用和果实糖度，甚至会引起树冠内膛和下部果实脱落。10 月下旬至 11 月上旬 5 日的平均最高气温降到 20℃～25℃时，进行全封闭塑料薄膜覆盖，地面铺设反光地膜，当日间 10～16 时气温接近 20℃时，揭开大棚两侧的裙膜以通风降温，两端有换气扇的及时打开通风，将最高温度控制在 25℃以下。该管理方法一直持续到果实采收（1 月底至 2 月底）。采果施肥后 1 个月内，白天要继续全封闭覆盖塑料薄膜和反光地膜，以提高温度，提高叶片光合作用；晚上要打开四周裙膜降低温度，增加昼夜温差，促进养分积累和花芽分化。

（2）水分管理。大棚内 3～7 月以覆盖薄膜避雨为主，采用适湿管理，11 月至翌年 2 月采用干燥管理，7～10 月介于上述两者之间。湿度的控制，是采用在滴灌基础上覆盖反光地膜的方法。要注意温州蜜柑果实膨大后期至成熟期在多湿条件下容易发生浮皮，以及成熟期当温度超过 25℃时，会导致果皮二次生长而加重浮皮。因此，要搞好排水，保持土壤的干燥。

4. 施肥

果实越冬栽培的施肥特点是地面施肥次数少，叶面喷肥次数多，即只施采果肥和春肥，夏肥用叶面肥代替。1～2 月果实采收后，立即喷以氮磷为主的叶面肥 1 次，隔 20 天后喷磷钾叶面肥 1 次，同时灌足水，隔天后进行地面施肥。株产 50kg 的树，株施人粪尿 8～10kg 加尿素 0.1～0.2kg 或加夏合肥（N：P_2O_5：$K_2O=15$：15：15 的复合肥，以下同）0.3～0.4kg；或饼肥 3kg，加复合肥 0.75kg。3 月上旬施春肥，株施复合肥 0.25kg，加钙镁磷肥 1kg、硫酸钾 0.15kg，拌好后施。4 月份弱势树、多花树喷以氮磷为主的叶面肥 1 次。盛花期喷磷钾叶面肥 1 次。7 月上中旬喷以氮磷为主的叶面肥 1 次。用上述叶面肥代替壮果肥。为了减轻果实浮皮，可在果实发育后期至着色初期（8 月上旬、8 月下旬、9 月下旬）喷钙肥 2~3 次。要注意叶片缺素症的发生和防治。如出现隔年结果，休闲年的施肥与露地相同。

5. 促花保果和疏果

越冬栽培由于采收过迟，消耗大量贮藏养分，往往出现隔年结果。如果在 1 月下旬至 2 月的春节前采收，只要管理得当，可实现连年结果。促进花芽分化和提高花质是实现连年结果的关键措施，在采收后立即施叶面肥补充养分，棚内继续保持干燥，在保证不受冻害的前提下，尽量保持低温，即如前所述，白天覆盖增温，夜间打开裙膜降温，加大昼夜温差，促进养分积累，诱导花芽分化。在花期多花树减去部分花枝，盛花期喷磷钾叶面肥，疏去树冠中上部旺长的春梢，旺长树采用环割（剥）等，采用这些措施，可以保果。

疏果，按叶果比进行，留果量略多于露地，早熟温州蜜柑 15 ~20：1，疏除病虫果、畸形果、裂果、直立朝天果、特大果，最终按留果量每亩 2000~2500kg 的产量来确定。

6. 修剪

可采用大枝修剪。结果的年份，以轻剪为主，只剪去病虫枝、衰弱枝、过密枝。出现隔年结果时，休闲年在 7 月份进行重修剪，通过短截促使其 8 月份抽生大量的优质早秋梢，应为 8 月份抽生的早秋梢能充分成熟，结果性能最好，为来年的丰产打下良好基础。

7. 病虫害防治

大棚内虫害减少，而病害增加。但是由于冬季棚内暖和，其温度很适于红蜘蛛等螨类的繁殖与生长。因此，在注意防病的同时，药剂可与营养液混合一起喷。采前要注意药剂安全间隔期，休闲年嫩梢期要注意蚜虫和食叶性害虫的防治。

8. 果实采收

在大棚栽培条件下，11月中旬至1月底的60天左右为果实品质最佳的完熟期，2月初开始进入果实衰老期。越冬栽培的目的是为了延迟采收，获得最大的经济效益，因此最佳采收期的确定既要考虑品质，又要考虑销售价格。从历年的销售情况看，应在1月下旬至2月的春节前采收，以获得最大经济效益。鉴于果实越大越容易浮皮，可进行分批采收，先采收大果，让中、小果实留到最后采，即在11~12月先采收三分之一左右，这样有利于连年结果。越冬后采收的果实宜现采现销，不宜长期贮藏。

9. 其他

雨季要清理沟渠，特别要加深四周的沟渠，不让雨水进入园内。出梅后揭去薄膜，注意温度变化，及时覆盖和揭去遮阳网，及时灌水抗旱，以降低温度，防止裂果和日灼。

低温寒流期和下雪时，为了果实安全，可采用双层薄膜保温防冻，或在近棚顶处挂电灯或其他暖气设备增温。如果在2月下旬后采收，从2月中旬期要进行遮光覆盖，以防止果实褪色。

十二、柑橘覆膜增糖技术

柑橘覆膜增糖技术主要是指通过地表覆盖薄膜（树冠和大棚

覆膜的，可参照设施栽培部分），增进果实着色、含糖、风味和化渣程度的一项技术。

1. 橘园选择

覆膜增糖技术适用于光照良好、不积水、略带黏性的壤土橘园。郁闭的成年密植园要进行间伐和精细修剪等措施使树体通风透光条件改善后才可使用。平地橘园，要挖沟做畦，使橘园排水沟畅通不易积水后再行地膜覆盖。

2. 品种选择

温州蜜柑类宜以果实扁圆形的早中熟品种为主，如宫川等。圆锥形的粗皮大果易产生浮皮。同一品种以结果多的果园（大年）比较适合该技术。椪柑类宜选择皮薄、紧密、果形扁圆、中心柱小的品种，如黔阳无核、金水柑等。

3. 栽培方式

（1）土壤管理。田间土壤最好做成起垄栽培的模式，利于覆膜操作与水分控制；若因控水使得土壤干旱叶片有卷曲现象时，少量灌水恢复即可。

（2）树体管理。结果母枝以头年春梢或秋梢均可，但最好有一致性。宽皮柑橘以早秋梢为佳，利于接扁平果实。树体上部开心、下部清理裙枝，主杆稍高才能达到应有的效果。如果树体小垂，应采用立柱和提拉方式将果枝提起，改善通风透光条件。

4. 覆膜时间

一般以果实充分膨大后覆膜为佳，温州蜜柑和椪柑可以在果实开始转色时进行，长江流域在 8 月下旬至 9 月上旬覆膜即可，最迟不能超过 9 月底，椪柑的成熟期稍迟，覆膜也可延迟至 9 月中旬，注意在覆膜适宜期范围内，覆膜应尽量选择在下雨前进行。

5. 操作要点

覆膜前应将树盘土壤整平、除草，减少突起，避免刺破地膜。覆膜时要求地膜间用包装胶带纸粘合，使雨水不能渗入土壤。树干处地膜要扎紧粘牢，以防止雨水沿树干渗入树盘内。梯田应清理好背沟，除树盘外还应对梯壁和背沟进行覆膜，以防上梯的水流入下梯的土壤。

6. 适期采收和提前疏除粗皮大果

采用覆膜增糖技术可适当延迟 15~30 天的时间采收，有助于糖分的进一步积累，以及着色度和化渣程度的提高。9 月即可将果实已经膨大，但明显为粗皮大果的果实疏除，此时疏果有利于余下果实糖分的增加。

7. 注意事项

（1）减轻浮皮的发生。浮皮是宽皮柑橘覆膜栽培的主要问题，应掌握好以下环节，可明显降低浮皮率：①减少土壤水分含量，可以减少浮皮。橘园要加强通风，做好排水，保持橘园干燥。②果实发育中后期控制氮肥的使用量。③果实转色前喷施 1%~2% 的钙制剂，可增进果皮结构的牢固程度，有助于减轻浮皮的程度。

（2）忌过度晚采。覆膜增糖技术在推广过程中，有的产区随意延迟采收时间，产生果实浮皮、落果严重、果实出现霜害、果品不耐贮藏、树体抗逆性下降等问题，降低了果品质量。应清楚了解覆膜栽培品种的特点，在正常成熟期的基础上，采取地表覆膜的可适当推迟采收期 15~30 天。

（3）覆膜与采后管理。覆膜后，应定期检查覆盖地膜的完好情况。若膜出现破损，应在破损处盖上新膜并用胶带粘牢。

采果后，应及时灌水并施肥，以恢复树势，促进花芽分化，为下一年橘园继续丰产打好基础。地膜可连续使用几年，覆膜和收起时应细致操作，妥善保存。

第二节　完善和推广绿色食品柑橘生产技术

柑橘是世界主要果树之一，也是我国南方主要果树之一。柑橘适应性较强。山地、丘陵、平原、河滩、海涂均可栽培，而且产量高，收益大，但还存在着单位面积产量不高，品种结构不合理，供应结构不合理，供应期短而集中，品质不理想等问题。解决的途径是搞好橘园基本建设，实行区域化和良种化栽培，加强管理，降低成本，提高品质，从而提高经济效益。

一、选择优良品种

首先我们要了解绿色食品柑橘的生产对柑橘品种的要求。品种是绿色食品柑橘优质、高产的基础，优良的柑橘品种应具备"三性"，即丰产性、优质性和安全性。丰产性：适应性广、抗逆性（寒、热、旱、涝、瘠、病、虫等）强、易栽、易管、易达到丰产；优质性：果实的品质要优，既有好看的外观、又有上等的品质，果实为消费者青睐；安全性：不是优良品种先天所具有的，是由于环境、栽培管理等因素所造成的。随着生活水平的提高，人们将更加关心果品安全性，所以，要把果品的安全性提到首要的位置。

1. 绿色食品优良宽皮柑橘品种品系

本地早及其优系。本地早原产浙江，既可鲜食，又宜加工。

本地早主要特性：一是树冠高大，强健，圆头形，枝梢整齐，分枝多而密、细软；二是叶片近椭圆形、较小、深绿色；结果母枝多为春梢或秋梢；三是果实扁圆形、较小，平均单果量80g，果色橙黄，果皮较粗. 果顶微凹，常呈小脐状，果蒂有明显的放射沟纹、皮薄、易剥；四是果肉柔软多汁、化渣，甜多少酸，含糖量每100ml 9~10g，含酸量每100ml 0.5~0.6g，可溶性固形物13%左右，有香气，种子10粒左右，品质上等；五是果实11月上旬成熟，较不耐贮藏。

本地早较耐寒，在北亚热带和北缘柑橘产区栽培风味浓、品质好，在热量丰富、积温高的区域栽培易出现粗皮大果，风味变淡，品质变差。本地早用枳作砧木，易出现黄化，用本地早作砧（共砧）表现好。海涂种植用枸头橙作砧木耐盐、且丰产。

本地早优系：新本1号、黄斜3号少核或无核，品质更优，鲜食和加工糖水橘瓣罐头兼宜，但丰产性稍逊。本地早及其优系，是宽皮柑橘中优势品种之一，可适宜发展种植。

南丰蜜橘及其优系。南丰蜜橘原产江西南丰县，是橘类优良品种之一。

南丰蜜橘主要特性：①树势强健，树冠半圆形或圆形，树姿开张，树干光滑，枝叶稠密，枝梢细长，叶片长至椭圆形；②果实呈扁圆形，果顶平凹，果基扁平微有肋起，果小，一般平均单果重60g，果皮薄、易剥、橙黄色、油胞小而密、平生或微凸，囊瓣大小不一，囊壁薄；③肉质柔软化渣、汁多，糖含量每100ml 10~11g，酸含量每100ml 0.5~0.9g，可溶性固形物13%~15%，风味浓郁，有香气，种子无或极少，品质佳；④果实11月上中旬成熟，耐贮性较差；⑤耐寒性较强，适合北亚热带和中亚热带栽培。

优系大果系，果实较大，平均单果重 60g 左右。小果系果实较小，平均单果重 26.3g。小果系的品质比大果系好，可溶性固形物含量高，最高可达 19%，种子比大果系少。桂花蒂系果实大小中等，平均单果重 40g，种子平均每果 2~3 粒。果实较耐贮藏。

红橘及其优系。红橘是古老橘类品种之一，因其丰产、易栽、果实色泽橙红鲜艳，食用方便，至今仍有栽培。红橘果实种子多，不耐贮藏。

少核红橘 418 系主要特性：①树冠圆头形，树姿较开张，叶片椭圆形；②果实扁圆形，色泽橙红，单果重 70~80g；③果实的可食率 73%，每 100ml 糖含量 9.6g，每 100ml 酸含量 0.6~0.8g，可溶性固形物 11.5%~12%。肉质细嫩化渣，酸甜适口，种子 5 粒以下，品质佳；④果实 11 月下旬成熟，耐贮性较一般红橘稍好。

椪柑及其优系。椪柑原产我国浙江、福建、广东、广西、台湾、四川、湖南、湖北等为主产省（自治区）。椪柑种类很多，适应性强，在长期栽培的过程中选出了不少优质的品种（品系）。

新生系 3 号椪柑主要特性：①树势健壮，生长旺，幼树直立性强；②果实扁圆形或高扁圆形，平均单果重 114g，果色橙黄；③果实可食率 70.7%，每 100ml 糖含量 9.75g，每 100ml 酸含量 0.61g，可溶性固形物 11.5%~12%，种子 7~9 粒，肉质脆嫩，甜酸适中，品质佳；④果实在 12 月上旬成熟，耐贮藏；⑤丰产稳产，适应性广，抗逆性强，是目前推广椪柑良种之一。

太田椪柑主要特性：①树势较强，树冠圆头形；②果实扁圆形，单果重 150g 左右；③果实每 100ml 糖含量 8~9g，每 100ml

酸含量 0.7~0.8g，可溶性固形物 11%~12%，肉质细嫩、化渣、甜酸适口，种子 2~5 粒；④果实减酸快，着色早，成熟较普通椪柑早 7 天左右，11 月中旬采收。

金水柑即鄂柑 1 号主要特性：①树势旺盛，树姿直立，小枝多，叶片密；②果实圆球形，果蒂凸起，有放射状沟纹，平均单果重 143g，果皮较粗，色泽橙黄；③果实含糖量每 100ml 9.5~10g，每 100ml 酸含量 1.2g 左右，可溶性固形物 12%左右，肉质脆嫩化渣，酸甜适口，种子 8~11 粒；④果实 11 月中旬成熟，耐贮藏；⑤耐寒性极强，丰产性好。适合北亚热带和北缘柑橘产区适量栽培。

黔阳无核椪柑主要特点：①果实完全无核，遗传性稳定；②果大质优，营养丰富，单果重 120~150g，果皮油胞凸生，整齐一致，凹点不明显，手触果皮较粗硬。果皮薄，肉质脆嫩，多汁化渣，风味浓郁，12 月初成熟，果汁可溶性固形物含量为 13.5%~16.2%，糖含量 11.48%；③结果早，稳产丰产；④抗逆性强，抗寒、抗旱、耐瘠薄。

台湾椪柑主要特性：①树势强健，树性直立，枝梢细、丛生；②果形高桩，果大，单果重 160~220g，油胞细密，果皮松而易剥；③每 100ml 含糖量 9~10g，每 100ml 含酸量 0.3~0.7g，可溶性固形物 11.5%~13%，味浓甜，肉质脆嫩，种子 8~10 粒，品质佳；④果实 11 月下旬至 12 月上旬成熟，较耐贮藏。

岩溪晚芦主要特性：①树势强健，直立性强，枝梢密；②果实扁圆，单果重 150~170g，果顶平至微凹，有较明显的放射状沟纹，果色橙黄，果面光滑；③果实可食率 75%~78.6%，每 100ml 含糖量 10.4~12g，每 100ml 含酸量 0.9~1.1g，可溶性固形物

13.6%~15.1%，种子 3~7 粒，肉质脆嫩、化渣、甜酸适口、具微香，品质上等；④果实翌年 2 月下旬至 3 月上旬成熟，且耐贮藏，贮藏至 4 月底 5 月初，品质仍佳。岩溪晚芦晚熟、丰产、优质，是目前推广的椪柑良种之一。

沙糖橘又名十月橘，沙糖橘原产地广东四会，主要产地有：四会、云浮、广宁、清远、英德等，是当地柑橘主栽品种之一。因其味甜如沙糖故名之沙糖橘。其味鲜美而极甜，无渣，口感细腻，实为极品。

沙糖橘果实扁圆形，顶部有瘤状突起，蒂脐端凹陷，色泽橙黄，果皮薄，易剥离。果形指数 0.78，单果重 62~86g，可食率71%，可溶性固形物 11%，每 100ml 含全糖 10.55g，果酸 0.35g。果肉爽脆、汁多、化渣、味清甜。

温州蜜柑及其品系。温州蜜柑原产我国。温州蜜柑品系主要有：特早熟、早熟和普通温州蜜柑等。

特早熟温州蜜柑，又称极早熟温州蜜柑。果实成熟期在 9 月至 10 月上中旬。

主要特性：①树冠矮化，树势偏弱，枝梢节间短，叶片小，幼树生长正常，进入结果后花芽易形成，常因结果过多，树势变弱，出现早衰；②果实扁圆形，果皮薄，着色较早，减酸快，着色和减酸常表现不同步；③因生长期短，糖、酸含量不高，果实易失水、不耐贮藏；④果实 9~10 月上中旬成熟。

桥本、宫本、大浦、山川、市文、胁山、上野、岩崎、日南1 号、稻叶等均属特早熟温州蜜柑。系温州蜜柑的变异优系，其主要特性：①树势较弱，树冠矮小、紧凑，枝梢短而密，常呈丛生状；②果色橙黄至橙色，果皮薄，采摘时易龟裂；③肉质柔软化渣，囊衣薄，味甜酸少，品质好；④果实 10 月中下旬至 11 月初成熟，不耐贮藏；⑤结果早，丰产稳产。

国庆 1 号、兴津、宫川、山下红和鄂柑 2 号等品种都是早熟温州蜜柑。其主要特性：①树势强，树冠高大，枝梢粗而稀，叶片较大、较厚；②果皮较厚，不易龟裂；③囊壁厚而韧，不化渣，糖含量较高，风味浓；④多数品种（品系）的果实在 11 月上中旬至 12 月底成熟，果实较耐贮藏；⑤更适合加工做全去囊衣的糖水橘瓣罐头。

尾张、南柑 20、南柑 4 号、大津 4 号等品种都属普通温州蜜柑。

杂柑。杂柑主要是橘与橙或橘与柚的杂交后代，分中熟品种和晚熟品种。主要有：天草、南香、早香、有明、津之香、清见、清峰、阳香、天香、南风、不知火、诺瓦（橘橙 7 号）、伊予柑、濑户香等品种。

2. 绿色食品甜橙类优良品种品系

橙类可分为锦橙（鹅蛋柑）、脐橙、夏橙、血橙、哈姆林甜橙等。

锦橙及其优系主要有：蓬安 100 号锦橙、中育 7 号甜橙、开陈 72-1 锦橙、铜水 72-1 锦橙、渝津橙、北碚 447 锦橙、兴山 101 号锦橙等。

脐橙品种主要有：华盛顿脐橙、罗伯逊脐橙、纽荷尔脐橙、林娜脐橙、福罗斯特脐橙、福本脐橙、红肉（卡拉卡拉）脐橙和晚梭脐橙等。

先锋橙、伏令夏橙及其优系主要有：奥灵达、卡特、康陪尔、德塔尔、蜜奈、五月红、刘金刚等。

血橙：红玉血橙、摩洛血橙、塔罗科血橙、桑吉耐劳血橙、脐血橙等。

3. 柚的优良品种

柚原产我国，按其风味可分为甜柚、甜酸柚和酸柚；甜柚如沙田柚、梁平柚、斋婆柚等；甜酸柚，有玉环柚、官溪蜜柚、脆香甜柚等；酸柚，如毛橘红心柚。

柚按成熟期，有早、中、晚之分。早熟柚，有龙都早香柚、永嘉早香柚、官溪蜜柚、脆香甜柚；中熟柚有沙田柚、垫江白柚、玉环柚等；晚熟柚有白柚、矮晚柚等。

（1）官溪蜜柚品种特性。官溪蜜柚原产福建省平和县官溪河畔，种植表现优质、丰产、早熟。其主要特性：①树势强壮，树姿较低开张；②果实倒卵圆形或圆锥形，单果重 1500~2000g，最大果可达 4500g，果色金黄；③果实可食率 60%~65%，可溶性固形物 10.5%~12%，每 100ml 糖含量 8~10g，每 100ml 酸含量 0.7~1g，常无核，品质佳；④果实 10 月中下旬成熟，较耐贮藏。官溪蜜柚因丰产质优，栽培较多，可适量种植。

（2）矮晚柚品种特性。矮晚柚系四川省遂宁市名优果树研究所从晚白柚中选出的优系。主要特性：①树体较矮小、紧凑、枝梢粗壮，柔软而披散、下垂；②果实扁圆、高扁圆、圆柱形，单果重 1500~2000g，最大可达 3600g，果色橙黄，光滑；③果肉白色、细嫩、汁多化渣、甜酸爽口，可溶性固形物 11%~12%，每 100ml 糖含量 8~10g，每 100ml 酸含量 0.8g，少核或无核，品质佳；④果实 1~2 月份成熟，极耐贮藏。矮晚柚早结果，丰产稳产、质优、晚熟，可适当发展。

（3）常山胡柚品种特性。常山胡柚原产浙江省常山县，其主要特性：①树势健壮树冠圆头形；②果实梨形或球形，果皮黄色或橙黄色，有粗皮和细皮两个类型，平均单果重 350g 左右；③果实可食率 60%～70%，可溶性固形物 11%～16%，糖含量每 100ml 9～10g，酸含量每 100ml 0.9g，品质优；④果实 11 月上中旬成熟。极耐贮藏，贮至下年 4～5 月份品质仍佳，可宜栽区适度发展。

（4）葡萄柚的品系特性。葡萄柚是世界 4 大柑橘类之一，喜温暖，主要品种有：马叙、邓肯、星路比、红马叙等，在我国栽培甚少，随着我国加入世贸组织，柑橘生产与国际接轨，可在我国地处热带、热资源丰富的广东、广西、海南和云南等省的低海拔河谷地区，适当种植，以满足市场对鲜果和葡萄柚汁的需求。

4. 柑橘的优良砧木

砧木对柑橘良种的生长、发育、结果、产量和品质都有影响，在绿色食品柑橘的高效栽培中，必须选择适宜的砧木，我国用于柑橘的砧木有枳、枳橙、香橙、红橙、酸橘、本地早、枸头橙、红檬、甜橙及酸柚等，现择其主要介绍：

（1）枳。枳为我国柑橘的主要砧木，用于温州蜜柑、甜橙，表现抗寒、抗旱、抗瘠，可提早结果，且树体较矮化，抗脚腐病、流胶病、线虫病，但不抗裂皮病，不耐盐碱。枳与其他柑橘易杂交，天然的杂种有枳橙、枳柚等，也具有明显的抗寒性。

（2）枳橙。系枳和橙的属间杂种，根系发达，半矮化，生长势较旺，耐寒力仅次于枳，抗病力强，是甜橙等的优良砧木。

（3）红橘。根系发达，细根多，嫁接后树冠直立性较强，各地有用作橘类的砧木。但较枳砧柑橘结果晚 2～3 年，但后期丰产，抗裂皮病，抗脚腐病，耐涝、耐瘠薄、耐盐碱。树势较旺，耐寒力仅次于枳，抗病力强，也是甜橙等的良好砧木。

（4）酸橘。用作砧木的有黄皮酸橘和红皮酸橘。黄皮酸橘作砧木表现根系发达，须根多，树势旺，丰产稳产，寿命长，果实品质好，耐热、耐湿、抗旱、抗脚腐病。黄皮酸橘在华南用作柑橘砧木，历史悠久。红皮酸橘作柑橘砧木，表现树势强，根系发达，须根多，主根深，耐旱、耐瘠、丰产、长寿，华南产区宜作山地柑橘的砧木。

（5）香橙。香橙原产我国，以长江流域各省（市）分布较集中。香橙作柑橘砧木，一般树势较强，根系深，寿命长，抗寒、抗旱，较抗脚腐病，较耐碱，宜作温州蜜柑、甜橙和柠檬的砧木。亲和力好，结果较枳稍晚，但后期产量高。

（6）枸头橙。在浙江省海涂柑橘产区，常用作温州蜜柑、本地早的砧木。表现树势强，树冠高大，根系发达，寿命长，耐旱、耐湿、耐盐碱，也较耐寒，结果较迟，但后期丰产，且对衰退病有较强的抗性。

（7）甜橙。甜橙作砧木的柑橘，表现生长快，根系深广，抗旱力强，较丰产，品质也好。但结果较迟，对脚腐病、流胶病、根线虫病、天牛等敏感，且不耐寒，不耐湿。

（8）酸柚。酸柚常作柚的砧木，表现根多、根深，须根少，嫁接亲和性好，适宜于土层深厚、肥沃、排水良好的地种植。酸柚砧木耐碱性较枳砧强，但耐寒性不如枳砧。

二、绿色食品柑橘园建设园技术

（一）培育标准化无病毒苗木

无病毒苗木是绿色食品柑橘高效栽培的基础。过去我国因为柑橘苗木生产缺乏规范管理，砧木品种纯度低，接穗质量较差，甚至有时出现混杂，培育的苗木主根弯曲，嫁接口偏低。苗木质量与世界其他主产国相比差距也大，表现在苗木不粗壮，根系不发达。加之，育苗、调苗缺乏严格管理，致使带病毒接穗，甚至带检疫性病虫害的接穗、苗木引入保护区，问题十分突出。因此，在绿色食品柑橘高效栽培中，选择良种，种植无病毒健壮苗是绿色食品柑橘高效栽培的基础，也是获得优质高产和促进绿色柑橘生产可持续发展的保障。

我国柑橘生产要与世界接轨，特别是进行绿色食品柑橘生产，应广泛采用良种无病毒壮苗，提高单位面积产量和延长生产周期。

无病毒苗木是绿色食品柑橘生产前提保障。苗木无检疫性溃疡病和黄龙病、裂皮病、碎叶病和温州蜜柑萎缩病。砧木纯，全部选用最适作砧木优系。嫁接口高度、苗木茎粗、苗木高度和根系等均达到国家无病毒柑橘苗木质量标准。苗木采用露地育苗和保护地育苗，为保证苗木质量，提高栽植成活率，缩短缓苗期，全部都是采用容器育苗或营养槽育苗。育苗单位建立了完整的良种繁育体系。对优良柑橘母树，用目测法、快速鉴定法和指示植物鉴定法相结合，来鉴定是否存在病毒类病害，使苗木质量更加有保障。

无病毒良种苗木的繁育具有严格的安全防范体系。经资质审查合格的育苗单位，一般应在省农业行政主管部门注册，并实行严格管理。生产用的良种苗木要严格执行"三证"（果树苗木生产许可证、果树苗木合格证、果树苗木检疫证）。同时，依靠质量技术监督局、国家柑橘苗木脱毒中心、农业部柑橘及苗木质量检疫检验测试中心，加强对苗木的检验，把好柑橘苗木质量关。

1. 育苗准备

柑橘无病毒容器苗木培育必须满足以下要求：

场地要求。育苗场地应选交通方便、水源充足、地势平坦、光照好、无污染、疫病隔离距离 1000m 以上，且集中成片的地块。

设施要求。育苗设施包括温室、网室、混料场、消毒场和育苗场等。温室总面积 3500m²，用于砧木苗的培育。主要设施设备有降温湿帘、降温外遮阳网、侧开窗和顶开窗、升温燃油热风机、室内空气循环、补光、补气、空气温湿度控制和自动控制施肥灌溉系统，并设置一个缓冲间。

网室主要用于采穗母树的保存、繁殖，与外界隔离，门口设置缓冲间。

混料场和消毒场为混凝土地面，面积 2000m²。

育苗场预留操作道，地面平整，排水良好，全覆盖喷灌。

播种材料。包括砧木种子、草炭土、河沙、谷壳、育苗箱、育苗桶、福尔马林消毒液、石灰等。砧木种子必须是经检为无毒砧木种子。育苗箱为高密度低压聚乙烯经加工注塑而成，规格为：长 51cm、宽 38cm、高 25cm，每个育苗箱可播种约 170 粒砧木种子，育苗桶由线性聚乙烯吹塑而成，高 38cm，桶口正方形，上宽 12cm，底宽 10cm 的梯形方柱底部设 3 个排水孔，承受 29.42~49.03 帕压力，使用寿命 3~4 年。

2. 砧木育苗技术

营养土的配置及消毒。首先将草炭土过筛粉碎，播种用的谷壳需粉碎，移栽用的谷壳则不需粉碎，然后将粉碎的草炭土、谷壳与河沙搅拌机混合搅拌，其体积比为草炭土：沙：谷壳为 2：1.5：1，将搅拌好的营养土进行 pH 测定，pH 以 6.5 为宜。当营养土偏酸时，可在搅拌的同时加入一定量的石灰粉，以调高 pH。

堆码消毒。将经搅拌的营养土进行堆码消毒，一般采用化学消毒（也可用高温消毒），化学消毒的方法是：首先是将营养土堆成高 1m 的料堆，长宽不限，每隔 40cm 用 5cm 直径的木棍打（钻）1m 深的孔，每孔放 2~3ml 福尔马林原液，然后把土盖好，再盖上薄膜，经 4~5 天后揭膜，在上苗床或移栽之前翻动 2~3 次。

浸种催芽。若播种期气温较低，可采用温汤浸种，以达催芽的目的。将砧木种子放入 50℃的温水中浸泡 5~10 分钟取出，再放入 55℃的 1.8%高效植物调节剂爱多收 6000 倍温水中浸泡 60 分钟，然后放入经 1%漂白粉消毒过的清水中冷却，滤出后即可播种。

播种。播之前，首先对所有的设备及器具用 3%的来苏水进行消毒，播种人员用漂白粉液洗手。种子播量为所需苗数的 1.2 倍。播种采用点播，播种时将胚芽向下植入土中，这是培养壮苗的关键措施之一。播种完成后覆土 1~1.5cm，然后再浇透水，灌水的水压不宜过大，以免冲移砧木种子。

肥水管理。当发芽率达到 80%时，可对苗床进行施肥，通常第一次施肥用 0.05%的复合肥液，以后根据小苗的长势进行追施，结合叶面喷施天达 2116 壮苗灵 800~1000 倍液，一般 1~2 周喷一次。苗期应及时灌水，但水分不能过多。

病虫防治。苗期病害以立枯病和根腐病为主，前期以立枯病较多，用天达恶霉灵 3500 倍液或 30%悬浮剂戊唑·多菌灵龙灯福连 1000 倍液等灌根；后期主要是根腐病，通常以 30%悬浮剂戊唑·多菌灵龙灯福连 1000 倍液防治效果较好。苗期虫害以凤蝶和潜叶蛾为主，也有红蜘蛛和附线螨等，用 99%韩国 SK 矿物油绿颖 180 倍液加 1.8% 阿维菌 3000 倍液进行防治效果佳。此外，应及时清除弱苗和白（黄）化苗。

移栽。当砧木苗长到 15~20cm 时即可移栽，起苗时淘汰弯曲苗、弱小苗和变异苗等。移栽时，将育苗桶装入三分之一营养土（根尖不触土），手持砧木苗放入育苗桶中央，主根直立，四周均匀装土，土料以覆盖苗木根部黄绿结合部为准，育苗桶口下 2cm 作为营养土高度。配用天达 2116 壮苗灵 1000 倍液灌足定根水，过 7~10 天后施用 0.15% 的复合肥（氮∶磷∶钾的比例为 15∶15∶15）。

移栽后管理。以施肥、灌水和病虫害防治为主。施复合肥时可加入适量尿素，施用浓度为 0.01%~0.5%，施肥时间间隔 7~10 天，浇水和病虫害防治与苗床期间的管理大致相同。

3. 嫁接及嫁接后的管理技术

接穗母本树首先要保证无病毒。定植在大营养桶或花盆内，注明品种及来源，保存网室中。施肥，一般每 10 天用天达 2116 壮苗灵 1000 倍液灌根 1 次，并根据长势进行叶面喷施天达 2116 壮苗灵 1000 倍液或 1.8% 高效植物调节剂爱多收 6000 倍液，浇水则根据天气状况和营养土水分而定。病害与大田管理相同。接穗母树的繁育过程，从砧木移栽到嫁接均需在网室隔离操作。当移栽后的砧木苗离土 15cm 以上部位的直径达 0.5cm 时，即可嫁接。用倒 T 字形嫁接法，嫁接高度离土面 15cm 以上。嫁接前对所有工具和操作员的手用 0.5% 漂白粉消毒。嫁接完成后挂上标签，并标明接穗品种和嫁接日期，以免混杂。

嫁接后 15 天左右，即可解开薄膜，再过 3~5 天后把砧木顶端接芽以上的枝干反面弯曲并固定下来，并对未成活砧木进行补接。当接芽萌发抽梢并成熟以后，应剪去上部弯曲的砧木，剪口与芽的相反方向呈 45°倾斜；要及时抹除接后砧木上的萌芽，接芽抽梢自剪后，立支柱扶苗，用塑料绳将苗在支柱上捆直，后随苗木生长高度而增加捆扎次数，苗高 35cm 以上时打顶，留 3 个新梢作分枝。

4. 嫁接苗出圃标准及时期的确定

绿色食品柑橘苗木，要求是源于无病毒母本园的优良品种。苗木健壮，叶色浓绿，主杆粗直，主杆高 20~30cm，一般苗高 50cm，嫁接部位离地面 12~15cm，嫁接口愈合良好，结合部上方 2cm 处直径 0.8cm 以上，具有 3 个分布均匀的主要分枝，根系发达、完整，主根无明显弯曲，根茎无扭曲现象，无病毒，无检疫性病虫害，各柑橘主要产区嫁接苗出圃按国家标准苗木分级。

容器苗，除冬季低温不能出圃定植外，其他时间均可出圃定植；露地苗出圃时主要在秋季，定植后成活率高，缓苗期短，翌年生长较迅速。5~6 月份及春季萌芽前，也可出园定植，但须加强管理，尤其是水分管理。

苗木出圃。起苗前充分灌水，抹除所有的嫩芽，并剪除幼苗基部多余的分枝，喷药防治病虫害。苗木出圃时要清理、核对标签，记载育苗单位、出圃数量、定植（苗木）去向、品系、发苗人和接受人签字，入档保存。

（二）高规格建设绿色食品橘园

温度是绿色食品柑橘建园最应注意的主要因素，包括：绿色食品柑橘的耐寒性；最靠近园地的气象站记载的多年最低平均温度、绝对最低温度、周期性大冻，以及秋霜、春霜资料；小气候条件，如在山地，利用逆温层、自然屏障；在江河湖港，利用大水体对气温的调节作用；土壤排水透气性良好，雨季能降低水位达 0.8~1m 以下，土层深厚，有机质丰富，有适当的保水力，酸碱度适当，水源丰富等因素。

1. 做好绿色食品柑橘建园规划

建园是为绿色食品柑橘生产提供适宜的光、热、水、气、肥等生长条件，为绿色食品柑橘高产优质提供良好的环境条件和交通条件，降低生产成本、提高效率。

修筑道路、小区划分、排灌、蓄水、营造防风林、肥源以及附属设施。防护林选择速生树种，并与柑橘没有共生性病害。

道路。绿色食品柑橘基地（果园）需对干道、机耕道和人行道等分别做出规划。三种道路的宽度分别为 6~7m、4~5m、0.5~1m。干道通向公路，机耕道要与干道相接，人行道应与机耕道相接。建立山地绿色柑橘果园，要沿着一条通向全园的等高线开辟干道，其坡度须小于 15°，即 100m 距离内。路面升降不超过 9m，转弯角度在 110° 以上，大坡度地的纵向道还可修成 S 形。

小区划分。由于绿色食品柑橘果园面积和地势（山地）不同，应将基地（果园）规划为若干个作业小区。划分作业小区时，要求同一区内的气候、土壤和品种等保持一致。平地绿色食品柑橘果园小区的面积以 3.33hm² 为宜，呈长方形，长边为行向，向南北向延伸。山地绿色食品柑橘果园，其地形、坡度、土壤和光照等差异较大，小区面积以 0.67~1.33hm² 为宜。以山头或坡向划分小区，小区之间以道路、防护林、汇水线或分水岭为界。

小区规划坡度在 10° 以下缓坡地，要求种植绿色食品柑橘面积占总面积 90% 以上。坡度 10°~15° 的要求栽植面积在 85%

以上。

水系。绿色食品柑橘要求的年降水量为 1000mm 左右，但因时间分布不均匀，常出现无雨受旱，多雨受涝的现象。为保证绿色食品柑橘生产正常进行，园地应有排灌设施。

平地绿色食品柑橘果园的排灌设施较简单，排水与灌水的沟道合二为一。

山地绿色食品柑橘果园的排灌水较为复杂，灌溉水以蓄水为主，提灌为辅，蓄提结合，充分利用雨水，拦截地表径流，引水入池，以备旱时所用。可根据柑橘每株需 $1m^3$ 水的要求，建造蓄水设施。拦山沟开挖在绿色食品柑橘果园上方与未开垦地的交界处，沿等高线开挖，防治山洪冲坏梯田，又可蓄水防旱。拦山沟的大小视上方集水面而定，一般深、宽各 1m，沟壁向内倾，沟内每 5~7m 设一隔埂，以利于蓄水，横沟坡降为 5%~10%，两端连接排水沟，排水沟一般顺道路或随地形设置。纵向排水沟，一般深、宽各 0.5m，并迂回而下，以减缓水势，每隔 3~5m，设一个沉水（沙）凼，沉积沙和蓄水。每级梯田地内侧挖深、宽 0.3m 的沟道，每 3~5m 挖一蓄水凼，防止水土流失。设置水池的数量，按果园面积和上方集水面而定。蓄水池可分为大、中、小三种。大的有效容积为 $90m^3$，每 40~50 亩建一个；中的有效容积为 $45m^3$，每 20~30 亩建一个；小的容积为 $1m^3$ 左右，每 1 亩建 1~2 个。修建时，可根据水源和地形、地势等情况，确定蓄水池型号和大、中、小型号的搭配，尽量做到旱解灌、涝解排，大雨土少下山，中雨水少下山。

提灌站的位置，应尽量利用地势高、水源近的优势，以扩大灌溉面积和节约能源。沿江河和近水库的绿色食品柑橘果园，可以建流动提灌站。

防风林。设置防风林，有利于改善绿色食品柑橘园地的环境条件，并可以防风避冻。热量较低的北缘地区，沿海多台风的地区等种植绿色食品柑橘，应规划营造防风林。华南可选桉树、木麻黄和台湾相思树，西南区可选大叶桉、杉木、马尾松等，华东地区和华中长江流域，可选杉木、水杉、樟树等。防风林分主林带和折风带，在绿色食品柑橘园挡风处建主林带，园内支路建折风带。一般防风林在建园前或同时营造。主林带一般数行并植，乔木、灌木相间。乔木行距 2~3m，株距 1~2m，灌木株距 1m 左右，形成三角形栽植。主林带间距 200~300m，若主林带与主风向垂直时，主林带间的距离应缩小，通常为 100m 左右。

肥源。为了提高绿色食品柑橘的产量以及果实的品质和质量安全，特别是规模型的绿色食品柑橘商品基地，大力提倡多施生物有机肥料。

2. 山地绿色食品柑橘果园建设的要点

山地绿色食品柑橘果园建设先要测出等高线，后行施工修筑。测丘陵山地等高线，可用水准仪、罗盘仪等，也可用目测法确定。首先在宜建绿色食品柑橘果园地域选择具有代表性坡面，在坡面整齐的地段，以大致垂直于水平线的方向，自上而下地沿着山坡定一条基线，并测出此坡面的坡度。如遇坡面不整齐，可分段测出坡度，取其平均值作为设计坡度。然后，根据设计的坡度和实测的坡度，计算出坡线距离，然后按算出的距离分别在基线上定点打桩，定点打桩处，即用水准仪或罗盘仪测相同标高点，并向左右展开，甚至标定完整坡面等高点。最后，将各等高点连成一线，即为等高线。

对于地形复杂的地段，等高线测出后应作必要的调整。当实际坡度大于设计坡度时，等高线密集，即相邻两梯地中线的水平距离变小，应适当减线。相反，若实际坡度小于设计坡度时，也可视实情适当加线。凸出的地形，挖土方大于填方，可将等高线适当下移。地形特别复杂的地段，等高线呈短折状，应根据"大弯就势，小弯取直"的原则加以调整。

修筑方法。修筑等高水平梯地，应自上而下逐台修筑。填挖土方时，应内挖外填，边挖边填。梯壁质量是梯地建设的关键。根据园地土质、坡度和当地降水量的情况，梯壁可用石块（条）或泥土草皮等修筑。石砌梯壁牢固耐用，但投资较大。筑梯壁时，先在基线上挖一条宽 0.5m、深 0.3m 的沟，将沟底挖松，取出原坡面上的表土，使填入的土能与梯壁紧密结合，以增强梯壁的牢固度。挖沟时，应将沟内表土搁置于上方，再从定植沟取底土筑梯壁（或用石砌），梯壁内层应层层踩实夯紧。沟挖成后，自内侧挖表土填沟，结合施用有机肥，以便定点栽植。梯壁的倾斜度应根据坡度、梯面宽度和土质等确定。通常，土质黏重的，角度可大一些。反之，角度应小些。角度一般保持在 60° ~ 70°，梯壁高度以 1m 左右适宜。梯壁筑毕后即可修整梯面、修筑梯埂和挖掘背沟。梯面应微向内倾，即外高内低。对肥力差的梯地要种植绿肥作物、施用有机肥，进行土壤改良。

对于坡度较小的山地建绿色食品柑橘果园，也可不修筑梯地，为建成具有更好生态条件的绿色食品柑橘果园，可采取生草栽培法，或用泥土筑梯壁，其上种草、小灌木，形成生物坡。

3. 平地绿色食品柑橘园建设的要点

平地建设绿色食品柑橘果园，通常在秋末冬初，按照规划设计要求进行施工。若果园地为疏松、肥沃、深厚、酸碱度又适宜的熟化土壤，可按 4~5m 开厢起垄，垄高 50~60cm，底宽 3~4m，顶宽 2.5~3m 后直接种植。对肥力不足、条件较差的土壤，要求施足生物有机肥后进行翻耕 1 次，甚至 2 次，使肥力提高，耕作层达到 60cm 以上，然后按上述标准起垄后，按照栽植品种规定的株行距，放线确定定植点，然后按照长×宽×深＝40cm×50cm×40cm 的规格挖好定植穴。

4. 绿色食品柑橘的主要栽植方式：

绿色食品柑橘的栽植方式与果园的立地条件、栽植密度等密切相关，确定栽植方式，应首先考虑有利于土壤改良和土地面积及光能的有效利用，其次是对外界不良条件的抗逆性。绿色食品柑橘的栽植方式有：长方形、正方形、三角形、宽窄行和等高山地栽植方式等。其栽植株数计算方法为：

长方形栽植方式绿色食品柑橘园，其单位面积所栽植的株数为：

单位面积株数＝面积/株距×行距

正方形栽植方式绿色食品柑橘园，其单位面积所栽植的株数为：

单位面积植株数＝面积/株距或行距的平方

三角形栽植方式绿色食品柑橘园，其单位面积所栽植的株数为：

单位面积栽植株数＝单位面积/株距×行距×0.866

宽窄行栽植方式绿色食品柑橘园，其单位面积所栽柑的株数为：

单位面积栽植株数＝单位面积/〔株距×1/2（宽行+窄行）〕

等高山地栽植方式绿色食品柑橘园，其单位面积所栽植的株数为：

单位面积栽植株数=单位面积/（株距×行距），这与长方形栽植方式绿色食品柑橘园的计算方法相同。

5. 绿色食品柑橘苗木栽植技术要点

栽植时期。绿色食品柑橘全年都可种植，一般在每次新梢充实后至下次发梢前定植，根系容易恢复，苗木成活率高，但主要以秋植、春植为好。

秋植：在 9~11 月份秋梢老熟后，雨季尚未结束前进行为好，此时气温较高，土壤水分适宜，根系伤口愈合快，并能长 1 次新根，但在气温相对较低的地区，要注意防寒；秋冬干旱地区，要灌水防旱。秋植不宜太晚，以免气温下降和干旱少雨长根少，而使缓苗期延长，甚至出现落叶。

春植：在冬季寒流过后，春芽萌动前栽植。我国除西南柑橘产区以外，其他柑橘产区此时雨水较多，气温逐渐回升，最易成活。但春植春梢抽生不如秋植的强，恢复较慢。

夏植：多雨凉爽的地区，可在春梢停止生长的 4 月下旬至 5 月下旬栽植。但应注意灌水，有条件的，还可用杂草等覆盖树盘。

主要栽植技术：绿色食品柑橘栽植要确定栽植点、挖好定植穴、施足底肥和准备好健壮苗木。

定点挖穴施肥。在定植畦上，按不同的株行距测出定植点，垒成直径 80cm 左右，高 25~30cm 的定植墩，并在土墩中央挖出定植穴，施入腐熟的生物有机肥。施肥时，先将肥料与表土拌匀后，填入穴内 20~50cm 深处，上面覆盖一层表土，待后定植。

选苗种植。苗木宜用无病毒健壮苗，若苗木间有差异，则先宜分级，强苗、大苗栽在土质较差处或栽作计划密植的永久树；较差的苗栽在土质较好处或作计划密植栽培的非永久树。

苗木定植时要保护好根系，外地调入的裸根苗，用天达2116壮苗灵1000倍液或1.8%高效植物调节剂爱多收5000倍液浸根后定植，能有效提高成活率。定植时，拉伸根系，扶正苗木，分层填入细土，顺势舒展根群，层层压实，使根群与土壤紧密接触，并保持其自然的生长状态。最后再填土至嫁接口以下，从外向内压实土壤。容器苗栽植时，先用钻孔器在定植点垂直向下钻1个定植孔，孔的直径和深度，比苗木自带营养土的尺寸稍大，然后去除容器，用手轻轻抹除与容器接触的营养土，保留2/3~3/4营养土，使根系末端伸展。栽植时，2人一起操作，1人将苗放入定植点，使根茎外露；另1人用锄把在定植孔周围斜插下去，将泥土推向定植孔，使土壤与苗木根系充分接触。最后浇定根水，每穴25L左右。

嫁接口外露。定植时，嫁接口应高出土面，以根茎露出土面5~10cm为宜。

6. 绿色食品柑橘苗木定植后的管理技术

定植后的管理对保证成活率很重要。裸根苗定植后，至少要半个月才能成活。如果此时土壤较干燥，则应每隔1~2天灌1次水，以促进新根生长。苗木成活前，只浇水，不施肥；苗木成活后，可勤施薄施液肥，以促进根系、新梢生长。为使苗木安全越冬和越夏，栽后树盘宜覆盖稻草、秸秆、绿肥或地膜，以保持土壤疏松和湿润。在柑橘有风害的地区，应设立支柱防风害，苗木成活后，应及时摘心，促进树冠生长。此外，要做好对红、黄蜘蛛、卷叶蛾、潜叶蛾等虫害的防治工作。

7. 大树抬苑移栽及保成活措施

计划密植园，因枝叶封行郁闭或其他原因，需要进行大树抬苑移栽，为提高抬苑移栽树的成活率，通常采用以下的技术措施：

一是在移栽前一年的秋季，在移栽树两侧距主干 40~50cm 处挖两条深、宽各 30cm 左右的沟，并将挖断的根系用枝剪剪平伤口，过 2~3 天后，进行覆土和浇水，以促发新根。

二是在翌年春芽萌动前，轻轻取出已断根两侧的沟土，保护好根断口发出的新根，并挖断另两侧的根群，带土盘移至挖好的定植穴中。栽植时，要分层排匀根系后再覆土，然后用天达 2116 壮苗灵 1000 倍液或 1.8% 高效植物调节剂爱多收 6000 倍液灌根浇透。

三是若树体过大，可在去年秋季断根，在第二年春季芽萌动期，从二级至四级大枝处作重压缩（锯除），但应注意保留小枝。

四是移栽成活后，应加强肥水管理，每 10~15 天施一次薄肥，以利树体恢复。

此外，大树移栽遵循"三疏一改"技术标准。该标准适用于柑橘盛产期优质丰产栽培技术。对过密橘树实施疏移（间伐），大枝修剪，疏果和增施生物有机肥技术。

疏移对象园：计划密植或密植栽培园地，当树冠覆盖率>75%时，应对过密橘树逐步进行疏移。

（1）疏移过密橘树

疏移方式：采取隔株，隔行或梅花形方式疏移（或间伐）。

疏移时间：2 月下旬至 3 月中旬。

移前修剪：疏移前先对树冠适当重修剪，锯除结果部位已经

132

上移的较直立大枝，结合整形疏删中上部过密侧枝。修剪量掌握在树冠叶量的 1/3~1/2 左右。

疏移方法：沿修剪后的移栽树树冠滴水线处开环状沟，开沟时注意保护水平根和须根，挖至根系密集层以下时，即向主杆方向淘空底土并切断垂直根，然后剪平挖伤的根系，再用编织布或稻草等将根部带泥包扎。将包扎后的移栽树起运到预先挖好并施有足够基肥和 1~1.5kg 钙镁磷肥的种植穴内，解开包扎物，舒展根系，分层回填泥土，将土压实，回填后嫁接口仍要露出地面，再用三角支架将树固定，然后用 1.8% 高效植物调节剂爱多收 5000 倍液灌透。

移后管理：移后一个月内如遇晴天，5~7 天浇一次水；成活后树冠喷施 1.8% 高效植物调节剂爱多收 5000 倍液或天达 2116 壮苗灵 1000 倍液，每隔 10~15 天一次，连喷 2~3 次；摘除当年全部花蕾。

（2）间伐

将间伐树从基部锯除，不留树桩，或连根挖除。定植后 10 年生以内的树可采取移栽技术，10 年生以上一般以间伐为主；对间伐后留下的树冠较直立的永久树，可用拉枝方法促进树冠开张。

（3）疏大枝修剪

修剪对象：园地树冠自相遮光郁蔽，内膛枯枝增多，结果部位严重上移，或树冠间出现枝梢交叉重叠时，须采取大枝修剪。

修剪时间：2 月下旬至 3 月中旬。

修剪技术：先从基部锯除对树冠遮阴严重，生长较直立的主枝或副主枝；锯除主枝或副主枝后树冠仍郁蔽，可在树冠中上部不同方位继续疏删部分较大侧枝，使树冠呈波浪形。

计划密植园的修剪：确定永久树和计划疏除树。计划疏除树出现与永久树枝梢交叉重叠而影响永久树正常生长结果时，将计划疏除树中影响永久树的主枝、副主枝或较大侧枝从基部锯除随永久树树冠扩大，逐年修剪压缩计划减除树冠，当计划减除树产量低于永久树产量三分之一时，将其间伐。

注意事项：疏大枝修剪应根据树冠郁蔽情况，每年锯除 1~3 个主枝或副主枝，大年树、多花树多剪；小年树、低产树少剪，年修剪量约占全树叶量 10%-20%，对修剪后树冠中下能萌发的芽，根据其生长部位，保留可用作扩大树冠或培养成下年结果枝的芽，其余全部抹除。该大枝修剪后及时清园。

（4）疏果

疏果时间：在树体第二次生理落果基本结束时开始，分两次进行，至 9 月上旬基本结束。

按品种分：胡柚、早熟温州蛮柑、脐橙，第一次疏果 6 月底至 7 月上旬，第二次疏果 8 月下旬；迟熟品种，第一次疏果在 7 月中下旬，第二次疏果在 8 月下旬至 9 月上旬。

疏果量（留果量）：按单位面积计划产量和要求的等级果率确定留果量。

留果量按下列公式计算：

C＝A×D×A%+B×D×B%

A：一级果平均单果重；A%，一级果占总产比例

B：二级果平均单果重；B%，二级果占总产比例

C：留果量

D：计划单位面积产量

主要品种较适宜的叶（正常叶）果比为：胡柚 60～80∶1；早熟温州蜜柑：30～35∶1；迟熟温州蜜柑 25～30∶1；脐橙 70～90∶1。

疏果方法：第一次疏掉病虫果、畸形果、机械损伤果及小果，胡柚、早熟温州蜜柑的果径小于 3cm、脐橙果径小于 4cm 的小果；第二次则基本按留果标准继续疏掉病虫果、畸形果、风癣果、日灼果、粗皮大果及多余的果。

注意事项：大龄树、坐果率高的品种可多疏；小龄树、低产树可少疏或只疏掉病虫果、畸形果。注意梢果矛盾，疏果应与控抹夏梢配套进行。

（5）增施生物有机肥

施肥对象：因偏施化肥引起橘树营养失调，土壤瘦瘠，有机质含量低及多年未经深翻改土的橘园。

生物有机肥用量：盛果期橘园生物有机肥施用量应占全年总施肥量的 60% 以上；并每隔 1～2 年定期深翻改土。

施肥时期：催芽肥，2 月下旬至 3 月中旬；壮果肥：5 月下旬至 6 月中下旬；还阳肥：果实采前或采果后一周内施入。

8. 绿色食品柑橘年周期生长发育物候期

绿色食品柑橘在一年中随气候条件的变化，有序地进行着萌芽、抽梢、开花等生命活动，这叫生物气候学时期，简称物候期。萌芽期：叶柄旁的腋芽鳞片开裂后，芽体超过鳞片大小时称萌芽期。

抽梢期：新梢第一片幼叶张开，同时出现基节为抽梢期，枝条先端停止生长发育自剪（即顶芽自动脱落）达 75% 时为停梢期。

现蕾期：发芽以后能区分出极小的花蕾，约 5%时，为现蕾期。

开花期：花瓣开裂能窥见雌雄蕊起，全株达 25%时为初花期；全株开花 50%为盛花期；开花达 75%为末花期。

落花期：落丝、落瓣、落柱以后，子房刚开始转色，自果梗处脱落叫落花期，又叫第一次生理落果期。

落果期：子房膨大，果实从蜜盘脱落为落果期，又称第二次生理落果，此时多在 6 月份，故称 6 月落果。

果实发育期：子房膨大开始至囊瓣发育完全。

果实成熟期：果皮色泽由绿转黄至橙色，囊粒充满果汁，含糖量上升，含酸量下降，是果实成熟期。

花芽分化期：花芽开始分化至雌蕊形成。

根系活动期：出现白色的吸收根开始生长为准。

三、绿色食品柑橘园的土壤管理要点

柑橘园大多建立在丘陵山地、河滩、沙荒上，一般土层较薄，有机质少，土壤结构差，肥力低。尽管在定植前已整地，但远不能满足柑橘生长结果和丰产稳产的要求。进行柑橘园土壤的改良，能够有效地提高土壤有机质含量，改善土壤结构和理化性状，为柑橘根系正常的生长发育创造好的根际环境。

土壤管理，是绿色食品柑橘果树生长发育的基础。创造适宜树体生长结果的肥、水、气、热等土壤条件，是土壤管理要达到的目的，而要达到这一目的就应采取深翻（扩穴）施用生物有机肥、绿肥。间作绿肥（或生草），覆盖培土，中耕和保持水土等措施，使土壤保持良好的肥力和最佳的结构状态。

1. 橘园土壤改良与保护

橘园土壤改良必须达到以下标准：土层深厚达 0.8m，柚类和橙类的根系较深，其土层应达到 1m；土质疏松，通气性能好，高产柑橘园土壤的三相比应该达到固相为 40%～55%，液相为 20%～40%，气相为 15%～37%；土壤肥沃，有机质含量在 3%以上，且含有大量的氮、磷、钾、钙、镁等营养元素；土壤酸碱度适宜 pH 值为 5.5～6.5，适宜栽植柑橘。其主要措施：

（1）深翻改土，熟化土壤。对于土壤的熟化程度不高的柑橘果园，必须进行深翻改土，熟化土壤。

深翻改土的时期。深翻改土的效果，也与深翻改土时期密切相关。通常浅翻可每年进行，深翻可两年进行一次，时间一般在秋梢停止生长后或采果后进行为好。在夏、秋雨水较多的绿色食品柑橘种植区，也可作夏、秋深翻的尝试。

值得指出的是利用良田熟地，土壤疏松、肥沃，柑橘果树根系有适宜生长环境的土壤，可不深翻改土或少深翻。

深翻改土的方法。通常从树冠外围滴水线处开始，结合施用绿肥、秸秆、饼肥或生物有机肥等，抽槽改土，回填时将表土放在底层，心土放在表层，然后对穴内充分灌水。在平地和丘岗地较宽的梯地绿色食品柑橘园，如株行距整齐，可采用壕沟式深翻；如株行距不整齐，可采用环状深翻；底层坚硬或是岩石而影响根系生长的，可用爆破法深翻等。

通过深翻改土，可改善土壤环境，有利于绿色食品柑橘果树的生长发育，优质高产。但无论用何种深翻方法，都必须尽可能少伤大根，如出现较大断根，都要剪平修整，根系必须入土，不能外露，并结合施入生物有机肥。地下水位较高的绿色食品柑橘园，应及时开挖或疏通排水沟，以防植株烂根。

（2）间作绿肥或生草。绿色食品柑橘果园实行间种绿肥或生草栽培。种植绿肥以豆科植物和禾本科牧草为宜，适时刈割翻埋于土壤中或覆盖于树盘。间作物一般应遵循以下原则：①间作物需肥水较少，且能与柑橘需肥水临界期错开；②植株低矮，生育期短，根系分布浅，不影响柑橘的通风透光；③与柑橘无共同病虫害或中间寄主；④能提高土壤肥力，改良土壤结构等特点。据各地经验，最好选用豆类及春播中熟作物。常用的柑橘间作物有大豆、芸豆、绿豆、豌豆等豆科作物；西瓜、甜瓜等瓜类作物；还可选用草莓、马铃薯、苜蓿等，一般不宜采用深根、高秆、耗地力大，收获期过晚的作物，如高粱、甘蔗、凉薯、南瓜、红薯、豆角等。

（3）覆盖与培土覆盖。是利用刈割的绿肥作物的茎叶、秸秆、杂草、干草和厩肥等材料，覆盖在绿色食品柑橘树周围的土壤改良方法。覆盖可达到保温防寒，保湿抗旱，防雨免淋，提高产量，提高果实糖度等目的，也有利于绿色食品柑橘果树根际微生物的活动。

（4）防止绿色食品柑橘园土壤老化。可采取以下主要措施：一是做好水土保持，在果园上方修筑拦水沟，以拦截天然水源；在果园内修建背沟，沉沙坑（凼）和蓄水池等排灌系统；二是保护梯壁，可采取自然生草、种紫穗槐和人工种草等保护梯壁；三是在园内间种绿肥和进行树盘覆盖等，以减少土壤流失；四是多施生物有机肥，合理使用酸性肥；五是进行深翻，加强土壤通透性，以消灭（减少）病虫源和有毒、有害物质。

2. 绿色食品柑橘园地土壤的耕作技术

幼年柑橘园的土壤耕作可分为树盘管理和行间管理。幼年树的树盘可采取清耕法、覆盖法或清耕覆盖法，行间种植绿肥或间作作物，也可进行中耕和深耕。成年柑橘园的土壤耕作可采取清耕法、覆盖法、清耕覆盖法、生草法和免耕法，其中生草法是近年已逐渐推广的一种较好的方法。

（1）清耕法。清耕制并不是一种理想的土壤管理方式，绿色食品柑橘生产一般不建议采用这种耕作方法。

（2）覆盖法。根据覆盖物分为覆草法和覆膜法。覆草法可以减缓土温剧变，增加土壤有机质，改善土壤结构，抑制杂草生长，减少管理用工，利于水土保持。覆草以选择麦秸、稻草、野草、豆叶、树叶、糠壳为最好，也可用锯末和玉米秆等其他作物秸秆，时间在夏末秋初，厚度以 15~20cm 为宜。覆草可全园覆盖，也可树盘覆草和树行覆草。覆膜法具有增温保温、反光增光、保墒提墒，维持果树的正常生长发育，改善果实品质的重要作用。覆膜多用 0.03~0.05mm 的聚氯乙烯地膜，也可用除草膜和黑色地膜。覆盖时期一般在春季追肥、整地、浇水或降雨后，趁墒情覆膜。覆膜时，膜的四周和破损处要用土压实，以防风吹和水分蒸发。

（3）清耕覆盖法。生长季节在行间进行生草、种植绿肥，干旱季节来临前将种植的作物割倒翻入土中，树盘内保持清耕或覆盖。这种方法充分地利用了资源，有效地防止水土流失，避免了种植作物与柑橘争夺肥水，同时增加了土壤有机质，是比较好的一种方法。

（4）生草法。生草法是柑橘园地面上种植禾本科、豆科等草种的土壤管理制度。一般分为全园生草法和行内清耕法或覆盖法、行间生草的带状生草法两种类型。

①生草法的特点：生草能有效地防止地表土、肥、水的流失，坡地果园更为明显。生草能够改善土壤的结构和理化性状。生草可以增加土壤毛管孔隙，提高土壤贮水保墒性能，降低土壤容重，还可以使土壤保持良好的团粒结构。在果园不施有机肥的情况下，生草能显著增加土壤有机质，提高土壤肥力。生草可明显提高果树对矿物质营养的利用程度，增加对钾磷及多种矿质元素的吸收，减少果树缺素症的发生。生草有利于改善果园的生态条件，建立良好的生态平衡。生草后增加了地面覆盖层，减少了温度变幅，有利于表层根的发育。还可以提高光能和土地利用率，为果树合成有机质肥料。生草改善了果园小气候条件，可增加果树害虫的天敌，但生草后易导致柑橘树根系上浮，同时防治病虫难度加大。

②生草的方法：有人工种草和自然生草两种方法。

目前，采用生草制的柑橘园多是人工种草。一般以春季到秋季，当地温升到15℃~200℃左右，土壤水分条件较好时，均可进行播种。播种禾本科草（黑麦草、野燕麦、酢浆草、鸭茅草和牧草），一般每亩用草种2.5kg左右，如用豆科和禾本科草混播时，每亩用种量0.15~1kg。种草后，要注意消灭其他杂草。生草的最初几个月，最好不刈割，当草根扎深，营养体显著增加后，再开始刈割。

自然生草法是一种简单易行的生草方法。采用自然生草法一般不必在果园内种特定草种，果园会自然长出各种草来，通过自然的相互竞争和连续刈割，最后，剩下几种适合当地自然条件的草种，实现生草的目的，这是一种节省投资的办法。

采用生草制的果园，一般当草高20~30cm时进行刈割，一年刈割6~8次。割下的草多撒于草地上，任其腐烂，或覆盖于果树行内。在开始生草的2~3年里，草、树均应增施氮肥，增加灌水次数，以后以草施氮肥为主，每年对果树可进行3~4次根外追肥。生草5~7年后，草逐渐老化，应及时翻压，休闲1~2年后，再重新播种。在翻压生草时，为避免果树伤根太多，应尽量浅翻。在休闲期内，有机物迅速分解，速效氮激增，应适当减少或暂停使用氮肥。

四、绿色食品柑橘果园的肥料管理

施肥原则应以生物有机肥为主，以根际施肥为主，叶面施肥为辅，搞好测土配方施肥，充分满足柑橘对各种营养元素的需要。要求做到有机肥与无机肥相结合，迟效肥与速效肥结合，大量元素与微量元素结合，土壤施肥与根外追肥（叶面喷肥）结合。其中，有机肥和迟效肥以深施为主，无机肥和速效肥以浅施和根外追肥为主，在肥料的用量上，以有机肥和迟效肥为主，无机肥和速效肥为辅。按NY/T394-2000中的5.2.1的规定选择肥料种类，叶面喷肥应选用已在农业部登记注册不含激素类的叶面肥。生物有机肥料中有效活菌必须符合NY/T227的规定。具体做到"五看"：

（1）看树施肥。绿色食品柑橘种类、品种繁多，应按不同品种、砧木、不同树龄、生育期及不同缺素症，合理施肥。

（2）看气候施肥。由于雨量、温度等气候因子不仅直接影响柑橘吸收养分的能力，而且对土壤的有机质分解和养分形态的转化，以及土壤微生物的活动均有很大的影响。因此，必须结合气候因子合理施肥。

（3）看土施肥。栽培绿色食品柑橘的土壤类型、质地和结构、水分条件、土壤有机质和养分含量、土壤酸碱度、土壤熟化程度等常各不同，故应根据不同的土壤情况，确定合理的施肥措施。

（4）经济施肥。即以最低的施肥成本，获得最高的经济效益，应以叶片分析为主，结合土壤营养分析和田间施肥试验，指导施肥是科学经济的。

（5）施肥与其他栽培措施相结合。施肥应与培肥地力、耕作、灌水和防治病虫害等紧密结合，才能充分发挥肥效，获得理想的经济效益。

1. 绿色食品柑橘树体需要的矿质营养元素

绿色食品柑橘树在生长发育过程中，需要30多种营养元素，其中大量元素：氮（N）、磷（P）、钾（K）；中量元素：钙（Ca）、镁（Mg）、硫（S）；微量元素：硼（B）、锌（Zn）、铁（Fe）、铜（Cu）、锰（Mn）、钼（Mo），另外碳、氢、氧元素来自水和空气，其余为痕量元素。

绿色食品柑橘所需要的大量元素、中量元素和微量元素，在需量上有多有少，但都是不可缺少的。在生理代谢功能上相互是不可代替的。如果某一种元素缺少或过量，都会引起柑橘营养失调，反映在树体上，影响树势、产量、品质或出现其他异常症状。

2. 氮元素的作用及缺氮素的矫治办法

柑橘树体内氮素，通常以有机态存在，成为蛋白质、叶绿素、生物碱等的构成成分。在施氮量不超过限量时，随着施氮量的增加，叶片的含氮量和果实的产量也会随之增加。在植株开花前后，大量的氮素由叶片转至花蕾中满足开花的需要，若在冬季和早春大量落叶，则会造成氮素的大量损失，影响树势和花果的发育，造成减产。在一定范围内，施氮肥与产量之间呈现正相关。相反叶片含氮量低，果实小，对果实品质也有不良影响。

缺氮原因：施肥不足是柑橘园缺氮的主要原因，此外，土壤肥力低下，有机质含量低，土壤渍水；高雨量，沙质土壤的柑橘产区，以及土壤含钠、氯、硫、硼过多或施用磷肥过多等，均可诱导柑橘缺氮。

缺氮症状：缺氮会使叶片变黄，缺氮程度与叶片变黄程度基本一致。当氮素供应不足时，首先出现叶片均匀失绿，变黄、无光泽。但因缺氮所出现的时期和程度不同，也会有多种不同的表现。叶片转绿后缺氮，症状是先引起叶脉黄化，在秋冬季发生最多。严重缺氮时，黄化增加，顶部形成黄色叶簇，基部叶片过早脱落，出现枯枝，造成树势衰退，甚至数年难以恢复。柑橘根系对氮素的吸收作用，不论是铵态氮，还是硝态氮或是尿素，均能在短期内吸收利用，但吸收情况受环境因子和树体内部因子的影响。如土壤水分供应减少时，会导致氮的吸收减少；在极干旱的情况下，甚至不能吸收氮素。在酸性土壤中 Ca^+（钙离子）多时，更有利于根系对铵态氮的吸收利用，若土壤溶液中，Ca^{2+}、Ma^{2+}、K^+ 的浓度低时，施硝态氮比施铵态氮更有利于树体的吸收利用。

氮肥过多会破坏营养元素之间的平衡，对钾、锌、锰、铜、钼、硼，尤其是磷的有效吸收利用，均有不良影响。且氮肥施用过量，不利果实品质的提高。

缺氮应及时矫治：矫治措施除根际施尿素外，还可进行根外追肥，如柑橘新叶出现黄化，可叶面喷施 0.3% ~ 0.5% 的尿素溶液，5~7 天 1 次，连续喷 2-3 次即可，也可用 0.3% 的硫酸铵或硝酸铵溶液喷施。

　　3. 磷元素的作用及缺磷素的矫治办法

　　磷是形成原生质、核酸、细胞核和磷脂等物质的主要成分。它参与树体内的主要代谢过程，在光合作用、呼吸作用和生殖器官（果实）形成中均有重要作用。

　　缺磷原因：土壤中总磷含量低是绿色食品柑橘园土壤缺磷的主要原因。此外，含游离石灰的土壤、渍水的土壤和酸性的土壤，磷的有效性均较低。再就是砧木、气候、生物活动等因素也可诱导土壤缺磷；施肥不当，如氮肥、钾肥用量过大，也会导致植株缺磷。绿色食品柑橘园，特别是丘陵山地酸性红壤和含碳酸钙高的潮土施用磷肥有明显的效果。

　　缺磷症状：通常发生在柑橘花芽分化和果实形成期。缺磷植株根系生长不良，叶片稀少，叶片氮、钾含量高，呈青铜绿色，老叶呈古铜色，无光泽，春季开花期和开花后，老叶大量脱落。

　　花少：新抽的春梢纤弱，小枝有枯梢现象。当下部老叶趋向紫色时，树体缺磷严重。严重缺磷时，树势极度衰弱，新梢停止生长，小叶密生，并出现继发性轻度缺锰症状；果实果面粗糙，果皮增厚，果心大空心，果汁少，渣多，酸高糖少，常发生严重的采前落果。

　　缺磷矫治：磷在土壤中易被固定，有效性低，因此，矫治柑橘缺磷，应采取根际施肥和根外追肥相结合；根际施肥应与生物有机肥配合施用，钙质土使用硫酸铵等可提高磷肥施用的有效性，酸性土施磷肥应施石灰和生物有机肥结合。根外肥可用磷美滋 1500 倍液叶面喷施，7～10 天 1 次，连喷 2～3 次即可。根际磷肥，通常株施 0.5～1kg 的过磷酸钙或钙镁磷肥。

4. 钾元素的作用及缺钾素的矫治方法

钾与柑橘的新陈代谢、碳水化合物合成、运输和转运有密切关系，钾适量能使植株健壮，枝梢充实，叶片增厚，叶色浓绿，抗寒性增强，果实增大，糖酸和维生素 C 含量提高，且增强果实的耐贮性。

缺钾原因：土壤中代谢性钾不足是柑橘缺钾的主要原因。此外，土壤钙、镁含量高也会使钾的有效性降低。含钾量较低的沙质土壤以及含钙、镁较高的滨海盐渍土比其他土壤上种植柑橘更易缺钾。土壤缺水干旱，土壤渍水以及柑橘品种、砧木等的影响也是导致缺钾的原因。

缺钾症状：柑橘缺钾，表现果实小，果皮薄而光滑，着色快，裂果多，汁多酸少，果实贮藏性差，钾含量低的植株上皱缩果较多；新梢生长短小细弱；花量减少，花期落花落果严重；不少叶片色泽变黄，并随缺钾程度的增加，黄化由叶尖向叶下部扩展，叶片变小，并渐卷曲，皱缩呈畸形，中脉和侧脉可能变黄，叶片出现枯斑或褐斑，抗逆性降低。

缺钾矫治：可采用土施钾肥和叶面喷施的办法进行矫治，用含40%高钾花果素（螯合态）1500倍液进行叶面喷施，5~7天1次，连续喷3~4次即可。此外，柑橘园旱季灌溉和雨季排涝是提高钾素的有效性，防止柑橘缺钾的又一措施，通常每年春、夏两季施用钾肥效果好。成年柑橘树一般株施钾肥0.5~1kg。

5. 钙元素的作用及缺钙素的矫治方法

钙在柑橘叶片中含量最多，钙与细胞壁的构成，酶的活动和果胶的组成有密切关系。钙素适量可调节树体内酸碱中和土壤中的酸性，加快有机物质分解，减少土壤中有毒物质。

缺钙原因：柑橘缺钙的主要原因是，土壤交换性钙含量低。

当土壤每 100g 干土含钙低于 0.25mg，pH4.5 以下时，柑橘表现为缺钙症状。在沙质土壤含钙量低的强酸性土壤上种植柑橘，会发生严重缺钙。一般酸性土壤中发生缺钙也较为普遍；丘陵坡地种植柑橘，由于钙的流失，也易发生缺钙。此外，土壤中交换性钙浓度太高，长期施用生理酸性肥料也会诱导柑橘缺钙。

缺钙症状：柑橘缺钙，出现植株矮小，树冠圆钝，新梢短，长势弱，严重时树根发生腐烂，叶脉退绿，叶片狭小而薄，变黄，病叶提前脱落，使树冠上部出现落叶枯枝。缺钙常导致生理落果严重，坐果率低，果实变小，裂果，产量锐减。

缺钙矫治：柑橘缺钙时，可用液态钙美滋 1500 倍液进行叶面喷施，在果实膨大期，7~10 天 1 次，连喷 2~3 次。缺钙多发生在酸性土壤，可采用土壤施石灰的方法矫治。通常每 1 亩土壤施石灰 60~120kg，最好与有机肥配合使用，这样即可调节土壤酸度，改良土壤，又可防止柑橘缺钙。石灰和硝酸钙混合施用效果更好。

6. 镁元素的作用及缺镁素的矫治方法

镁是绿色食品柑橘光合作用主要物质叶绿素的组成元素。柑橘植株缺镁，常发生在生长后期。

缺镁原因：一是土壤本身镁含量低或代换性镁含量低（<8~10mg/100g 干土）；二是土壤含镁或代换性镁含量较高，但因土壤钾含量过高或施用钾肥过多，使钾对镁产生拮抗作用，阻碍柑橘对镁的吸收；三是沙质土壤，酸性土壤镁的流失严重；四是植株结果过多常会产生因缺镁而黄化，这是由于镁由叶片转移到生长势强的果实器官所致，尤其是秋冬季果多的柑橘植株易因缺镁而

黄化。

缺镁症状：在结果多的枝条上表现更重，病叶通常在叶脉间或沿主脉两侧显现黄色斑点，叶边向内褪色，严重在叶基残留界限明显的倒 V 形绿色区，老叶侧脉或主脉往往出现类似缺硼症状的肿大和木栓化，果实变小，大小年结果严重。

缺镁矫治：通常采用根际施氧化镁，或钙铁磷肥，以补充土壤中的不足和降低土壤的酸性，每 1 亩施 50~63kg，叶面可喷施螯合镁 1500 倍液，每月 1 次，连喷 3 次，喷施时加天达 2116 果树型 100 倍液或 1.8%高效植株调节剂爱多收 5000 倍液，可提高补镁的效果，缺镁柑橘园，钾含量较高，可停施钾肥，同样含钾丰富的柑橘园，使用镁肥有好的效果，另外施氮肥可部分矫治缺镁症。

7. 铁元素的作用及缺铁素的矫治办法

铁参与酶的活动，与细胞内的氧化还原过程、呼吸作用和光合作用有关，对叶绿素的形成起促进作用。

缺铁原因：一是碱性或石灰性土壤 pH 高，使铁的有效性下降；二是土壤中重碳酸盐影响柑橘对铁的吸收和转运；三是石灰性土壤过湿和通气不良，导致锰溶解度增加，抑制根系呼吸，阻碍根系对铁的吸收；四是大量元素和微量元素（钾、钙、磷、镁、锌）的过多施用，或缺少造成营养不平衡以及其他重金属的影响，都会影响柑橘对铁的吸收；五是土壤温度。另外，柑橘砧木对铁敏感性不同也会出现对铁吸收利用的不同。

缺铁症状：柑橘缺铁的典型症状是失绿。首先发生在新梢上，在淡绿色的叶片上呈绿色的网状叶脉。失绿严重的叶片主脉呈绿色外全部发黄。缺铁植株常出现新梢黄化严重，老叶叶色正常。春梢黄化较轻，秋梢和晚秋梢表现较为严重，受害叶片提早脱落，枝梢逐年枯死，产量急剧下降，直至整株死亡。缺铁柑橘树的果实小呈黄色僵果，或果实色泽较健果更显柠檬黄。

缺铁矫治：由于铁在树体内不易移动，在土壤中又易被固定，矫治缺铁较难，目前最有效的办法；一是使用西班牙产品—肥施通，在春季萌芽前灌根或结合春季施肥混入肥施通，一般株施 $30 \sim 50g$。如单一灌根就将 $30 \sim 50g$ 肥施通放入约 $15kg$ 水中搅拌后，均匀倒入沿树冠施肥线以内挖成的 $15-20cm$ 深见须根的环状沟中，当年就可实现产量成倍增长，果实光滑发亮，效果明显，缺铁严重的树要求在施壮果肥时再补施一次肥施通，一般灌根或根施后 2 个月可使树体全部转绿，当年花芽分化十分理想。但肥施通见光易分解，施用后等水溶液渗入土壤后，应立即覆土掩盖环状沟，避免分解影响肥效；二是土壤施酸性肥料，如硫酸铵等加硫黄粉加生物有机肥，既可改良土壤，又可提高土壤铁的有效性。

8. 锰元素的作用及缺锰素的矫治办法

锰是树体内各种代谢作用的催化剂。

缺锰原因：在酸性和石灰性土壤的柑橘园均有发生缺锰。缺锰与土壤中的有效含量有关，淋失严重的酸性土壤和碱性土壤均易发生锰的缺乏症，酸性土施石灰过量，土壤缺磷，富含有机质的沙质土均可出现缺锰。

缺锰症状：柑橘缺锰时小叶和老叶均出现花叶，典型的缺锰叶片症状是在浅绿色的基底上显现绿色的网状叶脉，但花纹不像缺铁、锌那样清楚，且叶色较深，随叶片的成熟，叶花纹自动消失，严重时叶片中脉区常出现浅黄色和白色的小斑点，症状在叶背阴面更明显，缺锰还会使部分小枝枯死。缺锰常发生在春季低温、干旱而又值新梢转绿时期。

缺锰矫治：酸性土壤柑橘树缺锰，可采用土壤施硫酸锰和叶面喷施0.3%硫酸锰加少量石灰水矫治，10天喷施1次，连续2~3次即可。此外，酸性土壤施用磷肥和生物有机肥，可提高土壤锰的有效性。

9. 锌元素的作用及缺锌素的矫治办法

锌是某些酶的组成部分，与叶绿素、生长素的形成及细胞内的氧化还原作用有关。

缺锌原因：柑橘缺锌较为普遍，如土壤中的有机质含量低，钾、铜过量或其他元素不平衡，以及施用高磷、高氮的土壤常会加剧锌的缺乏。柑橘缺锌常发生在碱性土、淋溶严重或用石灰过量的酸性土上。

缺锌症状：缺锌会破坏生长点和顶芽，使枝叶姜缩生长停止，形成典型的斑驳小叶，叶片症状，主脉和侧脉呈绿色，其他组织呈浅绿色至黄白色，有光泽，严重缺时仅主脉或粗大脉为绿色。故有称缺锌症为"绿肋黄化病"。

缺锌矫治：用叶面喷施70%的锌美滋1500倍液，在抽梢现蕾期进行叶面喷施，10天1次，连续喷2-3次即可，土壤施满粒锌，一般株施15-20g左右。

10. 铜元素的作用及缺铜素的矫治办法

铜是某些酶的组成部分，铜与叶绿素结合，可防止叶绿素受破坏。

缺铜原因：柑橘缺铜主要发生在淋溶的酸性沙土、石灰性沙土和泥炭土中。此外，柑橘园施磷、施氮过多，也会导致缺铜，酸性土壤可溶性铝的增加也会使土壤缺铜。

缺铜症状：初期，叶片大，叶色暗绿，新梢长软，略带弯曲，呈 "S" 形，严重时，嫩叶先端形成茶褐色坏死，后沿叶缘向下发展成整叶枯死，在其下发生短叶丛枝，并易干枯、早落叶和爆皮流胶，到枝条老熟时，伤口呈现红褐色，缺铜症在果实上的表现是以果梗为中心的红褐色锈斑，有时布满全果，果实变小，果心及种子附近有胶，果汁少。

缺铜矫治：缺铜症较少见，出现缺铜症时可喷施 2000~3000 倍螯合铜液，10 天 1 次，连续喷 1~2 次即可，注意在高温季节喷施浓度和用量不要过大，以防灼伤叶片，用等量式或倍量式波尔多液喷施效果也可以，注意幼果期以后不要做叶面喷施、防止产生药害。

11. 硼元素的作用及缺硼素的矫治办法

硼能促进碳水化合物的运转，花粉管发育伸长，有利于授精结实，提高坐果率。硼还可以改善根系中的氧供应，促进根系发育，提高果实维生素和糖的含量。

缺硼原因：柑橘缺硼的主要原因是土壤自然含硼量低。缺硼常发生在淋溶严重的酸性土壤，有机质含量低、有机胶体少、砖红壤化的土壤；使用石灰过量的土壤；碱性钙质土壤等。此外，栽培管理不当也会造成柑橘缺硼，如化肥施用过多的土壤易表现缺硼；大量施用磷肥、氮肥的柑橘园易导致缺硼；以酸橙作砧木的柑橘园也易发生缺硼。土壤干旱，果园老化也是柑橘缺硼的原因之一。

缺硼症状：会影响分生组织活动，其主要症状是幼梢枯萎，轻微缺硼时，叶片变厚，变脆，叶脉肿大，木栓化或破裂，叶片发生扭曲。严重缺硼时，顶芽和附近的嫩叶（特别是叶片基部）变黑坏死，花多而弱，果实小，畸形，皮厚而硬，果心、果肉及白皮层均有褐色的树脂沉积。此外，老叶变厚，失去光泽，发生向内反卷症状。酸性土壤、碱性土壤和低硼的土壤，特别是有机质含量低的土壤最易发生缺硼。干旱和施用石灰过量，也会引起缺硼。缺硼还会引起缺钙。

缺硼矫治：缺硼可用 20.5% 的丹乐硼 1500 倍液进行叶面喷施，结合喷施天达 2116 果树型 1000 倍液或 1.8% 高效植物调节剂爱多收 5000 倍液，可加速硼素吸收，效果更好。叶面喷施 7~10 天，连续喷 2~3 次即可，花期喷施是矫治缺硼的关键时期，可根据缺硼程度适当调节喷施硼的次数。地下根部应在施还阳肥时配施一次 15% 纯硼含量的丹力硼，一般株施 15~20g。

12. 钼元素的作用及缺钼素的矫治办法

钼参与硝酸还原酶的构成，能促进硝酸还原，有利于硝态氮的吸收利用。

缺钼的原因：缺钼一般发生在酸性土壤，淋溶强烈的酸性土，锰浓度高，易引起缺钼。此外，过量施用生理酸性肥料，会降低钼的有效性。磷不足，氮量过高，钙低也易引起缺钼。

缺钼症状：缺钼易产生黄斑病，叶片最初在早春出现水浸状，随后在夏季发展成较大的脉间黄斑，叶片背面流胶，并很快变黑。缺钼严重时，叶片变薄，叶缘焦枯，病树叶片脱落。缺钼初期，脉间先受害，且阳面叶片症状较明显。缺钼新叶呈现一片淡黄，且多纵卷向内抱合，结果少，部分越冬老叶中脉间约可见油渍状小斑点。椪柑对缺钼更加敏感，若缺钼在果实膨大着色前期，诱发果梗性炭疽病，导致大量落果。

缺钼矫治：最有效的方法是喷施含螯合态钼的花果素1500倍液，在现蕾期、花谢2/3、幼果期、果实膨大期各喷一次。完全可以矫正缺钼症。对酸性土壤的柑橘园，可采用施石灰矫治缺钼，若用根际施肥矫治缺钼，通常每1亩施用钼酸铵30~40g，且最好与磷肥混合施用。

13. 硫元素的作用及缺硫素的矫治办法

硫系胱氨酸及核酸等物质的组成部分，它能促进叶绿素的形成。

缺硫原因：是土壤含硫量低，但不少柑橘果园，常使用硫制剂防治病虫害，故缺硫症在柑橘园少见。

缺硫症状：新叶黄化（与缺铁相似）特别是小叶的叶脉较黄，并在叶肉和叶脉间出现部分干枯，而老叶仍保持绿色。症状严重时，新生叶更加变黄、变小，且易早落，新梢短弱丛生，易干枯和着生丛芽。小果皮厚，并出现畸形。

缺硫矫治。可喷施0.05%~0.1%的硫酸钾溶液，或在土壤中施硫酸钙加以矫治。

14. 诊断缺乏矿质元素的指示植株

氮素缺乏：指示植物为甘蓝、花椰菜。

表现症状：生长衰弱，发育不良，叶片上挺，色淡。后期叶片渐呈黄色、橙色。

磷素缺乏：指示植物为油菜。

表现症状：生长衰弱，发育不良，茎秆纤细，叶片常有浓紫色，后期为黄色至紫色、叶片由下而上地早期脱落。紫色，并且由下而上地早期脱落。

钾素缺乏：指示植株为马铃薯、蚕豆。

表现症状：马铃瞎叶片青绿色，叶脉颜色浓淡不匀，初期叶片背面有斑点，叶尖及叶边缘有焦枯症状，严重时全株萎缩，基秆早期枯死，蚕豆表现节间缩短，叶缘呈黑褐色焦枯。

钙缺乏：指示植物为甘蓝、花椰菜。

表现症状：幼小植株叶片有失绿斑，叶片边缘白化，成长植株中心的边缘焦格，并向内侧卷曲，严重时叶内部分产生坏死至生长点枯死。

铁缺乏：指示植物为甘蓝、马铃薯。

表现症状：叶片发生失绿斑，叶片边缘白化，马铃售叶片还向上卷曲。

硼缺乏：指示植物为油菜、甜菜。

表现症状：幼叶枯死，顶端小叶畸形，老叶无光泽，萎缩开裂，有时有焦枯距点，叶柄向下弯曲，根先端黑褐色。

植物细胞膜稳态剂——天达 2116 在绿色食品生产中的作用效果。天达 2116 植物细胞膜稳态剂系列产品，是山东大学生命科学院陈靠山教授根据健身栽培原理，综合利用海洋生物活性物质，在稳定和保护植物细胞膜的功能，提高植物抗逆性和植物细胞生理活动效率，诱导作物生理抗病性并改善作物生产率和产品品质的基础上，于 1994 年开始在全国及世界 20 多个国家做了上万次试验，经过 10 多年不断研究和反复实践，最新开发成功的被列入国家"863 计划"的高科技产品，天达 2116 有效成分主要是：复合氨基低聚糖、有机质和多种中微量元素等植物诱导抗性物质和必需营养物质。它不仅能诱导作物提高抗逆性，增加产量，解除药害，优化品质，为植物的健康生长奠定坚实的基础，同时具有抗病虫、抗霜冻、抗旱等机理，是一种新型植物细胞膜

稳态剂。1999 年由山东天达生物制药股份公司实现产业化，2004
年 12 月 15 日在我国正式登记注册，是目前代表生态农业产品的
最新高科技水平。2007 年冬，南方地区大面积的冰雪冻害对柑橘
等作物造成了巨大的损失，而喷施了天达 2116 的作物损失率不到
10%，2009 年 1 月 14 日，全国农业技术推广服务中心组织中国农
业科学院、华中农业大学、湖南农业大学等科研、教学、推广单
位的有关专家对天达 2116 的应用效果进行了审定。其优越性表
现在：

（1）提高作物产量。天达 2116 增产效果显著。水稻、玉米、
小麦、大豆、花生等主要粮油作物增产 9% ~ 15%，蔬菜作物增产
11% ~ 30%，甜菜作物增产 13% ~ 15%，薯类作物增产 12% ~ 35%，
水果增产 10% ~ 25%。

（2）改善作物品质。天达 2116 在瓜果蔬菜上应用能提高坐
果率，使果型周正，增加糖度改善风味。在粮食、棉花、油料、
茶叶、桑树、中药材、烟草等作物上应用，能提高产品质量
等级。

（3）增强作物抗逆能力。天达 2116 能明显提高作物抵御霜
冻冻害的能力，可减轻低温、寡照、干旱、高湿、干热风等逆境
因素的影响。冬小麦平均减少冻害死蘖 18.5%，基节短 1.42cm，
基节粗 0.025cm。在遭受"倒春寒"的地区使用天达 2116，损失
降到了 20% 以下，减灾效果显著。

（4）提高农民收益。天达 2116 在水稻、小麦、玉米、大豆、
花生、马铃薯、甜菜、蔬菜、果树等作物上应用，经济效益十分
显著，粮食作物上投入产出比为 1：6 ~ 10，经济作物上投入产出
比为 1：10 ~ 20。

（5）在冰雪冷冻防灾减灾中成就显著。在 2008 年遭受冰雪灾害的南方 16 省市中，使用天达 2116 的作物面积达到 250 万亩，实际减灾面积 200 多万亩，柑橘、荔枝、香蕉、龙眼、蔬菜、茶叶、油菜、苗木等作物的减灾效果明显，其中以柑橘、茶叶等效果最佳。应用天达 2116 能使柑橘产量损失降低到 10% 以内、有的甚至还比往年增产。受害菜叶能迅速恢复生长，提前 3~7 天采收。

天达 216 的试验、示范和推广应用等相关材料齐全、完整、数据真实、可靠。天达 2116 在增产、改善品质、提高抗逆性、抵御雨雪冰冻和防灾减灾等方面表现出明显的效果和作用，具有良好的推广应用价值。

2009 年 1 月 21 日，农业部农技推广中心将此审定结果报送农业部及种植业管理司，并下发至各省、自治区、直辖市及计划单列市土肥站，黑龙江农垦总局，新疆建设兵团土肥站。近年来，冰冻、早霜、干旱、倒春寒等自然灾害频发，各地土肥系统在指导农民抵御灾害保增产的工作中，应积极采用天达 2116 等新技术，作为测土配方施肥的有益补充和粮、棉、油和水果高产创建的配套措施，加大宣传推广力度，使其在抗灾减灾保收中发挥积极作用，为农业可持续发展做出贡献。

天达 2116 在绿色食品柑橘生产上的优势。天达 2116 是国家"863 计划"成果，是 21 世纪中国植保产品控害增收的领军产品，在生产绿色柑橘上具有以下优势：

第一，天达 2116 抗逆防病，能有效抵抗早霜、冷害、倒春寒、干旱、干热风、酸雨、内涝等天气灾害给绿色食品柑橘带来的危害。

第二，天达216降解药残，是绿色食品柑橘生产、出口进超市过农药残留检测关的有效降解药残产品。

第三，天达216是橘农降解除草剂及各种农药药害的急救产品，一旦柑橘发生除草剂和其他农药药害，用天达2116壮苗灵25ml加99%的恶霉灵4g加红糖80g兑水15kg喷施，7天1次，连喷2次，可有效修补损伤组织，解救药害，恢复并促进生长。

第四，天达2116创新点是运用中医中药"培源固本，扶正祛邪，标本兼治"的原理，通过保护植株细胞膜的稳定性，提高植株自身的抗逆防病能力，抵御外来有害生物的入侵，从而展现"预防重于治疗"的奇效。通过外源补充柑橘营养生长和生殖生长所必需的氨基酸、矿物质和维生素，有效解决柑橘因干旱、低温、寡照和缺素等不良因子引起的生理性病害。

第五，一年科学使用4~5次天达2116（果树型），可使柑橘果实整齐一致，提高柑橘品质，大幅度增产和显著提高果实商品率。

天达2116在绿色食品柑橘生产中的使用方法。第一，柑橘苗期，用天达2116壮苗灵800~1000倍液，每次抽梢前或抽梢期及冬季喷1~2次，一年喷施4~5次。第二，绿色食品柑橘结果树，用天达2116（果树型）800~1000倍液，在现蕾期、花谢2/3期、果实膨大期、果实着色期各喷一次，生长季节一年喷施4次，能起到保花保果，增加产量，提高品质，降解农药的良好效果。第三，冬季使用天达2116，确保绿色食品柑橘安全越冬。

因为冻害对植物的伤害主要是，一方面破坏细胞中的膜结构，另方面由于膜的破坏而引起代谢失调，由于细胞间隙的水溶液浓度比细胞液低，引起细胞内水分外渗。喷施天达2116后，可以有效地降低细胞质液的渗出，保持水分，对细胞起到保护作用。

即使发生冻害，也能及时修复细胞的膜系统，从而达到预防冻害的目的。在冻害来临的当天下午或晚上喷施药剂保护，因为天达2116里面含有大量的分子链活性物，喷施后在树体表面形成一层分子膜，且里面的多种微量元素能够提高细胞质的浓度，有效激活作物体内的甲壳素酶和蛋白酶，极大地提高氨基酸和甲壳素的含量，增加细胞膜中不饱和脂肪酸的含量，降低细胞的冰点，使之在低温下能够正常生长。冬季除了喷施天达2116外，还可用天达2116涂干，使用浓度10~20倍液，涂干高度不低于40~60cm，能有效防止冻害。

五、生产绿色食品柑橘的肥料与施肥技术

要生产出绿色、安全、营养丰富的柑橘果实，必须选择无毒无害、养分齐全、既有利于生产优质高产的柑橘果实，又有利于柑橘土壤可持续利用的肥料品种，这就要求我们在生产实践中要在充分了解各类肥料的特征的前提下选用肥料，指导施肥。

1. 生物有机肥、精制有机肥、农家肥、生物菌肥的基本物特征

生物有机肥是有机固体废物（包括有机垃圾、秸秆、畜禽粪便、饼粕、农副产品和食品加工产生的固体废物）经微生物发酵、除臭和完全腐熟后加工而成的有机肥料。

（1）生物有机肥与精制有机肥区别：精制有机肥是畜禽粪便经过烘干、粉碎后包装出售的商品有机肥。

①生物有机肥完全腐熟，不烧根、不烂苗；精制有机肥未经腐熟，直接使用后在土壤里腐熟，会引起烧苗现象。

②生物有机肥经高温腐熟，杀死了大部分病原菌和虫卵，减少病虫害发生；精制有机肥未经腐熟，在土壤中腐熟时会引来地下害虫。

③生物有机肥中添加了有益菌，由于菌群的占位效应，减少病害发生；精制有机肥由于高温烘干，杀死了里面的全部微生物。

④生物有机肥养分含量高；精制有机肥由于高温处理，造成了养分损失。

⑤生物有机肥经除臭，气味轻，几乎无臭；精制有机肥未经除臭，返潮即出现恶臭。

（2）生物有机肥与农家肥的区别：

①生物有机肥完全腐熟，虫卵死亡率达到95%以上；农家肥堆放简单，虫卵死亡率低。

②生物有机肥无臭；农家肥有恶臭。

③生物有机肥施用方便、均匀；农家肥施用不方便，肥料施用不均匀。

（3）生物有机肥与生物菌肥的区别：

①生物有机肥价格便宜，每吨在2000元以下；生物菌肥价格昂贵，每吨上万元。

②生物有机肥含有功能菌和有机质，能改良土壤，促进被土壤固定养分的释放；生物菌肥只含有功能菌，通过功能菌来促进土壤固定肥料的利用。

③生物有机肥的有机质本身就是功能菌生活的环境，施入土壤后容易存活；而生物菌肥的功能菌不适合有的土壤环境，缺少有机质培养基。

2．无机肥

无机肥，又称化学肥料。一般溶于水，肥效快，但不持久。养分含量高，但单一。无机肥常用于追肥的有以下几种。

（1）氮肥。尿素，含氮量46%，中性，易溶于水，适宜施入酸性、中性、碱性土壤，在高温潮湿的条件下易于潮解，施入土中，受温度和水分的影响，易挥发流失。尿素宜作追肥和根外追肥。碳铵，含氮17%，是碱性肥料，宜施入酸性土，对柑橘有良好的肥效，但施入土中易挥发，施用时宜深施，且一次施量不宜过多，以防铵离子积累伤根。硫酸铵是生理酸性肥料，适宜施入碱性土，含氮20%。

（2）磷肥。过磷酸钙是生产中施用最广的水溶性磷肥，偏酸，含五氧化二磷18%~20%，速效，易为根系吸收。钙镁磷肥，以磷为主，含五氧化二磷8%~14%。

磷肥施入过酸或过碱的土壤中，易被土壤固定，降低磷肥的有效性。施用磷肥需与有机肥混合施用（酸性土加少量石灰）可提高磷肥的有效性。

（3）钾肥。常用的钾肥有：硫酸钾，含氧化钾50%，易溶于水，为速效性酸性肥料，不宜在酸性土壤长期施用。氯化钾，含氧化钾50%~60%。久贮吸潮结块，易溶于水，为速效性生理酸性钾肥，不宜在酸性土长期施用。其中氯离子在土壤中积累对柑橘根系有毒害作用。硝酸钾，含钾38%，叶面喷施0.5%硝酸钾可减少柑橘裂果。

（4）复合肥料。工厂生产的含两种以上养分的化肥称复合肥料。如磷酸二氢钾、硝酸钾、磷酸二氢铵等。有的复合肥还含有微量元素。其特性是养分较全面，肥效快，易溶于水，适宜柑橘果树施用。

3. 绿色食品柑橘施肥技术

绿色食品柑橘果树，在不同的生物学年龄时期，所需肥料的种类和数量也不相同。因此，绿色食品柑橘施肥应充分注意其生物学年龄期和一年中各个生长期的特点。

（1）幼龄园的施肥时间。对尚未结果的绿色食品柑橘幼树，施肥的目的是促发春梢、夏梢、秋梢生长，迅速扩大树冠，形成树体骨架，尽量促发枝梢，促进提早结果，为后期丰产稳产奠定基础。

通常1~3年生树，在生长季节4~9月份，每月施1次稀薄肥水，年施肥4~6次，在冬季或早春，可施1次较重的生物有机肥。

（2）结果园的施肥时间。对已结果的绿色食品柑橘树，每年施催芽肥、壮果促梢肥和还阳肥。

催芽肥。主要供应绿色食品柑橘3~5月份生长发育所需的营养。催芽肥一般在春芽萌芽前两周左右施下，施肥量占全年施肥量的10%，常以速效氮肥为主，配合施用生物有机肥，如遇干旱，则应与灌水结合。施催芽肥不宜过迟、过量，也不宜施未腐熟的迟效肥。

壮果促梢肥。5月下旬至6月上中旬，绿色食品柑橘幼果正处于细胞分裂盛期，需要大量的氮、磷、钾，且此时又是第一次根系生长高峰，若营养跟不上，会发生异常生理落果，一般第一次生理落果后至第二次生理落果之前，施用壮果促梢肥，施肥量占全年施肥量的30%，以补氮、补钾肥为主。同时，结合施用硝酸钙。叶面注意喷施液态钙美滋1500倍液，补钙、补钾，以减少生理落果、裂果。

还阳肥。对促进绿色食品柑橘恢复树劳，增加树体各器官的营养贮藏，提高花芽分化质量等均有重要作用，也是克服大小年结果的最有效措施。

还阳肥可在采果后一周或采果前一周施，施肥量占全年施肥量的60%，肥料以生物有机肥为主，适当补充复合肥和微量元素硼、锌肥。晚熟品种宜在采果前一周施，以提高肥效，及时恢复树势，但不宜过早。由于气候、品种不同，结果树施肥时期、次数也不同，须灵活使用。

绿色食品柑橘施肥量的确定方法。施肥量的确定，受多种因子的影响。品种、树龄、树势、结果量、土壤肥力和气候条件不同，其施肥量也不同，肥料种类不同，施肥量也有异。因此很难确定一个统一的施肥标准。

目前，确定施肥量主要有以下几种方法：

（1）理论推算法。这种方法是根据绿色食品柑橘树体每年从土壤中需要吸收的各种元素量，扣除土壤中各元素的天然供应量，再除以肥料的利用率，即得出需要施肥的数量。其计算公式为：

施肥量＝（吸收量－土壤肥料供应量）÷肥料的利用率

施肥量与产量的关系，也可做如下估算：1kg 栏粪肥换 0.5kg 果实，1kg 禽粪换 3kg 果实，1kg 饼肥换 5kg 果实，1kg 复合肥换 15kg 果实，1kg 尿素加 4kg 过磷酸钙加 0.8kg 氯化钾换 40～50kg 果实。

（2）统计折算法。根据绿色食品柑情产区所属范围内丰产园施肥量作统计和分析，以获得一个科学的施肥量标准。

（3）营养诊断法。营养诊断法是根据绿色食品柑橘叶片、果实和土壤的营养分析，来确定施肥量的一种较科学的方法。

绿色食品柑橘不同时期的施肥方法：

（1）2月中旬施催芽肥，以速效氮为主，占全年用肥量的10%。

（2）2月底至3月，压埋冬季绿肥。

（3）4月上旬现蕾期叶面喷施天达2116果树型800~1000倍液或0.5%丹乐硼1500倍液加1.8%高效植株调节剂爱多收5000倍液，确保开花质量，提高坐果率。

（4）6月上旬叶面喷施天达2116果树型1000倍液或1.8%高效植株调节剂爱多收5000倍液加全营养螯合态花果素1500倍液，减少第二次生理落果。

（5）5月底6月上中旬施壮果肥，生物有机肥与氮、磷、钾配合，施肥量占全年的30%。

（6）9月压埋夏季绿肥，叶面喷施天达2116果树型1000倍液，降解农药残留，促进花芽分化，促使果实增色。

（7）11~12月，采果前后重施基肥，以生物有机肥为主，适当补充氮、磷、钾，施肥量占全年的60%。

（8）未结果的幼树，勤施薄施，以氮肥为主，配合施用磷钾肥，春、夏、秋抽梢期施肥4~6次，1~3年生幼树年株施纯氮100~400g，氮磷钾比例为：1.0∶0.25~0.3∶0.5。

绿色食品柑橘营养诊断方法主要有叶片营养诊断法和土壤营养诊断法两种：

叶片营养诊断法。由于叶片是柑橘树的光合作用器官，施用不同肥料时，能在叶片营养元素的组成上反映出来，而且在一个特定的生长发育时期，营养元素的变化规律比较稳定和清楚。叶片分析测定的结果与柑橘树生长发育及外观表现上具有明显的相关性，较易及时、准确地反映树体的营养状况，且对一些肉眼稳定的症状，多种元素潜在的不足或过多，以及由两种不同的元素引起的相似症状，可在症状出现前做准确的诊断。所以，叶片营养诊断可指导绿色食品柑橘施肥。

具体方法：一是取叶样，要求采叶片的时期，标准条件基本一致，即便是同一个柑橘园内也要选择品种、砧木、树龄、树势以及园地的土壤类型等条件基本一致的植株采样，以降低测定结果的误差，采样应随机进行，采树冠外围中部发育中等的 5~7 个月龄的营养春梢先端叶片为叶样，叶样采集时期以 8~9 月份为好，叶样数量，宜选择 5~10 株树，采集 60~120 张叶片。

二是叶样采集后的处理。冲洗叶片，去除污物，若测定大量元素或钙，只用水或肥皂水将其洗净即可，若测定微量元求则需将叶样先做在 3% 的盐酸液中浸泡 2 分钟，接着用蒸馏水或去离子水漂洗至中性为止，然后放在鼓风箱中 105℃ 下烘 15~20 分钟，杀酶，再在 70-30℃ 下烘干，若无烘箱，可把样品放入尼龙网袋中置于通风处保存风干。

烘干后的叶片再进行研磨，研磨的细度必须保证绝大多数颗粒通过 60 目的尼龙筛，分析测定大量元素，一般用瓷研钵即可，分析测定微量元素，为避免污染，最好用玛瑙作研磨器具。

叶样的处理常有干灰法和湿灰法两种，即氮用凯氏定氮法；磷用铜蓝比色法；钾、钙、镁、铁、铜、锌可用原子吸收法；硼用姜黄素比色法。

土壤营养诊断方法。土壤营养诊断，目的主要是了解土壤中营养元素的丰缺。土壤分析结果对研究土壤养分变化规律、土壤养分含量和有效养分的供应状况，对改良土壤、提高土壤肥力均有指导意义。

土样采集，一般在柑橘树长势较均匀，品种比较单一，土壤类型及层次较一致的绿色食品柑橘园里进行，可采用对角线和随机取样法。采样位置应取树冠外先端内侧 30cm 处剔除表层 3cm 内的土层，注意减少采样误差，取样避免在施肥坑内取样。土样应装在清洁的塑料袋或布袋内。

土样采集后，尽快送到室内进行风干，风干后的土样进行粉碎、过筛和装瓶，防止高温、潮湿、日光等影响。对一个样品来样过多的，须在风干前将土壤混匀，用四分法进行取舍，一般取 500~1000g 土样即可。土样制备完后，即可分析测定。

六、水分对绿色食品柑橘栽培的影响

水是绿色食品相橘生命活动中不可缺少的重要条件。它是树体构成的主要成分，又是维持生命活动的重要因子。缺水会使植株萎蔫，甚至死亡；水分过多或湿度过大，会造成烂根或脚腐病，严重时死树。因此，绿色食品柑橘栽培，应进行科学的水分管理。

1. 水分代谢

树体通过蒸腾作用不断地消耗水分，同时又通过根系不断地吸收水分来补偿，以维持树体水分的平衡，这一过程称水分代谢，包括吸收、运输和散失三个部分。一株成年的柑橘树 1 年中要散失 9 立方米水分。

2. 水分对抽梢的影响

柑橘树 1 年抽 3~4 次梢，尤其是抽生健壮的结果枝、春梢、秋梢等，必须有充足的水分供应。若水分缺乏，抽梢会延迟，影响枝梢质量，甚至不抽生而影响树体生长和光合作用。

3. 水分对开花结果的影响

花期缺水，会影响花的质量，导致开花不整齐，花期延迟，即使开花也会大量落花落蕾，从而影响结果。如遇大旱后秋雨过多，易出现裂果或浮皮果，使品质下降，甚至失去食用价值。

4. 水分对根系生长的影响

干旱时，水分缺乏，影响根系生长，严重时根系停止生长，不发须根；土壤水分过多，根系通透性不良，出现枯枝、烂根，甚至死树。

影响绿色食品柑橘植株需水量的因素主要体现在以下 8 个方面：

（1）日照对柑橘植株需水量的影响。日（光）照弱时，光合产物减少，相对需水量增加；通风透光，可提高光合作用，增加光合产物，相对减少水分消耗。

（2）气温对柑橘植株需水量的影响。气温上升，促进树体的蒸腾作用，散失的水分多，因而使需水量增加。

（3）大气湿度对柑橘植株需水量的影响。大气干燥（湿度低）能促进植株的蒸腾作用，使需水量增加；反之，其需水量减少。此外，风促进叶片蒸腾作用，需水量增加。

（4）土壤水分对柑橘植株需水量的影响。土壤水分越少，植株需水量越大。土壤水分以田间最大持水量 60%～80% 适于绿色食品柑橘植株的生长发育。

（5）肥料对柑橘植株需水量的影响，土壤肥沃度越高，植株需水量越少，因为施肥后，水分利用率提高而降低了需水量。

（6）栽培措施对柑橘植株需水量的影响。柑橘植株树盘覆盖，减少水分蒸发，使需水量降低；树盘中耕疏松土壤，切断土壤毛细管，减少水分蒸发而降低需水量。

（7）品种对柑橘植株需水量的影响。不同柑橘品种需水量存在着差异，如甜橙的需水量比温州蜜柑高。

（8）砧木对柑橘植株需水量的影响。通常枳砧柑橘的需水量比红橘砧柑橘的需水量大；嫁接柑橘比实生柑橘需水量大；浅根性柑橘比深根性柑橘需水量大。

七、旱害对绿色食品柑橘植株的影响及防旱抗旱措施

柑橘果树过度缺水的现象称之干旱。由于植株体内水分不足，造成细胞失水，失去膨压，叶片即会出现凋萎现象，这种现象称之萎蔫。当蒸腾减弱后，因土壤并不缺水而又能得到平衡，使萎蔫消除，这样的萎蔫称之暂时萎蔫。暂时萎蔫一般系由大气干燥造成；另一种情况是当土壤干旱到一定程度后植株发生的萎蔫，虽蒸腾作用降至很低，但仍不能恢复正常状态，这种萎蔫称之为永久萎蔫，一般是由土壤干旱引起。永久萎蔫在灌水后需经1天以上才能恢复正常。此外，土壤的温度过低、土壤通气不良、土壤盐分过多或某些毒害物质在土壤中积累过多而阻碍根系正常吸水所引起的干旱也会造成永久萎蔫。

永久萎蔫对柑橘植株危害极大，它导致叶片的气孔关闭，二氧化碳进入受阻，光合作用停止，生长点枯萎，落花落蕾，果实停止生长，严重时会使植株死亡。可见，土壤干旱比大气干燥危害严重。大气干燥造成的暂时萎蔫对柑橘危害虽不大，但也会降低产量，因为在萎蔫时，光合作用和生长处于停止状态。

柑橘耐旱性较其他果树强，但在土层较浅的坡地上，也易受

到旱害，尤其是幼龄柑橘树，根系浅，更易受旱害。另外，衰老（弱）树比健壮树易受旱害。

绿色食品柑橘园的防旱抗旱措施。干旱是指两次降水过程之间，由于大气干燥和土壤水分大量减少，使绿色食品柑橘植株缺水的现象。缺水达到一定程度，柑橘植株则会发生旱害。因此，防旱重于抗旱。其主要技术措施有：

（1）深翻。深翻可增加土壤空隙和破坏土壤的毛细管，增加土壤蓄水量，减少土壤水分蒸发。深翻结合压埋绿肥，增加土壤肥力，增进团粒结构，则更能提高抗旱性。

（2）中耕。在干旱来临之前的雨后进行，破坏土壤毛细管，减少水分蒸发，同时铲除杂草，以免与柑橘争水、争肥。

（3）覆盖。地面覆盖是坡地、海涂、河滩沙地果园防旱的重要措施。覆盖物可用作物茎秆、杂草，也有用薄膜覆盖。

（4）培土。用肥沃的土壤、河泥、塘泥等培土，增厚土层，降低土温，减少水分蒸发；冬季培土提高土温，减轻冻害。

（5）营造防风林。沿海柑橘园和迎风的山地柑橘园营造防风林，改善果园小气候条件，减少水分蒸发。

（6）降低地下水位。海涂、平原、河谷及水稻田的柑橘园，宜采取深沟高畦栽植，同时搞好排水等提高植株的抗旱性。

（7）树干涂刷。衰老树、更新树和幼树等，用天达2116果树型10～20倍液涂树干，对减少水分蒸发、防止日灼和冻害有明显的效果。

（8）及时灌溉。及时灌溉是防止旱害最有效的措施。

八、涝害对绿色食品柑橘植株影响及排涝和受涝后护理措施

涝害对柑橘果树的影响并不是水分本身，由于水分过多，土壤孔隙充满水分，缺乏氧气，使根系呼吸困难，影响水分和养分的吸收。此外，因土壤缺乏氧气，使嫌氧细菌活跃，产生一些有毒还原物质，且根系的无氧呼吸，也造成有害物质积累，直接对根部产生毒害，以致植株死亡。但涝害更主要的还是影响呼吸作用和光合作用，使消耗大于合成而饿死。

柑橘的耐涝性较强，且涝害的轻重与品种、砧木及根系的深浅有关。枳不耐涝，酸橙较耐涝，橘类介于两者之间。

排涝和受涝后护理。防柑橘涝害的根本措施也是改良土壤，使土壤水分能排能蓄。涝害后可采取以下措施补救护理：

（1）及时开沟排水、松土。积水排除后及时松土，使空气尽量进入土壤孔隙。

（2）扒土晾根。扒开树盘下的土壤，使水分尽快蒸发，让部分根系接触空气，1~3天后再重新覆土，以防根系暴晒受伤。

（3）追肥促根。施用田头生物有机肥料，促进新根生长。

（4）根外追肥。由于涝害使柑橘根系受损伤，吸收营养能力大降，叶面喷施天达2116果树型1000倍液，补充各种矿质元素营养，促使树势迅速恢复。

（5）及时修剪。对涝害严重，发生枯枝落叶、生长衰弱的树，进行修剪，剪除枯枝、弱枝，促发新梢。

九、导致柑橘冻害的因素与防冻措施

1. 发生柑橘冻害的主要因素

低温冻害是发展绿色食品柑橘生产的限制因素，导致冻害的主要因素有：一是柑橘种类及品种与冻害的关系，一般栽培中，以金柑耐寒力最强，且恢复快，耐寒顺序为宽皮柑橘、橙类、柚类，而以柠檬类最弱。在宽皮柑橘中，朱橘、温州蜜柑、本地早

耐寒力最强，次为南丰蜜橘、红橘、椪柑等，樵柑最弱，甜橙中的脐橙、锦橙、血橙、伏令夏橙较耐寒。一般甜橙类≤-5℃开始受冻，宽皮柑橘类≤-7℃开始受冻，本地早、金水柑-9℃冻害较轻。另外砧木种类、繁殖方法不同，耐寒力也有差异，枳砧、枳橙砧、香橙砧比酸橙砧、甜橙砧耐寒。二是树体营养状况与受冻有密切的关系，凡是当年结果特多，树势弱，冻害较重。营养生长过旺，停止生长迟，也易受冻害；三是低温程度持续时间的影响，在临界低温以下，当其他条件基本相同时，温度愈低，冻害愈重，短时间的临界低温，一般对柑橘影响不大，但长时间的低温，即使温度不很低，冻害也较严重。柑橘的冻害又与温度的变化有关，冻前的温度如果逐渐降低，柑橘经过低温锻炼，提高抗寒能力，反之，冻前温度一直较高，抗寒力弱，突遇严寒，其受冻的临界期温度较高，冻害较重。此外，低温过后，温度骤然回升或冰、雪、霜的溶解过快，也会加重冻害：四是其他因素的影响，长期干旱，引起不正常落叶，削弱树势，遇上大冻，根系吸收困难也易受冻。在低温期刮风使树体和土壤降温加快，加速蒸发，植株生理失水加重，以及在干冷情况下刮风都会加重冻害。地形、地势的影响：北坡阳光投射角度小，日照短，温度低，又正值北风，地面散热快，冻害重。南坡风小温度高，冻害轻。但如干旱缺水，日照长，蒸发大，昼夜温差大，此时南坡比北坡冻害重。园地环境的影响：如柑园有防护林带或北面有山丘等屏障，以及大水体旁的柑橘园，受冻往往较轻。

2. 预防柑橘冻害的主要措施

低温冻害是发展柑橘生产的限制因素。在选择抗寒品种的基础上，根据柑橘发生冻害的原因，可采取以下预防冻害措施：一是加强土壤管理,深翻改土,及早增施生物有机肥和补充营养元素。任何营养元素的缺乏都减弱抗寒力。冰冻前7~10天全面灌水可以减轻冻害。注意不要在寒潮冻害期间才灌水,避免土壤失热降温,冻层加厚,加剧冻害。在冬季来临前要加强病虫防治,培土覆盖,加厚土层,保护根系和根茎部分安全过冬;同时用天达2116细胞膜稳态剂10~20倍液涂主干、主枝或包扎保护;二是树冠喷施天达2116细胞膜稳态剂800倍液,有利于维持叶细胞的正常生理机能,有很好的防冻效果;三是在霜冻来临前熏烟,将熏烟材料如稻草、杂草、谷壳、木屑等堆积覆以湿草或薄泥,每667m²放置4~5堆以上,在冻害临界温度来临前开始点火,产生烟雾,抑制辐射逆流,防止霜冻,但要在无风情况下使用;四是用焦油加热器与风力机抗寒。用焦油加热器放在柑橘行间,每公顷105~120个,当低温来临前点燃,一般可提高果园温度5℃~8℃。如与风力机配合使用,可减少加热器到45~60个,防冻效果好。

3. 柑橘越冬保叶措施

一是重施还阳肥。施肥量占全年施肥量的60%,做到以生物有机肥为主,适当补充氮、磷、钾及微量元素。在橘树采果后应喷施1~2次天达2116果树型800~1000倍液,并进行一次灌水,保叶过冬,增强树体抗寒能力。

二是防冬旱。冬季干旱是引起柑橘落叶的主要原因。柑橘果实采摘后,树体内水分、养分消耗较大,冬季遇严重干旱,会使叶片卷曲,萎蒿脱落。

三是防低温冻害:

涂干。用天达2116细胞膜稳态剂10-20倍液,调匀涂在主干大枝上，既杀虫灭菌，又防冻防日灼。

培土。在橘园土中培入塘泥、土杂肥等，加厚土层，护根防寒，培高 20~30cm。地面利用稻草或其他作物秸秆覆盖树盘或全园，厚度 10cm 以上。

熏烟。在寒潮来临时，每 667m² 橘园设置 4~5 个熏烟堆，在降霜的凌晨点火熏烟，既可直接增温，又可在橘树上空形成云幕层，防止降霜冻害。

修剪。剪除枯枝、病虫枝，交叉枝、重叠枝，清洁果园。

四是防治病虫害。采果后喷 1 次 30%悬浮剂戊唑·多菌灵龙灯福连 1000 倍液加 99% 韩国 SK 矿物油绿颖 160 倍液进行彻底清园，铲除杂草，扫净落叶、烂果集中烧毁。

4. 柑橘冻后恢复措施

一是应根据柑橘树遭受不同冻害程度适时适度地进行修剪。适时即修剪时应在气温稳定回升后进行，一般为 2 月底到 3 月下旬，受冻严重的树宜迟不宜早。适度即根据不同受冻程度，灵活掌握修剪量和对象。

轻冻树：叶片受冻枯焦未落会继续消耗水分，扩大受冻面，应尽早摘掉，防止枝梢枯死。认真区别受冻枝梢，掌握轻剪多留叶的原则。一年生枝如无叶，可短截至二年生处，有叶枝暂不修剪，尽量保留绿色枝叶，避免树体地上部和地下部的养分供应关系骤然失调。

中冻树：待气温回升后，受冻枝生死界限明显时，可在萌芽处进行更新修剪。修剪程度因树而宜，修剪分次进行，先轻后重，确定锯剪部位要从全树整形着眼，有利培养丰产型树冠为目的。

重冻树：如冻至 3~5 级主枝，需露骨更新，冻至 1~2 级主枝则需截干更新。

二是在春季气温回升后，受冻柑橘树未枯死，枝干会萌发大量隐芽，芽梢易形成丛生状，应根据不同冻害程度进行抹芽控梢。受冻较轻的树应及时抹去过密和着生位置不当的芽梢，去弱留强，过长新梢要摘心，有利增加分枝级数；重冻树为有利地上部和地下部生长协调，春季以不抹和少抹为宜，夏、秋季根据整形需要，再具体进行抹芽控梢。

三是对于受冻较重进行露骨更新的橘树，要采取伤口保护和树干涂白，防治树脂病和日灼病发生，剪（锯）口要修削平滑斜口，再用 75% 酒精或 0.1% 高锰酸钾对伤口消毒，消毒后伤口要涂抹保护剂。

保护剂：可用新鲜牛粪（60%~70%）、黄泥（20%~30%）、石灰（5%~10%）、少量毛发调成糊状即成。也可用黄油或凡士林加入 30% 悬浮剂戊唑·多菌灵龙灯福连杀菌治疗剂调制。涂白剂可用：石灰 5 份、硫黄粉 0.5 份、食盐 0.1 份、99% 韩国 SK 矿物油 0.1 份、杀菌剂 0.2 份、水 20 份调制而成，有病虫兼治的作用。

四是中耕松土。由于冻后橘园土壤板结，应提前中耕松土，促发新根。对重剪树，应在修剪前进行全园深翻，结合撒施田头肥或生物有机肥，并切断部分 0.5cm 粗的根系，利于根系更新。

五是适时施肥。柑橘树遭受冻害后，会导致大量落叶，特别是重冻树修剪后健康叶片残存无几，地下部得不到地上部养分的有效供应，根系吸收能力弱。春季气温回升树体萌发大量芽梢，此时养分供应就会出现失调。针对受冻树的生理变化，在施肥上要掌握勤施、薄施原则，切忌重肥浓肥以防伤根。

六是喷施叶面肥是恢复冻害的有效措施。叶面喷肥：受冻未落叶的树，由于冻害叶绿素减少，受冻树抽发的新梢常常叶小而薄，光合作用差，进行叶面施肥，对提高叶片的质量和光合功能迅速恢复树势有良好的作用。叶面喷肥可每隔 10~15 天喷一次，连喷 3~4 次。建议使用配方：天达 2116 果树型 800~1000 倍液或 1.8%高效植物调节剂爱多收 5000 倍液加全营养螯合态花果素 1500 倍液。

5. 柑橘抗雪救灾措施

一是大雪时应尽快及时摇树振落树上积雪，避免枝杆断裂。二是及时处理断裂枝干，对完全折断的枝干，及早锯断削平伤口，涂接蜡等保护剂，防止腐烂，对已撕裂未断的枝干，不宜轻易锯掉，宜先用绳索或支柱撑起，恢复原状，受伤处宜涂接蜡、鲜牛粪、黄泥浆等，促其愈合，恢复生长；三是整理树冠。积雪严重的树冠，对未受害的枝叶，修剪应尽量从轻。对已撕裂而的枝干，依伤势轻重，加重修剪，减少养分和水分的消耗，以免干枯，对断枝断口下方抽生的新梢，适当保留，以便更新；四是加强雪后栽培管理。雪害后，树体衰弱，应及时施肥，恢复树势，同时，树体伤口多易引起病虫为害，特别是树脂病、爆皮虫等，应注意及时防治；五是进行高接或补植，对折断的年轻树冠，如品种不良者，可行高接换种，对无法更新的衰老树，应挖去补植新株。

十、绿色食品柑橘的整形与修剪

在讨论整形与修剪前，我们首先要先了解绿色食品柑橘的主要生物学特性，这对指导整形与修剪具有十分重要的意义，柑橘的生物学特性包含以下 11 项内容：

1. 复芽特性

柑橘的芽是复芽，在复芽中的一个芽萌发成枝，其他芽的萌动就会受到抑制，除非所萌芽受到损伤，才会刺激其他芽的萌发，先抽生的芽称主芽，后抽生的称为副芽。可在萌芽期抹除先萌发的芽，以利于抽生更多的新梢或整齐抽梢。

2. 芽的潜伏性

柑橘芽的萌发能力很强，但不是全部芽都能抽梢。凡是未萌发的芽即转为隐芽也叫潜伏芽，隐芽的寿命可在树皮下潜伏数十年不萌发，只要芽位不受损伤，隐芽就始终保持发芽能力，且一直保持其形成时的年龄和生长势。当隐芽上部枝被剪除或上部皮层受伤后，可刺激隐芽萌发，并抽发出较强生长势的新梢。在生产上，可利用柑橘芽的潜伏性，对衰老树或枝组更新复壮修剪。

3. 芽的早熟性

柑橘芽在新梢"自剪"，叶片转绿后的较短时间内，可发育成熟。只要水分、养分充足，温度适宜，新芽就能萌发抽梢。芽的早熟性使柑橘 1 年抽 2-4 次梢，利用柑橘芽早熟性，进行摘心，可使芽提早成熟，提早萌发。

4. 顶芽"自剪"

柑橘新梢停止生长后，其先端部分自行枯死脱落，这种现象称顶芽"自剪"。芽自枯后，梢端的第一个侧芽处于顶芽位置，具备顶芽的一些特征，此芽萌生使枝梢继续延伸。利用柑橘顶芽的自枯特性，可降低植株的分枝高度，培育矮化、丰满的树冠。

5. 顶端优势

柑橘在萌发新梢时，越在枝梢先端的芽，萌发生长越旺盛，生长量越大，分枝角度越小，呈直立状。其后的芽，依次生长变弱，生长量变小。这种顶端枝条直立而长、壮，中部枝条斜生而转弱，基部枝条极少抽生而裸秃生长的特性，称为顶端优势。利用柑橘顶端优势特性，在整形时将长枝摘心或短截，其剪口处的芽成为新的顶芽，仍具顶端优势，虽然不及原来的顶端优势旺盛，但中下部，甚至基部芽的抽生，缩短了枝条光秃部位，使树体变得比原来紧凑，无效体积减少，逐步实现立体结果增产效应。

6. 分枝角度

柑橘的分枝角度是指枝梢与地面垂直线之间的夹角。分枝角度越小，枝梢越直立，生长势越强，顶端优势越明显；分枝角度越大，生长势越弱。培育主枝时，可采用拉枝，将直立性主枝拉成斜生姿态，加大主枝与中心主枝夹角，可削弱主枝长势，使主枝牢固，负重力增加。相反，主枝斜生、下倾，树体长势过弱，也可将中心主枝延长枝扶直，增强其生长势。

7. 分枝级数

柑橘幼树较成年树生长旺盛，表现枝梢长、叶片大、枝节间长，甚至出现徒长。老树则树势衰弱、枝短、节间密、叶片小。柑橘从幼苗到衰老树的过程，是通过枝条的不断分枝而演变的，常将主杆作为0级，主枝为一级，每增加一次分枝，分枝级数就提高一级。分枝级数越高，生长越衰弱。利用此特性，可通过短截或回缩来降低树体的分枝级数，增强生长势，复壮衰老树。幼旺树的分枝较少，可采用摘心、拉枝等促发分枝，缓和生长势，提早开花结果。

8. 植株地上

地下部的关系。柑橘地下部与地上部的关系，即根与冠的关

系，常用根冠比来表示，一般指根系与地上部的鲜重之比。柑橘
幼树，树冠生长小于根系生长，根冠比值大，根系供应地上部分
的水分、养分和内源激素均充足，树冠处于离心生长期。当根系
基本形成后，树体生长发育渐缓和，从而使根系生长与地上部生
长达到动态平衡，地上部进入开花结果阶段。当根系生长受阻，
地上部生长超过根系生长时，便会出现地上部得不到充足的水
分、养分和内源激素，导致树势变弱，此时树冠进入生长期。整
形修剪中，可采取摘心、回缩、或短截骨干枝等措施，调节根冠
比，使之达到相对平衡，以延长盛产期和树体的经济寿命。

9. 整体性和相对独立性

柑橘整个树体，既具树冠结果的整体性，又具枝组的相对独
立性。如某些枝组、侧枝，甚至主枝上挂果减少，而树冠中其他
部位的坐果率会相应提高，这就是树体结果的整体性。另一方
面，柑橘植株的主枝、副主枝和侧枝间轮换结果，即为枝组结果
的相对独立性。利用柑橘这种特性，可于冬季和早春疏剪、短截
一年生枝、枝组、侧枝甚至副主枝。虽疏除了部分花和结果部
位，但保留的枝梢却因坐果率的提高，弥补了去除部分果实所造
成的产量损失。

10. 成花母枝与结果母枝

柑橘能抽生花枝的基枝，称成花母枝；成花母枝上的花能正
常坐果的枝，称结果母枝。

春季先抽枝梢，再在其上开花结果的称结果枝。着生结果枝
的是结果母枝。柑橘的结果母枝，多数是上一年的春梢、秋梢。

11. 成花部位向顶梢转移

母枝上春梢抽生后，不再萌发夏、秋梢，此春梢能分化花

芽，抽出花枝结果。当春梢上抽生了夏梢或秋梢，成为春夏梢或春秋二次梢后，则成花部位转向顶部的夏梢或秋梢上，第二年春季，春段不再开花，也很少抽生新梢。当夏段上又抽生秋梢而形成三次梢后，则此春段在翌年春季不再萌发新梢，夏段也不再进行花芽分化，成花部位转移到顶部秋梢。

整形和修剪的目的及相互关系。绿色食品柑橘的整形是为了形成和维持合理的树体结构，充分利用光能和空间，达到早结果、早丰产、稳产、优质和高效的目的，而直接对树体进行剪枝或其他类似作业的活动。整形是修整树形，使之形成理想的树体结构；修剪是对树体直接进行的枝梢处理技术，如疏剪、短截、回缩、摘心、抹芽放梢、扭枝、环测和断根等。

整形与修剪相互依存，相互补充。而没有通过整形的植株，就难以进行合理的修剪。整形修剪贯穿于绿色柑橘生命周期的始终，但在不同的发育阶段又各有侧重。幼树以整形为主，成年树主要是通过各种修剪技术来维持、调整树形、调节营养生长和生殖生长的冲突，以达到延长树体经济寿命的目的。

整形与修剪的主要内容。绿色食品柑橘整形与修剪包含以下7个方面的内容：

（1）培养合理的树体结构。通过整形修剪，可以使树体骨架牢固，树冠紧凑，结构合理，层次分明，通风透光良好，形成立体结果。

（2）早结果早丰产。对幼树整形修剪，重点处理主枝延长枝，有利于树冠的迅速扩大。对幼树进行摘心，可增加分枝数，提高分枝级数，有利于缓和生长势，促进花芽分化，提早结果和丰产。

（3）克服大小年。合理修剪，可调整花枝和营养枝，为来年结果打下基础，以缩小大小年差距，达到稳产效果。

（4）提高果实品质。通过修剪可改善光照条件，减少病虫害，使之挂果适度，从而使果实营养充足、发育良好，提高外观和内质。

（5）延长树体经济寿命。经济寿命是指柑橘能产生经济效益的寿命。通过对不同枝条的短截、回缩修剪，更新和恢复生长势。

（6）降低成本提高工效。经合理的整形修剪的植株，树冠矮化紧凑，便于修剪、喷药和采收等管理工作，提高工效，降低成本，保持和延长结果性能。

（7）增加树体抗性。通过整形修剪，使枝、叶分布均匀，通风透光条件改善，抗性增加。

柑橘树整形与修剪的原则。绿色食品柑橘的整形与修剪遵循以下五大原则：

一是因地制宜。绿色食品柑橘在我国的南、中、北亚热带，甚至边缘热带等不同的生态条件下均可种植，因此要考虑生态条件对植株的影响，因地制宜进行修剪。

二是因树修剪。不同品种，不同砧木，不同树龄，不同结果量，不同生长势的植株，修剪方法也各不相同。如温州蜜柑尾张比特早熟、早熟温州蜜柑胁山、兴津树势强，尾张更宜轻剪；树龄不同，修剪也不同，幼树以整形为主，要轻剪；初结果树以短截修剪为好；盛果树修剪要适度，以尽可能保持营养生长和生殖生长的平衡；对衰老树，则需要回缩大枝、侧枝，甚至回缩主枝，以促其更新复壮；树势强的要轻剪，少短截，树势弱的则相反。对来年花量大、结果多的宜适当重剪；花量少的宜轻剪。

三是轻重得当。绿色食品柑橘的整形，宜轻重得当，抑促得当，长短兼顾。对幼树多短截，可促进生长，增加分枝，加速树冠形成。成年树短截部分夏、秋梢，刺激营养生长，虽然减少了第二年花量，但可为第三年提供充足的预备枝，有利于丰产稳产。

四是促叶透光。叶片不仅是合成有机养分的工厂（器官），而且是贮藏养分的仓库。修剪时应尽可能保持有效叶片，剪除无用枝，做到抽密留稀，上稀下密，外稀内密，使整个树冠光照充足，叶量适宜。

五是立体结果。绿色食品柑橘通过整形修剪，最终可达到立体结果的目的。使树冠呈波浪形，将光线引入内膛，使内酸枝叶能正常生长和开花结果，达到立体结果状态，就整个果园而言既要使单株立体结果，又要使植株间相互不发生交叉，从而使全园从外到内、从上到下，阳光充足，挂果累累。

整形修剪方法。绿色食品柑橘树整形修剪的方法归纳起来主要有：

（1）短截。将枝条剪去一部分，保留基部一段，称短截。短截能促进分枝，刺激剪口以下2~3个芽萌发壮枝，有利于树体营养生长。短截枝条三分之一以上为重度短截，抽发的新梢少，长势较强，成枝率也高；短截枝条二分之一为中度短截，萌发的新梢较多，长势和成枝率中等；短截三分之一为轻度短截，抽生的新梢较多，但长势较弱。

（2）疏剪。将枝条从基部全部剪除，称为疏剪。常用于剪除多余密弱枝、丛生枝、徒长枝。疏剪可改善留树枝的光照和营养分配，使其生长健壮，有利于开花结果。

（3）摘心。新梢抽生至停止生长前，摘除先端部分，保留需要长度的称摘心。作用相似于短截。摘心能限制新梢伸长生长，促进增粗生长，使枝梢组织发育完全。可以抽生健壮分枝，并降低分枝高度。

（4）回缩。回缩即剪去多年生枝组先端部分。常用于更新树冠大枝或压缩树冠，防止交叉郁闭。回缩越重，剪口枝萌发力和生长量越强，更新复壮效果越好。

（5）抹芽放梢。新梢萌发至 1~3cm 长时，将嫩芽抹除，称抹芽，作用与疏剪相似。反复抹除几次，到一定的时间不再抹除，让众多的萌芽同时抽生，称放梢。抹除结果树的夏芽可减少梢果矛盾，达到保果的目的，放出的秋梢可培育成优良的结果母枝。

（6）疏梢。新梢抽生后，疏去位置不当的、过多的、密弱的或生长过强嫩梢，称疏梢。疏梢能调节树冠生长和结果的矛盾，提高坐果率。

（7）拉枝、撑枝和吊枝。幼树整形期，可采用绳索牵引拉枝、竹竿撑枝和石块等重物吊枝等方法，将植株主枝、侧枝改变生长方向，调节骨干枝的分布和长势，培养树冠骨架。拉枝也能削弱大枝长势，促进花芽分化和结果。

（8）扭梢和揉梢。新抽生直立枝、竞争枝或向内生长的临时性枝条，在半木质化时，于基部 3~5cm 处，用手指捏紧，旋转 180°，伤及木质部及皮层的称扭梢。用手将新梢从基部至顶部进行揉搓，只伤形成层，不伤木质部的称揉梢。扭梢、揉梢都是损伤枝梢，其作用是阻碍养分运输，缓和生长，促进花芽分化，提高坐果率。扭梢、揉梢，全年可进行，以生长季最宜，寒冬盛夏不宜进行。此外，时间不同，效果也不同；春季保花保果；夏季可促发早秋梢，缓和营养生长，促进开花结果；秋季可削弱植株的营养生长，积累养分，促进花芽分化，有利来年丰产。

（9）环割。用刀割断大枝或侧枝皮部一周或几周称环割。环割只割断韧皮部，不伤木质部，起暂时阻止养分下流，使碳水化合物在枝叶中高浓度积累，以改变上部枝叶养分和激素平衡，促使花芽分化或保证幼果的发育，提高坐果率。

环割促花主要用于幼树或适龄不开花的壮树，也可用于徒长性枝条。中亚热带在 9 月中旬至 10 月下旬。南亚热带在 12 月下旬前后，在较强的大枝、侧枝基部环割 1~2 圈。保果则在谢花后，在结果较多的小枝群上进行环割。

（10）断根。秋季将生长旺盛的强树，挖开树冠滴水线处土层，切断 1~2cm 粗的大根或侧根，削平伤口，施肥覆土称断根。断根能暂时减少根系吸收，从而限制地上部生长势，有利于促进开花结果。断根也可用于根系衰退的树再更新根系。

（11）刻伤。幼树整形，树冠空缺处缺少主枝时，可在春季芽萌动前于空缺处选择一个隐芽，在芽的上方横刻一刀，深达木质部，有促进隐芽萌发的效果。在小老树或衰弱树主杆或大枝上纵刻 1~3 刀，深达木质部，可促进弱树生长。

（12）疏花疏果。春、夏季对过多的花蕾和幼果，分期摘除，以节省树体养分、壮果促梢和提高果实质量。

整形修剪时期。绿色食品柑橘整形修剪在什么时期进行？绿色食品柑橘整形从苗圃开始，逐年造型，并在以后不断维持和调整树冠骨架。修剪在一年中均可进行，但在不同时期的生态条件和树体营养代谢以及器官生理状态不同，修剪的反应也有异。通常修剪分冬季修剪和生长期修剪。

A. 冬季修剪。采果后至春季萌芽前进行的修剪。冬季无冻害的绿色食品柑橘产区，修剪越早，效果越好。有冻害的产区，可在春季气温回升转暖后至春梢抽生前进行。更新复壮的老树、弱树和重剪促梢的树也可在春梢萌芽抽发时回缩修剪，新梢抽生多而壮以达到好的复壮效果。

B. 生长期修剪。指春梢抽生后至采果前整个生长期的各项修剪处理。这时生长旺盛，修剪反应快，生长量大，对促进结果母枝生长，提高坐果率，促进花芽分化，延长丰产年限，复壮更新树势，效果均明显。生长期不同季节的修剪又可分为：

①春季修剪。春梢抽生现蕾后进行复剪、疏梢、疏蕾等，以调节春梢和花蕾、幼果的数量比例，防止春梢过旺生长而增加落花落果。此外，疏去部分强旺春梢，也可减少高温异常落果。

②夏季修剪。初夏第二次生理落果前后的修剪。包括幼树抹芽放梢培育骨干枝；结果树抹夏梢保果、长梢摘心、老树更新，以及拉枝、扭梢、揉梢等促花和疏果措施，达到保果、复壮和维持长势等。

③秋季修剪。是指定果后的修剪，主要是适时放梢、夏梢秋短等培育成花母枝以及环割、断根等促进花芽分化和继续疏多余的果实，调整大小年产量，提高果实品质。

绿色食品柑橘树体结构。绿色食品柑橘树体结构分别由地上部的主杆、中心主杆、主枝和地下部主根、侧根和须根等组成。主杆和中心主杆、主枝等骨干枝是永久性的树体骨架。骨干枝上的枝组、小枝等要不断更新，为非永久性枝梢。

（1）主杆。自根茎至第一主枝分枝点的部分叫主杆，是树冠骨架枝干的主轴，上连树冠，下通根系，是树体上下交流的枢纽。主杆的高度叫杆高。

（2）骨干枝。构成树冠的永久性大枝称骨干枝。可分为：

①中心主杆：主杆以上逐年延伸向上生长的中心大枝。

②主枝：由中心主杆上抽生培育出的大枝，从下向上依次排列称第一主枝、第二主枝，是树冠的主要骨架枝，主枝不宜太多，以免树冠内部、下部光照不良。

③副主枝：在主杆上选育配置的大枝，每个主枝可配2~4个副主枝。

④侧枝：着生在副主枝上的大枝或大枝上暂时留用的大枝，起支撑枝组和叶片、花果的作用。

（3）枝组。着生在侧枝或副主枝上，5年以内的各级小枝组成的枝梢群称为枝组（也称枝序、枝群），是树冠绿叶层的组成部分。

绿色食品柑橘的优良树形。绿色食品柑橘的各种树形是由树体骨干枝的配置和调整形成的。树形须适应品种、砧木的生长特性和栽培管理方法等的要求。

绿色食品柑橘的树形可分为有中心主杆和无中心主杆两类。

有中心主杆形：多在主杆上按树形规范培育若干主枝、副主枝，如变则主杆形。无中心主杆形：一般在主杆或中心主杆主枝上培育几个主枝，主枝之间没有从属关系，比较集中，使中心主杆不甚明显，如自然开心形、多主枝放射形。

（1）变则主杆形。杆高30~50cm，选留中心主杆，配置主枝5~6个，主枝间距30~50cm，分枝角45°左右，主枝间分布均匀或有层次；各主枝上配置副主枝或侧枝 3~4 个，分枝角 40° 左右，变则主杆形适宜于橙类、柚类、柠檬类。

（2）自然开心形。杆高 20~40cm，主枝 3~4 个，在主杆上的分布错落有致。主枝分枝角 30°~50°，各主枝上配置副主枝 2~3 个，一般在第三主枝形成后，即将中心主杆剪除或扭向一边做结果枝组，自然开心形适宜于温州蜜柑等。

（3）多主枝放射形。杆高 20~30cm，无中心主杆。在主杆上直接配置主枝 4~6 个，对主枝摘心或短截后，大多发生双权分枝成为次级主枝。对各级骨干枝均可采用短截、摘心、拉枝等方法，使树冠呈放射状向外延伸。多主枝放射形适宜于丛生性较强的桩柑等。

合理变则主杆树形的培养方法。变则主杆形的整形是通过对中心主杆和各级主枝的选择和剪截处理而完成。

主杆的培养：在嫁接苗夏梢停止生长时，自 30~50cm 处短截，扶正苗木，这是定杆。

中心主杆的培养：定杆后，通常可抽发 5~6 个分枝，其中顶端一枝较为直立和强旺，可选作中心主杆的延长枝，冬剪时对延长枝进行中度或重度短截，以保持延长枝的生长势。在短截延长枝时应通过剪口芽来调整其延伸的角度和方向，必要时可用支柱将中心主杆延长枝固定扶正，并将一些影响其正常生长的枝梢，如密弱枝、徒长枝疏除，以集中养分供应延长枝。

主枝培养：中心主杆延长枝被短截处理后，一般会抽生 5~6 个分枝，应根据其着生和位置，选择符合主枝配置条件的分枝作为主枝延长枝，进行中度和重度短截。如生长偏弱，需较重短截；如偏旺则轻度短截。通过剪口芽方位的选择也可调节主枝延长枝的方向或分枝角度，还可通过撑、拉、吊等措施调整其分枝角度和生长势。主枝选定后，每年从短截后抽生的新梢中选择生长旺盛，生长方向与主枝延长枝方向最为一致的分枝作为主枝延长枝，进行中度至重度短截，并通过剪口芽调整延长方向，通过短截轻重调节其生长势。当多个主枝确定后，还应兼顾相互之间在间距、方位和生长势等方面的协调和平衡，可采取多种修剪方式扶弱抑强。对延长枝附近的密生枝应适当疏剪，对其余分枝尽量保留，长放不剪，若出现直立向上的强旺枝或徒长枝时，应尽力剪除。

副主枝的培养：在第一主枝距中心主杆 40~50cm 处配置第一副主枝。以后各主枝的第一副主枝距中心主杆的距高应酌情减小。每主枝上可配置 3~4 个副主枝。分枝角 40° 左右，交错排列在主枝的两侧。副主枝之间间距 30cm 左右。

枝组的培养和内膛辅养枝的蓄留：对着生在副主枝、主枝及中心主杆上的各分枝进行摘心或轻度短截，会促发一些分枝，再进行摘心和轻度短截即可形成枝组，并使其尽快缓和长势，以利其开花结果。枝组结果后再及时回缩处理，更新复壮。在主枝或副主枝上，甚至在中心主杆上还会有一些弱枝，应尽量保留，使其自然生长和分枝。

延迟开心：在培养成 5~6 个主枝后，应对中心主杆延长枝进行回缩和疏剪，使植株上部开心，将光照引入内膛，同时树体向上的生长也得到缓和和控制。随着树冠的不断扩大，当相邻植株互相交叉时，也应对主枝延长枝回缩或疏剪，以免树冠交叉郁闭。

自然开心形树形的培养方法。自然开心形的培养，与变则主杆形第三主枝以下部位的配置基本一致，只是定杆稍矮。

（1）主杆与主枝培养：嫁接苗定杆高度 20~40cm，以后按变则主杆形的培养方法，配置三个主枝，主枝间的间距 20~30cm。

（2）及时开心：在第三主枝形成后，及时将原有的中心主杆延长枝从第三主枝处剪除，或做扭梢处理倒向一边，留作结果母枝，避免对中心主杆延长枝疏剪太迟，损伤树势。

（3）侧枝与枝组的培养：可在主枝上直接配置侧枝，侧枝在主枝上的位置应呈下大上小的排列，相互错开。可在主枝、侧枝上配置更多的枝组，但要求分布均匀，彼此不影响光照。当植株开心后，骨干枝极易产生萌蘖而抽发徒长枝，对扰乱树形的要及时疏除，对有用的旺枝要采用拉枝、扭梢、环割等抑制其生长势，使其结果后再剪除。

初结果柑橘树的修剪方法。从柑橘幼树结果至盛果期前的树称初结果树。此时树冠仍在扩大，生长势仍较强，为尽快培育树冠，提高产量，修剪仍以结合整形的轻剪为主。及时回缩衰退枝组，防止枝梢未老先衰。注意培育优良的结果母枝，保持每年有足够花量。随着树龄、产量的增加，修剪量也逐年增加。

（1）抹芽放梢。多次抹除全部夏梢，适时放出秋梢，培育优良的结果母枝。注意在放梢前应施秋肥，以保证秋梢健壮生长。

（2）继续对延长枝短截结合培育树形。继续短截培育延长枝条，使树冠达到计划大时为止，让其结果后再回缩修剪。同时，继续配置侧枝和枝组。

（3）继续对夏秋梢摘心，并对已经长成的夏梢进行秋季短截，促进抽生秋梢母枝。

（4）短截结果枝和落花落果枝。结果枝和落花落果枝在冬季应短截 1/3~2/3，强枝轻短，弱枝重短或者疏剪，使来年抽生强壮的春梢和秋梢，成为来年良好的母枝。

（5）疏剪郁闭枝。结果初期，树势强的疏剪强枝；长势相似的疏剪直立枝。进入丰产期时，外围大枝较密，可适当疏剪部分 2~3 年生大枝，以改善树冠内膛光照。树冠内部和下部纤弱枝多，应疏剪部分弱枝，短截部分强壮的枝条。

（6）夏、秋梢母枝的处理。冬季修剪时，可采用"短强、留中、疏弱"的方法，短截三分之一的强夏、秋梢，保留春段或基部 2~3 个芽，使抽生营养枝；保留约三分之一的生长势中等的夏、秋梢，供开花结果；剪除三分之一左右较弱的夏、秋梢，以减少母枝数量和花量，节省树体营养。

（7）环割与断根控水促花。幼树树势强旺，成花很少或不开花，成为适龄不结果树，应在投产前 1 年或旺盛生长结果很少的年份，以及结果稍多，预计来年花量不足的健壮树进行大枝或侧枝环割，或进行断根控水处理，促进花芽分化。

盛果期柑橘树的修剪方法。盛果期树体修剪的主要目的是：及时更新枝组，培育结果母枝，保持营养枝和花枝的一定比例，延长丰产年限。因此，夏季采取抹芽、摘心，冬季采取疏剪、回缩相结合等措施，逐年增加修剪量、及时更新衰退枝组，并保持梢、果生长相对平衡，以防大小年结果的出现。

（1）枝组轮换压缩修剪：柑橘植株丰产后，其结果枝容易衰退，每年可选三分之一左右的结果枝组从枝段下部短截，剪口保留当年生枝，并短截 1/3~1/2，使其抽生较强的春梢和夏梢，形成强壮的更新枝组。也可在春梢萌动时，将衰退枝组短截回缩，留 7~8cm 枝桩，待来年抽生春梢，其中较强的春梢陆续抽生夏、秋梢，使枝组得以更新，2~3年即可开花结果。全树每年轮流交替回缩一批枝组复壮，保留一批枝组结果，使树冠紧凑，且能缓慢扩大。

（2）培育结果母枝：抽生较长的春、夏梢留8~10片叶尽早摘心，促发秋梢。夏季对坐果过多的大树，回缩一批结果枝组，也可抽发一批秋梢。

（3）结果枝组的修剪：采果后对一些分枝较多的结果枝组，应适当疏剪弱枝，并缩剪先端衰退部分。较强壮的枝组，只缩剪先端和下垂衰弱部分。已衰退纤弱无结果价值的枝组，可缩剪至有健壮分枝处。所有剪口枝的延长枝均要短剪，不使开花，只抽营养枝，以更新复壮枝组。

对于夏、秋梢结果较多的母枝，采果后母枝较弱时，冬季可自健壮分枝处短截或全部疏剪。若全树结果较多，也可在夏季留5~7cm长桩短截，使剪口处隐芽抽发秋梢，形成交替轮换结果。

叶片健全，生长充实可以再抽梢的枝只剪去果把，促使继续抽生强壮枝，复壮枝组。

（4）下垂枝和辅养枝的修剪：树冠扩大后，其内部、下部留下的辅养枝光照不足，结果后枝条衰退，可逐年剪除和更新。结果枝群中的下垂枝，结果后下垂部分更易衰弱，可逐年剪去先端下垂部分，抬高枝群位置，使其继续结果，直至整个大枝衰退至无利用价值，自基部剪除。

大年结果树的修剪方法。绿色食品柑橘树进入盛果期后，结果过多时，会使来年结果少而形成大小年结果现象。

大年树修剪是指大年结果前的冬季修剪和早春夏剪，以及开花后的夏、秋修剪。其修剪要点：一是疏剪密弱枝、交叉枝、病虫枝；二是回缩衰退枝组和落花落果枝组；三是疏剪树冠上部、中部郁闭大枝，改善光照；四是短截夏、秋梢母枝，采用疏弱、短强、留中的措施，以减少花量，促抽营养枝。大小年产量差幅很大时，可多短截、少留上年旺长夏梢，剪除较多花量结果母枝，反之，可适当少短截；五是7月短截部分结果枝组、落花落果枝组，促抽秋梢，增加小年结果母枝；六是第二次生理落果结束后，分期进行疏果，先疏除发育不良、畸形、密生等劣质果，以后逐渐疏去分布过密的小果，最终按照品种要求的叶果比留果定产；七是坐果略多的大年树，进行环割促花，以增加小年的花量。但坐果太多，营养不足的树，不宜环割；八是结合秋季施肥进行断根、控水等促使花芽分化；九是根据树冠夏、秋梢母枝多少、当年产量多少、秋季气温高低和日照多少等，预测第二年花量过大的树，冬季至早春对树冠喷施1.8%高效植株调节剂爱多收6000倍液，控花促发营养枝。

小年结果树的修剪方法。小年树修剪是指大年树采果后的修剪。小年树树势弱，成花母枝少，修剪最好在春芽萌发至现蕾期进行。

修剪要点：一是尽量保留成花母枝，凡大年未开花的强夏、秋梢和内膛的弱春梢营养枝，应全部保留；二是短截疏剪树冠外围的衰弱枝组和结果后的夏、秋梢结果母枝，注意选留剪口饱满芽，更新枝群；三是开花前进行复剪，花后进行夏季修剪，疏去未开花坐果的衰弱枝群，使树冠通风透光，枝梢健壮，果实增大，产量提高；四是抹除夏梢，减少生理落果；五是采果后冬季重回缩，疏剪交叉枝和衰退枝组，对树冠内膛枝也适当短截复壮。

成年旺长树的修剪方法。有些柑橘树长势强旺，适龄而不开花。枝梢旺长的原因主要有砧穗组合不当或施肥不当等造成的，改造这类树，应适当控制氮肥施用，增加磷、钾肥的用量，配合修剪，促使营养生长向生殖生长转化。修剪技术上采用多疏剪，少短截。要点是：一是品种不良的，可进行高接，更换品种；二是疏剪部分强枝。生长较旺的树冠不宜短截，也不能一次疏剪过重，以免抽发更多的强枝；三是抑制主根旺长，春季枝梢萌发期，将主根下部20cm的土壤掘出，以木凿沿主根周围刻伤韧皮部，削弱根系生长，相应减弱树冠枝梢旺长；四是保花保果，采用少数成花母枝、拉枝、大枝环削、断根控水等措施，促使花芽分化，开花后抹除强春梢和全部夏梢保果，逐步实现梢果平衡，转入丰产稳产。

树冠郁闭橘园的修剪方法。对于计划密植郁闭的柑橘园，应采取及时疏株间伐，结合回缩疏剪措施处理。其技术要点：一是疏剪顶部密生枝；二是冬剪时短截部分一年生枝，促发营养枝，充实树冠叶绿层；三是逐年缩剪非永久（间伐）树；四是疏株间伐后，永久树按丰产稳产树修剪。

落叶严重橘树的修剪方法。由于病虫害或其他原因，树体落叶后枝梢衰弱。落叶柑橘树的修剪宜在春梢萌芽时进行，并配合勤施薄施肥料和土壤覆盖，效果更好。其主要技术：一是当枝梢局部落叶时短截无叶部分；二是枝组、侧枝或全部落叶的，重剪落叶枝，疏剪和回缩落叶枝组和枝梢，集中养分供应留树枝梢生长；三是剪除密集、交叉、直立和位置不当的无叶小枝和枝组，留下的枝梢进行短截，促发更新枝梢；四是尽量保留没有落叶的枝和叶片；五是现蕾时及早摘除花蕾，疏除全部幼果。

衰老柑橘树的更新修剪技术。结果多年的老树，树势衰弱，若主杆大枝尚好，具继续结果能力的，可在树冠更新前一年7~8月份进行断根、压埋绿肥、生物有机肥，先更新根系。于春芽萌动时，视树势衰退情况，进行不同程度更新修剪，促发隐芽抽生，恢复树势，延长结果年限。

（1）局部更新。结果树开始衰老，部分枝群衰退，尚有部分结果的，可在3年内每年轮换三分之一侧枝和小枝组，剪去先端1/3~3/4，保留基部一段，促抽新侧枝，更新树冠。轮换更新期，尚有一定产量，彼此遮阴不易受日灼伤害，三年全树更新完毕。

（2）中度更新。树势中度衰弱的老树，结合整形，在5~6级枝上，距分枝点20cm处缩剪或锯除。剪除全部侧枝和3~5年生小枝组，调整骨架枝，维持中心主杆、主枝和副主枝等从属关系。删去多余主枝、重叠枝、交叉枝。

（3）重度更新。树势严重衰退的老树，可在距地面80~100cm高处3~5级骨干大枝上，选主枝完好、角度适中的部位锯除，剪口要削平并涂蜡保护。枝干用石灰水刷白，防止日灼。新梢萌发后，抹芽1~2次放梢，逐年疏除位置过密和位置不当的枝条。每段枝留2~3条新梢，过长的应摘心，重新培育成树冠骨架，第三年即可恢复结果。

大苑移栽柑橘的修剪方法。柑橘计划密植园疏株移栽、果园缺株补植树，常需移栽大树。移栽取树时应根据挖根所带土球大小相应回缩树冠，如不带土移栽，应自主枝或主杆锯除树枝，不带叶片。根系挖掘出土后，栽植时应用天达2116壮苗灵1000倍液或1.8%高效植物调节剂爱多收5000倍液浸根或灌根，提高成活率，移栽后用竹竿三角形固定树体。2~3年树冠恢复后，可在侧枝上进行环割促花，以达到尽快投产的目的。

遭受冻害柑橘树的修剪方法。受冻害的橘树，应根据受冻程度进行修剪。其技术要点：一是推迟修剪，冻害树在早春气温回升后，受冻枝干还会继续向下部干枯，同时抽生春梢的时期也略有推迟。最好等干枯结束后春梢萌芽时，缩剪干枯枝干，冻害落叶未干枯的枝条，应保留让其抽梢；二是减少花量保留枝叶，受冻枝条花质差，坐果少，修剪中宜多疏剪弱枝，短截强枝，促使少开花，多抽枝，恢复树势。有叶枝梢可保留结果；三是冻害树剪的伤口大，应用刀削平伤口，用薄膜包扎或涂蜡。受冻柑橘树易暴发树脂病、炭疽病，应及早喷药防治。

甜橙树的修剪方法。绿色食品甜橙树生长势较强，树冠内外着果，丰产前期春梢、夏梢和秋梢均能成为成花母枝，后期多以健壮的春梢为母枝。修剪时应掌握树强弱枝结果，树弱强枝稳果，去密留稀，去阴留阳的原则，多疏剪、短截外围衰退枝组，改善树冠内部光照，每年注意培育成花母枝，内膛健壮的枝梢要多保留，并逐年更新。

夏橙树的修剪方法。绿色食品夏橙树长势强，果实在树上越冬并与来年春梢和花果并存，因此，要选对修的时期，结果少的冬季进行修剪，缩剪衰退枝组，结果多时，在采果后再进行夏季修，疏除和短截衰退结果核组，短截当年落花落果核，对夏橙新生系品种，长势强旺，枝长叶大、多刺的树剪除量应小，多用拉枝、环割等方法促花。

脐橙树的修剪方法。绿色食品脐橙品种多数长势较弱，枝梢细短，多丛生，花量大，内膛着果率较高，修剪中注意多留枝叶，增加绿叶数，防止树干和果实日灼；多就剪纤弱枝、丛生枝，短截衰退结果枝组和落花落果接组，配合疏花疏果、保果等措施效果较好。

温州蜜柑树的修剪方法。绿色食品温州蜜柑多数品种营养生长旺盛，抽梢长，易披垂。枝梢中下部芽萌发弱，易使树冠内膛光秃。春、夏、秋梢都能开花结果，花量大，上部向阳果实易受日灼。幼树结合整形采用长梢摘心，延长核短截，中心主枝立支柱扶直等，防止枝梢披垂。结果后，主要短截或缩剪结果枝组和落花落果母枝，培养剪口枝更新复壮，由于发枝力弱，疏、短应轻，多保留各种枝梢，弱枝也短截更新，且尽量利用下垂枝结果，花期、幼果期多阴雨或高温产区，要及早抹除树冠上部部分春销及叶片较多的花枝，并采取保果措施，尽量抹除夏梢，稳果后若果实较多，可按25∶1的叶果比疏果。

红橘和椪柑树的修剪方法。绿色食品红橘、椪柑树势较强，枝梢较直立，幼树整形时应拉枝增大开张角度。外围结果多，宜疏剪内部密弱枝，短缩结果母枝，幼树要多保留内部小枝，不宜"空膛"，7月以前夏剪，能促发早秋梢，结果过多时要分期疏果。

本地早柑橘树的修剪方法。绿色食品本地早分枝多，枝叶较茂盛，细弱枝虽能开花，但坐果率低。修剪时宜修剪细弱枝，保留中、强枝抽梢结果，夏梢要及时摘心和短截，夏、秋梢抽生较多时，应去弱留强，每个母枝保留1~3枝，有叶的落花落果枝宜保留，落叶枝和衰弱枝应疏除。

柚树的修剪方法。柚树的生长势旺盛，以内膛枝及无叶枝坐果好，故枝组内下垂枝和内膛弱春梢均应保留，只疏剪外围强枝。同时，回缩侧枝开天窗，以增加内膛光照。

柠檬树的修剪方法。绿色食品柠檬幼树和初结果树生长旺，易抽生长枝和徒长枝。树冠上部强枝多，常造成下部郁闭。柠檬一年多次开花，各季枝梢老熟后均能开花，修剪主要是对各季长梢摘心，及时抹除密生或位置不当的强梢和徒长枝，冬季修剪顶部强枝，夏季抹芽放梢保果。春果受损时，及时施肥、拉枝，促开夏花结果，以弥补当年产量。采后回缩衰退结果枝组。

金柑树的修剪要点。绿色食品金柑树冠较紧凑，枝梢短而细密，一年多次开花，以当年春梢为母枝，夏季开花结果为主。金柑的花果多在母枝顶端。金柑幼树整形时应加大主枝角度。春梢萌动时，重短截前一年的所有枝条或枝组，促发多而健壮的春梢母枝。如春梢上抽生的秋梢不充实，在冬剪时全部剪除，仅留基部春梢段。春梢过旺要在自剪后进行环割促花。

柑橘树的修剪顺序和要求。一是修剪时先观察全树骨干枝配置、长势和结果情况，并决定剪除量；二是以主枝为单位，先修剪大枝，后修剪中等枝，再处理枝组和小枝；三是修剪从下到上，从内到外，先剪交叉枝、重叠枝，后剪枝组和小枝；四是及时处理较大的剪口，削平、涂蜡、包扎，保护好伤口，以促使尽快愈合。

十一、绿色食品柑橘花果管理技术

在讨论柑橘花果管理之前，我们首先要了解柑橘叶片的光合效能变化与养分的关系。绿色食品柑橘植株是光合效能低的植株，在最适条件下，甜橙、柠檬、温州蜜柑的最高饱和光量为30000~40000勒克斯，最适叶温为15℃~30℃，温度过高过低，光合效能均降低。

有研究成果表明，每制成一份干物质需消耗300~500份水分。当大气干燥时，最适合光合作用的叶温局限在15℃~20℃，效能较低；而在大气湿润条件下，最适于光合作用的叶温可高至25~35℃，净光合作用仍没有变化；叶温高达35℃时，光合效能才降低。因此在土壤干旱而又高温干燥情况下，空中喷洒或土壤灌溉都能有效提高光合效能，有利养分的积累。

柑橘新叶的光合效能随叶龄增加而增加，达到成熟后光合效能保持高峰，直至入冬前下降。2年生老叶，在4月开始，光合作用上升，至5月达到高峰。而后维持这一水平，但整个生长期光合效能不如新叶。一般是夏季光合效能比冬季高，上午比下午高，晴天比雨天高，但多云天气比晴天稍高。阳生叶以叶面能避免直射光，阴生叶以叶面能受到更多直射光，其叶片光合效能高，因为，柑橘对漫射光和弱光利用率高。柑橘的光补偿点低，温州蜜柑为1300勒克斯，甜橙和柠檬在20℃和30℃时分别为1345.5勒克斯和4036.5勒克斯。但华盛顿脐橙和温州蜜柑均较喜光。

柑橘叶片是贮藏有机养分的重要器官，叶片中贮藏全树氮素的40%以上，又贮藏大量的碳水化合物。叶片的健康状况，能明显反映树体生理状况和矿质营养状况。在生产上，特别是冬季要注意保叶，避免不正常落叶，影响来年产量，了解橘叶片的光合效能变化与养分的关系对指导柑橘生产实践，特别是柑橘花果管理具有非常重要意义。

1. 柑橘花果管理的主要内容

绿色食品柑橘的花果管理包括：促花控花、保花保果、疏花疏果等内容。绿色食品柑橘花果管理重点以提高果实的外观和内在品质为目的而实施的相关管理措施。

2. 柑橘的主要促花措施

柑橘的实生树较难成花，常说："桃三李四柑八年"，是指相橘实生树8年才能开花结果，嫁接树通常2~4年就可开花结果，但因受砧木、接穗品种、生态条件和栽培管理等影响，有时迟迟不开花，或成花很少。对出现的此类现象常采用控水、环剂或环剥、箍干、扭枝、圈枝与摘心、合理施肥和药剂喷洒等措施进行促花。

3. 控水促花与控水技术

生态条件对柑橘成花的影响主要表现在温度和水分两个方面。柑橘在热带和南亚热带，一年四季均可生长或开多次花。

柑橘开花的基础是花芽分化，只要具备停止生长有一定时间，树体内积累的养分充足，环境中的温度和水分适宜均能使花芽分化并开花。通常低温和干旱是诱导柑橘花芽分化的主要条件。

冬季低温期长，有利于花芽分化；冬季温暖则不利于花芽分化。

而在热带和南亚热带，冬季缺少低温条件，干旱则成为诱导花芽分化的主要因子。由于温度难以调控，水分则相对较易控制，故常采用控水的方法来促进柑橘花芽分化。

对生长势太旺或其他原因不易成花的柑橘植株，采用控水促花的措施，一般能达到好的效果。具体方法：在9月下旬至12月份，将树盘周围上层土壤扒开，挖土露根，使上层水平根外露，且视降雨和气温情况露根1~2个月后覆土。春梢萌芽前15~20天，每株施尿素200~300g加生物有机肥1000~1500g，叶面喷施天达2116果树型800~1000倍液。

必须注意的是这种控水措施只适用于暖冬，柑橘无冻害的热带或南亚热带；冬季温度低的产区，可利用秋冬少雨、空气湿度低的特点，不扒开树盘上层土，不灌水使整个橘园保持适度干旱，中午叶片轻度萎蔫及部分老叶脱落。这种控水时间长短及控水程度应根据气温确定：气温低，时间宜短，反之气温高，则时同长，一般 1~2 个月，值得注意的是，冻害的产生是由于叶肉水分结冰形成生理性缺水而加剧树体干旱。同时，土壤太干旱也不利于土壤保持热量，从而加剧冻害，因此冻害天气来临前宜适度灌水。

4. 环割或环剥促花技术

环割或环剥均能阻止光合产物向根系流动，提高枝叶中的糖分积累，从而促进柑橘的花芽分化，增加花量，尤其对生长旺盛的植株有效。不足之处是大部分品种经环割后易引起不正常落叶，加之环割所形成的花质普遍较差，畸形花比例高，会出现开花不结实的现象。对诸如花少，迟花的红橘砧柑橘，长势太旺的桃叶橙、椪柑、柠檬等品种，适时适度环割或环剥可基本克服落叶之不足，有利于结果、丰产。其和要技术要点是：

（1）把握时间：一般在柑橘花芽生理分化开始后约 1 个月进行。

长江流域产区在 9 月上旬至 10 月下旬。应选生长势强的植株或枝组。幼树生长弱的树枝或枝组，以及病弱树不宜采用。

（2）环割方法：用锋利的刀具在植株的主枝、侧枝或枝组上环割 1~3 圈，圈距 2~6cm，深度以达木质部为宜，尽量不伤及木质部。也可采用半圈错位环割法，即在枝干上某一部位环割半圈后，再在距割口 4~6cm，枝干的另一侧再割半圈，最多可在枝干的两侧各割 2~3 个半圈。一般每株保留 1~2 个主枝或若干个枝群不作环割。

（3）环剥方法：在枝干上环切两刀，将中间皮层剥离，露出木质部。环剥有包膜环剥和普通环剥两种。前者是指将皮层剥离，不伤及露出的木质部表面，剥后将剥口用薄膜包扎保湿；后者是指剥皮后不作任何处理。包膜环剥因再生和皮层是从露外的木质部表面的木射线分裂分化而来，剥口愈合快慢主要取决于枝组的长势和环境温度，与剥口的宽度关系不大，包膜环剥的剥口宽度在 0.5~2cm 之间，几乎同时愈合。普通环剥由于皮层剥离后不作任何处理，再生的皮层只能靠两端形成层细胞分裂分化而形成，其剥口的愈合比包膜环剥慢，且与剥口皮宽度密切相关，如果剥口太宽，可能在冬季低温来临之前伤口仍不愈合，冬季严重落叶，甚至枯枝死树。剥口的愈合不仅与枝干大小有关，而且也与树势的强弱和环剥后的气温密切相关。环剥促花生产上较少采用，非用不可的，可采用包膜环剥，其环剥的宽度以 0.3~0.5cm 为宜。

（4）注意事项：洗净刀具，用漂白粉或酒精消毒，以免病毒传播；加强肥水管理，保持树势强健。选晴天进行，如环割、环剥后阴雨连绵，应用 30%悬浮剂戊唑·多菌灵龙灯福连 1000 倍液或 99%恶德灵杀菌剂 3000 倍液保护伤口。

5. 箍杆促花芽分化技术

箍杆又称扎杆，其促花原理和环割、环剥相同。箍干是通过紧箍在枝干上的铁丝挤压韧皮部筛管等输导组织，使之部分损伤，破碎或细胞腔变小，从而阻止光合产物向根系转移。箍杆也会引起落叶等不良反应，但比环削、环剥轻，效果相同。时间和适宜的范围与环割、环剥相同。

方法：通常选主干或主枝箍干，在主干或主枝的光滑处，用直径1~2mm的铁丝箍一圈,以紧箍而铁丝未陷入皮层为度,箍后30~40天解除铁丝,也有到来年春季解除铁丝的。因箍杆也会落叶,通常先行试验,后再实施为宜。

6. 扭枝、圈枝和摘心促进花芽分化

扭枝、圈枝与摘心多用于生长强旺的夏、秋梢徒长枝的促花措施,扭枝、圈枝和摘心是促进花芽分化的有效措施,尤其对温州蜜柑、脐橙等品种,在夏梢和早秋梢徒长枝促使其开花结果作用明显。

(1)扭枝:在徒长枝停止生长,叶片完全转绿后至柑橘花芽开始生理分化时均可进行,方法是在枝条的基部扭转180°,使之下垂,注意扭枝尽量靠近枝条基部,若在枝条中下部会导致枝下方部位萌芽。

(2)圈枝:将徒长枝向下拉弯成半圆形,与下方的枝条交叉,交叉部位用薄膜带或其他绳索绑缚。1~2月份枝条木质部硬化后,枝条自然弯曲成形。此时,可解去薄膜带等绑缚。对较长又柔软的徒长枝,可直接弯成一圈,梢尖向上,交叉处绑缚固定,定形后再去除绑缚。

(3)摘心:在新梢生长达20~25cm时,将新梢顶芽摘除。阻止新梢进一步生长。摘心促花只对生长较旺的早秋梢有效果。此外,拉枝、揉枝也对花芽分化有促进作用。

7. 合理施肥促花芽分化技术

施肥是影响花芽分化的重要因子,进入结果期末开花或花不多的柑橘园,多半与施肥不当有关。柑橘花芽分化需要氮磷钾等营养元素,但氮过量会抑制花芽分化的形成,尤其是大量施用尿素,使营养生长与生殖生长失去平衡,导致花芽分化受阻氮肥缺乏也会影响花芽分化。重施磷肥可提早柑橘类的幼树开花，在柑橘花芽生理分化期，喷施磷肥能促进花芽分化，增加花量，对壮旺树效果尤为明显。钾对花芽分化的影响不像氮磷明显，轻度缺时花量稍减，过量缺乏也会严重少花。中微量元素缺乏也易导致畸形花增多。所以，合理施肥，注意大量元素与中微量元素相结合，生物有机肥与无机肥相结合，特别是秋季采果肥对来年柑橘花量和花质均有明显影响。采果肥应在 10 月至 11 月底以前施为好。因花芽分化一般从 8~10 月开始，及时补充营养有利于花芽分化。此外，叶色浓绿或结果量多的要适当增加磷、钾肥的比例，树势衰弱的要增施氮肥。早熟品种和结果少的不采取采前施肥，晚熟品种、弱树最好采前施肥。

8. 药剂促花保果技术

柑橘花芽分化与树体内激素的调控密切相关。就果树而言，在花芽生理分化阶段，树体内较高浓度的赤霉素对花芽分化有明显的抑制作用，而此时，低浓度的赤霉素有利于花芽分化。脱落酸的作用与赤霉素相反，浓度高时促进花芽分化，低时不利于花芽分化，据此原理，柑橘用药剂促花的措施，主要通过抑制树体内赤霉素合成或破坏赤霉素结构来实现。

生产实践证明：应用不含激素的 1.8% 高效植物调节剂爱多收 4000~5000 倍液或天达 2116 果树型 800~1000 倍液，能有效促进柑橘花芽分化，对柑橘所有品种均有良好的促花作用。使用时期在柑橘花芽生理分化至生理分化后 3 个月内，即 8~12 月份，一般连续喷 2~3 次，每次间隔 15~25 天。

植物生长调节剂在绿色食品柑橘上应用应遵循：绿色食品柑橘允许有限度地使用能改善树体生长状况、提高果实产量、改善品质、对环境和人体无害的不含激素类的植物生长调节剂的原则。

允许使用的植物生长调节剂及技术要求，主要种类有：复硝酚钠（去除2.4二硝基苯酚成分的产品）、苄基嘌呤·6-苄基腺嘌呤、矮壮素等。应恪守的技术要求是：严格按照规定的浓度、使用时期、安全间隔期使用。

禁止使用的植物调节剂：比久、萘乙酸、2.4-二氯氧乙酸（2.4-D）、2.4二硝基苯酚钠等。

乱用激素类调节剂会导致：一是削弱树体抗病能力。乱用激素使柑橘树短期内不正常的旺长，出现"虚胖"现象，树体抵抗能力下降，病菌乘虚而入，增加病害发生率。二是降低果实品质。在果实生长期乱用激素，如同"瘦子打肿脸充胖子"，果实的确变大了，但粗皮大果，口感变差，不化渣，很难卖个好价钱。三是缩短柑橘树挂果年限。乱用激素如同"吸毒"，短期令树体生长变得非常旺盛，根系吸收养分的速度无法满足生长需要，而将树干贮藏的养分转运到生长点满足生长需要，造成树体"体能"严重透支，使柑橘树早衰，大大缩短挂果年限。四是缩短果实的贮藏保鲜期，果实不耐运输。用激素的果实，果皮很脆、果肉疏松、易腐烂、保鲜期大大缩短。

9. 适度控花的好处与技术措施

柑橘花量过大，消耗树体大量养分，结果过多使果实变小，特别是椪柑、脐橙品种，结果过多造成来年花量不足，而出现大小年结果现象。通过控花可使开花量适度，结果合理，控花措施主要是通过修剪来解决。

修剪控花的原理：减少结果母枝的数量，减少结果果枝，增加营养枝。

主要修剪方法：冬季修剪时，对来年花量过大的植株，剪除部分结果母枝或短截部分结果母枝，使之来年萌发营养枝。甜橙和宽皮柑橘的成年结果树，多数情况下春梢依然是主要的结果母枝，弱春梢往往是弱结果母枝，可剪去 3 片叶以下的弱春梢。4~6 片叶的春梢是较好的结果母枝，若量大也应剪除部分，常采取"三剪一、五剪二"的修剪方法。6 叶以上的强春梢，通常生长势较强，不易成为结果母枝，可保留作预备枝。成年结果树，早秋梢是好的结果母枝，3 枝以上的可疏一留二，一枝短截三分之一，作预备枝，另一枝在 20cm 以下不短截，超过 20cm 的短截三分之一，作结果母枝。如所处部位较空，也可留 3 枝，短截 1~2 枝作预备枝。对夏梢的修剪，一般长度在 10~20cm 的，留作预备枝的要短截三分之一，作结果母枝的可不短截。柑橘晚秋梢极易成花，但因成熟度低，质量差，多为畸形花，应全部剪除。

用药剂控花也有效果，常在花芽生理分化期喷洒 8000 倍液 1.8%高效植株调节剂爱多收 1~2 次，每次间隔 20~30 天，能抑制花芽生理分化，明显减少花量，增加有叶枝梢。

10. 造成柑橘异常落花落果的主要原因与防落果措施

柑橘花量大，坐果率低，通常坐果率 0.5%~3%。树势越弱，花量越大，坐果率越低。因此，保花保果的关键是增强树势，培养健壮的树体和良好的枝组。柑橘落果与柑橘的种类、品种、树龄、树势强弱、开花结果量、环境条件和栽培管理水平等关系密切。第一次生理落果，前期幼果带梗脱落。以落花为主，带花（果）梗脱落，自谢花（5 月上旬前后）开始，中旬前后达到高峰，5 月底逐步减少，至 6 月初基本停止，第一次生理落果量占总花量的 90% 以上；第二次生理落果，后期从蜜盘脱落。6 月上旬开始，10~15 日达到高峰，至 7 月底基本结束，约占总花量的 10% 以内；采前落果，定果后至采收前，仅占 1%~2%。

异常落花落果原因：一是花器发育不良。因树势衰弱、花期干旱、花期低温、高温、落叶严重、营养缺乏、病虫为害均可导致花器发育不良，除单性结实品种外，不完全花结实率极低。

二是营养不足，树势衰弱，花果发育不良，极易落花落果。在开花后、生理落果期若大量抽发新梢，因争营养引致小果大量脱落，适当控制春梢，及时抹除夏梢是防止落果的一项有效措施。但是生长势过旺的树，也不易着花，即使有了花，由于结果枝生长势过强，影响花的发育，易造成落花落果。

三是与品种有关。温州蜜柑坐果率 3.6%~5.2%，甜橙坐果率 1.2%~3.4%，本地早只有 1.9%~2.8%，脐橙花大量大，因花粉败育，坐果率不到 1%。

四是与气候及管理等条件有关。病虫灾害，树势衰弱，气候反常或管理失误，造成落花落果。

11. 防止柑橘异常落果措施

一是加强管理，早施、施足、施全还阳肥，保证营养充足、树势健壮。二是分别在蕾期、谢花 2/3 期、幼果期、果实膨大期，选用天达 2116（果树型）800~1000 倍液或 1.8% 高效植物调节剂爱多收 5000 倍液加螯合态全营养花果素 1500 倍液叶面喷施进行保果。

12. 合理疏花疏果克服大小年

各种柑橘品种都有程度不同的大小年现象。大年结果量多，果实偏小，等级下降，又由于结果过多树体消耗养分多，抑制新梢生长，使树势衰弱，导致来年结果少而成为小年。小年因结果少而果大，果皮较粗，着色推迟，果肉糖酸比下降，化渣性也变差。疏花疏果可以克服大小年，减少小果、畸形果、等外果，增加优质果。

通常对大年树可在春季萌芽前适当短截部分结果母枝，使其抽生营养枝，从而减少花量；对小年树则尽量保留结果母枝，使其抽生结果枝，增加花量。为保证小年能正常结果，还需结合保果；对畸形果、伤果、病虫果、小果等非正常果应及早疏除。脐橙、椪柑在第二次生理落果结束后，大年树还应适当疏去部分生长正常但果型偏小的果实。保留幼果时果形长圆的果实。对光照过差的果实，可适当疏除。疏果根据枝条生长情况、叶片的多少确定，在同一生长点上有多个果时，常采用"三疏一、五疏二或五疏三"的方法。

一般品种，在第二次生理落果结束后，即可根据叶果比确定留果数，对裂果重的品种要加大留果量。在树势正常的情况下，适宜叶果比为：脐橙50~60∶1、普通甜橙40~50∶1、早熟温州蜜柑30~35∶1、中晚熟温州蜜柑20~25∶1、椪柑60~70∶1、柚200~300∶1，弱势树叶果比适度加大。

疏果的方法主要用手工。用手扭下果实，留存萼片在果枝上，并尽量保全叶片，因带萼有叶果枝有利于枝条的发育充实及较易萌发新梢。手工疏果分全株均衡疏果和局部疏果两种。全株均衡疏果是指按叶果比疏去多余的果，使植株各枝组挂果或仅留少量果，部分枝全部不疏，或只疏少量果，使植株轮流结果。

柑橘花期及幼果期灾害防御措施。柑橘在花期和幼果期遭遇灾害必将威胁当年产量和品质，要降低灾害所造成的损失，应着重落实以下应对措施：

（1）开花期及生理落果期，如果气温高于30℃、空气湿度小于60%的干热天气，须在10~15小时内对树冠浇水或喷水，可结合叶面喷施天达2116果树型1000倍液或1.8%高数植物生长调节制爱多收5000倍液，此期如遇长期阴雨寡照，应采取化密为稀、大枝修剪、开沟沥水、摇花、抹梢等减灾措施。

（2）抹芽排梢，抹除大约30%~50%的营养春梢及全部夏梢。

（3）防病治虫，谢花2/3时，树冠喷施30%悬得制戊唑·多菌灵龙灯福连1000份液或70%默赛甲基硫菌灵1000倍液防治柑橘疮痂病、炭疽病；谢花后，用99%韩国SK物油180倍液加1.8%阿维菌素3000倍液，防治柑橘红蜘蛛、介壳虫、黑刺粉虱、白粉虱。

（4）叶面追肥，谢花2/3时树冠喷一次天达2116果树型1000倍液。

（5）强迫着果：谢花2/3时，树冠喷施天达2116果树型1000倍液，帮助树体坐果，第一次施药之后7~10天，可视情况重喷一次。

（6）加强花期管理：花期遇雨及时摇花；多花树适当疏花；鼓励橘农在橘园放养蜜蜂；小年树做好看花修剪和第一次生理落果后的补充修剪；注重开沟沥水。

13.引起柑橘裂果的主要原因

柑橘的裂果，特别是脐橙裂果，主要是由于供水不平衡，果实发育前期土壤干燥，后期多雨造成的，7~9月间，柑橘果实进入迅速膨大期，果肉内开始积贮果汁，此时如遇到持续干旱，其后又突降大雨，水分条件从干燥到多湿的急剧变化会使裂果的发生明显增多；影响柚类裂果的主要因素还与果形有关，通常果形越扁的，越容易发生裂果；部分柑橘种子败育等因素，也会促进裂果的发生；柑橘果实的裂果难易与品种特性也有直接的关系；还有因缺乏营养元素而导致裂果，如缺钙、缺钾、缺硼易出现裂果。

14. 预防柑橘裂果的技术措施

一是对容易发生裂果的园地，选用不易裂果的品种品系进行栽培。二是改良土壤。培育健康的橘树根系。地面覆草，减少土壤水分干湿的剧烈变化。三是计划灌水，即按照土壤的含水量变化，及时给树体补充水分，使果实的膨大不停滞。四是柚类还可采用人工授粉、套薄膜袋等措施减少裂果。五是在果实膨大期（7~10 月）傍晚补充营养，叶面喷施天达 2116（果树型）1000倍液加钙镁滋 1500 倍液。

15. 柑橘果实外观品质

柑橘外观品质的优劣，是决定柑橘果实市场竞争力强弱的重要因素之一，也是决定产业效益、果农收益的主要因素。而柑橘果实外观品质的优劣除品种本身的原因外，全部取取决于栽培管的精细程度，各地总结的经验表明，要提高柑橘果实的外品质必落实以下管理措施：

一是栽植良种。根据市场需要和柑橘发展的趋势，再结合本地的实际情况来选择良种。温州蜜柑类：特早熟品种可选日南一号、宫本、大浦等品种；早熟品种可选山下红、兴津、宫川等；中熟品种可选南柑20、尾张等。椪柑类：黔阳无核椪柑较好。脐橙类：应选红皮型的品种，如纽荷尔、佛罗斯特、卡拉卡拉等。甜橙类：可选冰糖橙、哈姆林等。杂柑类：诺瓦、不知火。柚类；可选官溪蜜柚、香柚、沙田柚等。

二是增施生物有机物。在柑橘施肥中，除基肥要以生物有机肥为主外，追肥尤其是壮果肥也要加入生物有机肥。基肥结合深翻改土时施入山青、杂草、秸秆或修剪残枝等，再株施 2.5~4kg 田头生物有机肥料，同时配施 0.25~0.5kg 的速效氮、磷、钾复合肥。壮果肥要求成年树每株施 1.5~2kg 田头生物有机肥料，可有效提高果实品质。

三是补充微量元素肥。柑橘果实生长期长，在花芽分化、萌芽开花、果实发育均需要消耗大量的养分。因此，应在保证氮、磷、钾基础上，再补充钙、镁、锌、硼、铁等微量元素肥料。微肥施用方法可分为根际施肥和叶面施肥两种。根际施肥如补铁，可在春季萌芽前将西班牙产肥施通按 30-50g/株兑 15kg 水搅拌均匀，倒入沿树冠施肥线以内挖成的 15~20cm 深见须根的环状沟中，然后覆土；如补硼可结合施基肥株施 15~20g 丹力硼。

叶面施肥主要掌握三个时期：①柑橘花芽分化期。在秋冬季用天达 2116 果树型 800~1000 倍液或 1.8%高效植物调节剂爱多收 5000 倍液加花果素全营养螯合态叶面肥 1500 倍液，促进花芽分化，同时起到防冻保叶的作用。②在春季萌芽期或现蕾期，用丹乐硼 1500 倍液加天达 2116 果树型 800~1000 倍液或 1.8%高效植物调节剂爱多收 5000 倍液，以加速春梢老熟和壮蕾壮花。③在果实膨大期，用天达 2116 果树型 1000 倍液或 1.8%高效植物调节剂爱多收 5000 倍液加钙镁滋 1500 倍液，连喷 2~3 次，但注意在果实成熟前一个月停止施用任何叶面肥。

四是疏花疏果。柑橘疏花应在蕾期进行，花量多时，除将生长细弱的结果母枝从基部疏除外，还应短截一部分结果母枝；花量少时，只将确实无结果能力的细弱结果母枝疏除，对一般弱结果母枝留 2~3 朵花进行短截。花蕾现白后至开花前，再将生长弱小、发育不良的花蕾疏除，减少无效开花。疏果是在第 2 次生理落果后进行。留果量按叶果比来确定，温州蜜柑 40~45：1，脐橙、椪柑 60~65：1，疏除病虫果、畸形果、小果、粗皮大果。

五是防治病虫，全年用药优化用好三次药，成本低，效果好：

第一次用药，3 月 20 日前认真做好早春清园消毒工作，达到事半功倍的效果，一年可减少 2-3 次用药，大大降低生产成本。推荐用药配方：99% 韩国 SK 矿物油绿颖 160 倍液加 30% 悬浮剂戊唑·多菌灵龙灯福连 1000 倍液或 70% 默赛甲基硫菌灵 1000 倍液加 1.8% 高效植物调节剂爱多收 5000 倍液或天达 2116（果树型）1000 倍液，防虫、防病、恢复树势。

第二次用药：5 月底至 6 月上旬，是最关键的一次用药。推荐用药配方：99% 韩国 SK 矿物油绿颖 180 倍液（1L 兑水 180kg）加 1.8% 阿维菌素 3000 倍液加 30% 悬浮剂戊唑·多菌灵龙灯福连 1000 倍液或默赛甲基硫菌灵 1000 倍液加天达 2116（果树型）1000 倍液或 1.8% 高效植物调节剂爱多收 5000 倍液加花果素 1500 倍液或丹力硼 1500 倍液。防治主要病虫：第一代粉虱、第一代介壳虫、红蜘蛛、蚜虫、花蕾蛆、潜叶甲、蓟马、树脂病、疮痂病、炭疽病、黄斑病、沙皮病。

第三次用药：7 月底至 8 月上旬。推荐配方药剂：99% 韩国 SK 矿物油绿颖额 180 倍液加 1.8% 阿维菌素 3000 倍液加 30% 悬浮剂戊唑·多菌灵龙灯福连 1000 倍液或 70% 默赛甲基硫菌灵 1000 倍液加天达 2116 果树型 1000 倍液或 1.8% 高效植物调节剂爱多收

5000 倍液加花果素 1500 倍液或液态钙镁滋 1500 倍液加 5%百事达 1500 倍液。防治主要病虫：锈壁虱、第二代粉虱、第二代矢尖蚧、蓟马、椿象、潜叶蛾、吸果夜蛾、疮痂病、日灼病、黄斑病、烟煤病等。

六是落实增糖技术。①覆膜控水增糖技术。完熟栽培的橘园，一般在 9 月上中旬覆反光膜或无织布，控水增糖，提高品质。柑橘地面铺设反光膜可以阻隔雨水，控制果园土壤内的含水量，增加果树下部或内膛光照、加大昼夜温差、抑制病虫害，从而提高果实可溶性固形物含量，促进果实着色，化渣性更好，风味更浓，使果实的外观与内质明显提高。据《中国南方果树》报道，柑橘地面铺设反光膜，可以让柑橘提早上市，可溶性固形物提高一个百分点。

柑橘地面铺设反光膜要注意七点：一是铺设时间掌握在采收前 40 至 50 天；二是选择银色反光膜或普通塑料（10920，-25.00，-0.23%）膜均可，地膜不宜；三是覆膜前要疏通园内沟渠，保证排水畅通；四是覆膜要在土壤湿度适度时进行，忌雨后立即覆盖。橘园覆膜后一般不需要浇水，如长期干旱，应向树冠喷水以补充树体水分，严重时可揭膜浇水；五是铺膜范围可以全园覆盖，为降低成本，也可以只铺树下两边。即用反光膜顺行向在树下两边各铺一条反光膜，膜宽 1 米。反光膜外边与树冠外缘平齐。铺膜要使膜紧贴土表，膜与膜连接处至少要有 10 厘米，四周用土块压严；六是采收前 15 天左右揭膜；七是采收后要加强肥水管理，以恢复树势。

②增施鑫镁肥。鑫镁肥富含柑橘所需的活性钙、可溶性镁、硅和铁、硼、锌等多种营养元素，肥效长而持久；同时它还具独

特的土壤调酸效果，调节土壤酸碱度，改善土壤质地，促进根系发育，提高叶片光合机能；能够促进果实提早着色成熟，使果实颜色红润，果面细腻，果品风味纯正，果浓甜化渣，富有香气；此外，还可以有效提高果实硬度、耐储性和防裂果等功效；实践证明，留树保鲜的果园施用鑫镁肥后，可大大减少浮皮，提高留树保鲜效益。鑫镁肥最好与壮果促梢肥混合施用，每株结果树加鑫镁肥 0.5~1kg。

七是适时采收。柑橘果实采收过早过迟均会影响果实品质。果实的采收时间取决于果实的成熟度和不同的用途。立即上市的鲜果，应在果实充分成熟时采收。较远距离运输的果实应在 70% 成熟度时采收。

第三节　完善和推广柑橘病虫害绿色防控技术

在 2006 年全国植保工作会议上提出"公共植保、绿色植保"理念的基础上，根据"预防为主、综合防治"的植保方针，结合现阶段植物保护的现实需要和可采用的技术措施，响亮地提出了农作物病虫绿色防控的概念。

柑橘病虫绿色防控的概念：是通过推广应用农业防治、生态调控、理化诱控、生物防治、科学用药等绿色防控技术，以达到保护生物多样性，降低病虫害暴发几率的目的，同时它也是促进标准化生产，提升柑橘果品质量安全水平的必然要求，是降低农药使用风险，保护生态环境的有效途径。

一、柑橘病虫害绿色防控的要点

1. 柑橘病虫害绿色防控的内容

绿色食品柑橘的病虫害防治应积极贯彻"预防为主，综合防治"的植保方针。以农业防治和物理防治为基础，按病虫害发生的规律和经济价值，科学使用生物源、矿物源农药防治技术，有效综合控制病虫害。

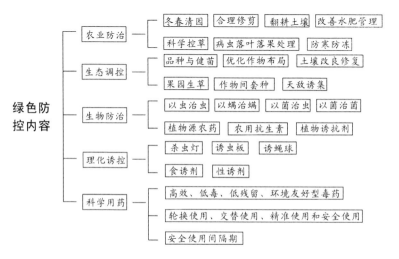

2. 柑橘病虫害绿色防控的主攻目标

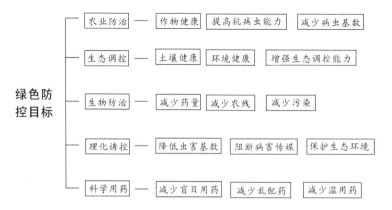

3. 绿色食品柑橘病虫防控科学用药需要攻克六大难题

绿色食品柑橘的病虫防治，应严禁控制检疫性病虫害从疫区传入保护区，保护区不得从疫区调运苗木、接穗、果实和种子，一经发现立即销毁。在实际生产实践中，病虫药物防治环节需要克服以下六大难题：

一是施药时期不当问题。在以往的生产实践中，普遍存在着：①待病虫发生严重后才施药防治；②不管发生程度如何、是否达到防治指标，定期普遍施药的现象。

二是选用农药不对口问题。青壮年劳动力大多外出务工，农村主要劳动力多为老弱病残，文化程度不高，普遍缺乏植保知识，不能正确识别病虫害，对农药知识知之甚少，加上基层植保人员欠缺、农药经销商业务水平低下，有的还职业道德缺失，常常为增加农药销量谋取利益刻意搭配多种农药，影响到防治效果，甚至造成药害。

三是施药方法不正确问题。不少果农习惯大容量喷雾，认为药液在叶片上直流才有作用；也有一些橘农为省事图快，喷雾不均匀、不周到、不细致，降低了防治效果；有的中午温度过高时施药，或连续几天大雨初晴，气温过高时施药，不仅防效不好而且还容易产生药害。

四是不善于轮换用药问题。在同一橘园里长期使用同一种或同一类作用机制的农药，认为一种农药好就长期使用，市场上许多农药商品名虽不同，但成分其实一样，橘农难以分别，这样使病虫害抗性急剧上升，防治效果显著下降，感觉病虫一年比一年难治。

五是农药混用不合理问题。将农药合理混用，可以扩大防治范围，提高工效。但有的不考虑防治对象，不弄清化学成分，图保险省事，像"抓中药"一样，各种杀虫剂、杀菌剂，甚至激素、微肥混合使用，造成农药浪费，甚至产生严重的药害。农药混用一般不宜超过三种，再多易产生不良后果。

六是重视虫害、轻视病害预防问题。不少橘农非常重视柑橘虫害的防治，但对病害的防治往往是等到发生特别严重时才施药防治，但此时已失去病害防治的最佳时期，损失无法挽回。因此要适期用药，参考防治指标及时用药，减少盲目用药和普遍用药。

二、柑橘病虫害绿色控防的主要技术措施

柑橘病虫绿色防控技术包括：农业防治、生态调控、理化诱控、生物防治、科学用药等绿色防控措施。在实际生产实践中应着注意把握以下技术要点：

1. 农业防控措施

农业防控措施包括四个方面的内容：一是种植防护林；二是选用抗病品种和砧木。适宜我国柑橘生产的砧木有枳、红橘、枳橙、枳柚、香橙、枸头橙、朱橘、酸柚和酸橘等。盐碱土和石灰性紫色土宜选用香橙、枸头橙等，已感染裂皮病和碎叶病的品种不能用枳和枳橙作砧木，要选红橘作砧木；三是园内间作和生草栽培。种植的间作物或草类应是与柑橘无共生性病虫、浅根、矮秆，以豆科植物和禾本科牧草为宜，且适时刈割翻埋土壤中或覆盖于树盘或用于饲料；四是实施翻土、修剪、清园消毒、排水、控梢等农业措施，减少病虫源，加强肥培管理，增强树势提高树体自身抗病虫能力。提高采果质量，减少果实伤口，降低果实腐烂率。

2. 物理防治措施

柑橘病虫物理防治措施包括以下四个方面的内容：一是应用灯光防治。如用灯光引诱或驱避吸果夜蛾、金龟子、卷叶蛾等；二是应用趋化性防治。如大实蝇、拟小黄卷叶蛾等害虫对糖、酒、醋液有趋性，可利用其特性，加入农药诱杀；三是应用色彩、形状防治。如用黄板诱杀蚜虫、诱蝇球诱捕柑橘大实蝇；四是人工捕捉害虫。集中种植害虫中间寄主诱杀，如人工捕杀天牛、蚱蝉、金龟子等害虫，在吸果夜蛾发生严重的地区人工种植中间寄主防己木，引诱成虫产卵，再用药剂杀灭幼虫。绿色食品柑橘病虫害的生态控制，如科学规划园地、种植防护林、改善生态环境、果园间作或生草栽培等抑制病虫害。

3. 药物防治应注意事项

柑橘病虫药物防治应注意以下三个方面的内容：一是不得使用高毒、高残留的农药。绿色食品柑橘生产中禁止使用的农药有：六六六、滴滴涕、毒杀芬、二溴氯丙烷、杀虫脒、二溴乙烷、除草醚、艾氏剂、狄氏剂、汞制剂、砷、铅类、敌枯双、氟乙酰胺、甘氟、毒鼠强、氟乙酸钠、毒鼠硅、甲胺磷、甲基对硫磷、对硫磷、久效磷、磷胺、甲拌磷、甲基异柳磷、特丁硫磷、甲基硫环磷、治螟磷、内吸磷、克百威、涕灭威、灭线磷、疏环磷、蝇毒磷、地虫硫磷、氯唑磷、苯线磷等，以及国家规定禁止使用的其他农药；二是使用农药防治应符合《农药安全使用标准》（GB4285）和《农药安全使用准则》（GB/T8321）的相关要求；三是出口注册基地果园，严格按照出口检验检疫标准使用农药。

科学选用农药时应遵循的原则。在生产绿色食品柑橘时，选用农药的种类、浓度、使用时间和残留量，必须符合国家《生产绿色食品的农药使用准则》，全面禁止剧毒、高毒、高残留或具有致癌、致畸、致突变的农药，严格控制使用各种遗传工程微生物制剂和激素类农药。坚持以矿物源农药当家，结合应用植株源农药、生物农药和昆虫性诱剂，配合应用天敌以虫治虫、农业防治等综合技术措施。

矿物油为什么已成为绿色食品柑橘病虫害综合防治的重要措施呢？因为长期使用人工合成有机化学农药在农田的大量应用，使农业生态环境不断恶化，农田的蓄水层受到污染，农田节肢动物群落多样性严重衰减，害虫发生更加猖獗，实践证明，矿物油可代替大量合成有机化学农药，成为病虫综合治理的一个重要组成部分，高质量的矿物喷淋油杀虫效果好，持效期长，对天敌较安全，无污染，无残留，在土壤中能被微生物利用，对人畜安全，目前，在中国登记销售的矿物油有 15 种，其中国产的 12 种，其他国家（韩国、美国、法国）3 种，从质量和防效上来讲，要数韩国 SK 能源株式会社公司生产的 99% 高质量园艺用矿物油为极品油。

矿物源农药为什么能起到综合防治病虫害的效果？《全国农药登记评审委员会审议的矿物农药登记管理的有关事项公告》明确规定，2009 年矿物源农药应按新规定进行登记。要求精炼矿物油的合理化指标应符合：相对正构烷烃碳数差应当大于 8，相对正烷烃平均碳数应当在 21~24 之间，非黄化物含量应当不小于 92%。因为只有达到和超过以上指标，才能起到良好的综合防治病虫效果，矿物源农药是通过物理封杀来防治病虫的。那么，其主要成分石蜡含量越高、非黄化物含量越高，防治效果就越持久且更彻底。目前，在国内矿物源农药中可独树一帜的要数韩国能源株式会社生产的99%（绿颖）SK矿物油（EnSprqY），该矿物油一是碳数在21~24之间；二是非黄化物含量达到99.8%，持效期长，用一次顶多次，省时省力，周年成本低；三是安全性高，完全无毒无残留，是生产绿色食品的首选产品；四是一药多治，可同时杀灭红蜘蛛、锈壁虱、介壳虫、粉虱成虫、若虫及卵等，并可清除烟煤、青苔及预防病害；五是无抗性，纯物理作用机制，对天敌无害，可连续使用，喷药次数可逐年减少。

矿物源农药的正确使用方法。目前，矿物源农药是世界上公认的综合有效的防治病虫途径之一。特别对生产绿色食品柑橘是首选产品，在生产实践中如何用好矿物源农药，真正发挥其作用，其使用方法十分重要。

通过多年在柑橘上的应用，以韩国能源株式会社生产的99% SK矿物油（EnSpraY）绿颖为例，归纳全年优化使用的三次方案，即可解决病虫防治难问题：一是在3月20日前用99%韩国SK矿物油（EnSprqY）绿颖160倍液均匀周到彻底清园，降低越冬病虫基数，起到事半功倍的效果；二是在5月底、6月10日前用99%韩国SK矿物油（EnSprqY）绿颖180倍液加1.8%阿维菌素3000倍液加30%戊唑·多菌灵悬浮剂龙灯福连1000倍液，防治主要病虫：第一代粉虱、第一代介壳虫、红蜘蛛、蚜虫、潜叶甲、蓟马、树脂病、疮痂病、炭疽病、黄斑病、沙皮病；三是在7月底至8月上旬，用99%韩国SK矿物油（EnSpraY）绿颖180倍液加1.8%阿维菌素3000倍液加30%戊唑·多菌灵悬浮剂龙灯福连1000倍液加5%百事达1500倍液（防椿象和吸夜蛾）。主要防治锈壁虱、第二代粉虱、第二代矢尖蚧、蓟马、椿象、潜叶蛾、吸果夜蛾、疮痂病、日灼病、黄斑病、烟煤病等病虫害。

另外，使用时应特别注意：一是要求对叶片正反面及枝干均匀周到喷药，注意选择喷孔直径在 1mm 以下的喷片进行高压低容量喷雾，以便药液更好覆盖；二是注意不与有机锡类、克（炔）端特、含硫制剂粗粉杀菌剂及离子化叶面肥混用，以免产生药害；三是在转色期慎用，以免推迟着色；四是长期干旱时须灌水后再喷雾。高温期，注意在上午 11 点前或下午 4 点以后喷用。

4. 气象因素与病虫发期的影响

病虫害的种类、发生期及发生量均与天气变化密切相关。如红蜘蛛越冬基数为每叶 1 头以上，头年 12 份至翌年 3 月份，平均最高气温的总和在 60℃以上，3 月份的降水量在 30mm 以下，当年红蜘蛛即可大发生。若这 4 个月总降水量在 100mm 以上，发生就轻；锈壁虱在 5~9 月每月降水量在 100mm 以下，7~8 月份的日均温在 28℃以上，有可能严重发生；拟小黄卷叶蛾，越冬虫口超过 5 头/株，天敌寄生率低，冬季温度高，春季温暖潮湿，当年有大发生的可能；吸果夜蛾在越冬期间，极端低温在 -5℃以下，当年不会严重发生；春季多阴雨天气，土壤含水量在 19%~25%时，有利花蕾蛆成虫羽化，而土壤含水量在 10%~15%之间，则有利于大实蝇成虫羽化，当年均可能造成严重危害。溃疡病在春、夏、秋梢抽发期，旬平均气温为 20℃~30℃，相对湿度在80%以上，旬降水量在 200mm 左右时即可发病严重；疮痂病在新梢抽发期及幼果期气温为 16℃~23℃，平均旬雨天在 6 天以上时，即可严重发生。

5. 生态调控包括生草栽培与合理间作

在绿色食品柑橘园生草栽培，合理间作，可增加橘园郁闭度，有利于天敌生息，同时也可使部分天敌获得营养补充。如柑橘园种植藿香蓟，间作苏麻、蓖麻、紫苏、豆类和油茶等，有利害虫红蜘蛛的天敌捕食螨繁殖，能有效解决红蜘蛛、锈壁虱危害的问题；柑橘园周围种植榆树和泡桐，能使日本方头甲、整胸寡节瓢虫和湖北红点唇瓢虫大量繁殖。以寄生在树上的桑盾蚧作为补充食料，有利于抑制柑橘园矢尖蚧和红圆蚧的发生。通过生草栽培，合理间作，改善绿色食品柑橘园生态环境，有利天敌大量繁殖，减少用药次数。柑橘是害虫天敌最多的作物，每种害虫几乎都有多种天敌存在，只要加强检测，充分保护和利用天敌，就能很好地控制害虫。

6. 柑橘果面伤痕产生的原因和防治方法有

绿色食品柑橘果面伤痕会严重影响果实外观质量。产生的主要原因大致可以分为四类：

（1）虫害。幼果期主要有金龟子类、蓟马类、附线螨等；成熟期主要为叶蝉类害虫。

（2）病害。幼果期主要为疮痂病、灰霉病；果实膨大期的沙皮病等。

（3）药物伤害，全年都有。

（4）机械伤害。包括风害、冰雹伤害、人为伤害等。果面伤痕产生的原因虽然很复杂，关键是抓住重点时期对重点目标进行防治，在花期和幼果期主要是防治金龟子、蓟马、附线螨、疮痂病；果实成熟期主要是防治叶蝉。

防治方法：一是频振式杀虫灯诱杀。对金龟子、叶蝉有很好的诱杀作用。从 4 月中下旬至 6 月在柑橘园用频振式杀虫灯诱杀金龟子，在 9~11 月诱杀叶蝉；二是药物防治。在 3 月 20 日前用

99%韩国 SK 矿物油绿颖 160 倍液结合早春清园周到喷雾，重点防治附线螨及红蜘蛛；在 4 月上中旬（盛花前）和 5 月下旬（花谢 2/3）喷 1.8%天达阿维菌素 3000 倍液加 30%悬浮剂戊唑·多菌灵龙灯福连 1000 倍液加 99%韩国 SK 矿物油绿额 180 倍液防治蓟马、介壳虫、粉虱、螨类和疮痂病、炭疽病、黄斑病等病虫害。三是安全用药。不在干旱高温天气用药，不随意加大用药量，不随意乱混用药物，以免造成果面伤痕。

7. 农药化肥混配应用遵循的原则

一是碱性肥料氨水等不能与敌百虫、速灭威、托布津、多菌灵、井冈霉素、叶蝉散、菊脂类杀虫剂等农药混合使用；二是碱性农药石硫合剂、波尔多液、松脂合剂不能与碳酸氢氨、硫酸铵、硝酸铵等铵态氮肥或过磷酸钙等化肥混用；三是含砷的农药，不能与钾盐、钠盐等化肥混用；四是化学肥料不能与微生物农药混用。

三、柑橘主要虫害的为害状、特征、习性与绿色防控方法

红蜘蛛分布和为害症状：红蜘蛛属叶螨科，在我国柑橘产区均有发生，除为害柑橘外，还为害梨、桃和桑等经济树种。主要吸食叶片、嫩梢、花蕾和果实汁液，尤以嫩叶为害最重。叶片受害初期呈淡绿色，后出现灰白色斑点，严重时叶片呈现灰白色而失去光泽，叶背布满灰尘状蜕皮壳，并引起落叶。幼果受害，果面出现淡绿色斑点，成熟果实受害，果面出现淡黄色斑点，果蒂受害导致大量落果。

形态特征：雌成螨长椭圆形，长 0.3 ~ 0.4mm，红色至略红色，体背和体侧有瘤状突起，雄成虫体略小而狭长。卵近圆球形，初为橘黄色，后为淡红色，中央有一丝状卵柄，上有 10 ~ 12

条放射状丝，幼螨近圆形，有足 3 对，若螨似成螨，有足 4 对。

生活习性：红蜘蛛 1 年发生 12~20 代，田间世代重叠。冬季多以成螨和卵在枝叶上越冬，当气温 12℃时，虫口渐增 20℃时盛发，20~30℃的气温和 60%~70% 的空气相对湿度最适红蜘蛛发育和繁殖，红蜘蛛有趋嫩性、趋光性和迁移性。叶面和叶背虫口均多，在土壤脊薄、向阳的山坡地，红蜘蛛发生早而重。

防治方法：一是利用食螨瓢虫、日本方头甲、草龄、长须端和钝缓螨等天敌防治；二是干旱时灌水，可减轻红蜘蛛为害；三是认真做好虫情测报；四川及气候相似产区，花前 1~2 头/叶，花后和秋季 5~6 头/叶。福建及气候相似产区；春季 8~10 头/叶，秋季 10~20 头/叶时，需进行防治，推荐使用 99% 韩国 SK 矿物油绿颖 180 倍液加 1.8% 阿维菌素 3000 倍液均匀周到喷雾，全年包括清园三次即可解决防治难问题，防效彻底且持效期长，果品符合绿色 AA 级；四是不得使用柑橘生产中禁用的化学药剂，可用化学药剂每年最多使用 2 次，并注意安全间隔期。

四斑黄蜘蛛分布和为害症状：四斑黄蜘蛛又名橘始叶螨，属叶螨科。在我国柑橘产区均有分布，主要为害叶片、嫩梢、花蕾和幼果。嫩叶受害后，受害处背面出现微凹、正面凸起的黄色大斑，严重时叶片扭曲变形，甚至大量落叶。老叶受害处背面为黄褐大斑，叶面为淡黄色斑。

形态特征：雌成虫椭圆形，长 0.35~0.42mm，足 4 对，体色随环境而异，有淡黄、橙黄和橘黄等色，体背面有 4 个多角形黑斑。雄成虫后端削尖，足较长。卵圆球形，其色初为淡黄，后渐变为橙黄、光滑。幼螨，初孵时淡黄色，近圆形，足 3 对。

生活习性：四川、重庆 1 年发生 20 代。冬季多以成螨和卵存在于叶背，无明显越冬期，田间世代重叠。成螨3℃时开始活动，14℃~15℃时繁殖最快，20~25℃和低湿是最适发生期。春芽萌发至开花前后是为害盛期。高温少雨时为害严重。四斑黄蜘蛛常在叶背主脉两侧聚集取食，聚居处常有蛛网覆盖，产卵其中。喜在树冠内和中下部光线较暗的叶背取食。对大树为害较重。

防治方法：一是认真做好测报。在花前螨、卵数达1头/叶时；花后螨、卵数达3头/叶时进行防治。药剂同红蜘蛛用药相同；二是应重点防治受害重的大树，喷药要注意喷布树冠内部和叶背均匀喷雾。

锈壁虱分布和为害症状：锈壁虱又名锈蜘蛛等，属瘿螨科。我国柑橘产区均有发生。为害叶片和果实，主要在叶片背面和果实表面吸食汁液。吸食时使油胞破坏，芳香油溢出，被空气氧化，导致叶背、果面变为黑褐色或铜绿色，严重时变小、变硬，大果受害后果皮变为黑褐色、韧而厚。果实有发酵味，品质下降。

形态特征：成螨体长0.1~0.2mm，体形似胡萝卜。初为淡黄色，后为橙黄色或肉红色，足2对，尾端有刚毛1对。卵扁圆形，淡黄色或白色，光滑透明。若螨似成螨，体较小。

生活习性：1年发生18~24代，以成螨在腋芽和卷叶内越冬。日均温度10℃时停止活动，15℃时开始产卵，随春梢抽发迁至新梢取食。5~6月份蔓延至果上，7~9月份为害果实最甚。大雨可抑制其为害，9月份后，随气温下降，虫口减少。

防治方法：一是认真测报。从5月份起常检查，在叶上或果上2~3头/视野（10倍放大镜的一个视野）；二是当年春梢叶背面出现被害状，果园中发现1个果出现被害状时开始防治；三是药剂防治与红蜘蛛用药相同。

矢尖蚧分布和为害症状：矢尖蚧又名尖头介壳虫，属盾蚧科。我国柑橘产区均有发生。以若虫和雌成虫取食叶片、果实和小枝汁液。叶片受害轻时，被害处出现黄色斑点或黄色大斑，受害严重时叶片扭曲变形，甚至枝叶枯死。果实受害后呈黄绿色，外观、内质变差。

形态特征：雌成虫介壳长形稍弯曲，褐色或棕色，长约3.5mm。雌成虫体橙红色，长形。雄成虫体橙红色。卵椭圆形，橙黄色。

生活习性：1年发生2~4代，以雌成虫和少数2龄若虫越冬。当日平均气温17℃以上时，越冬雌成虫开始产卵孵化，世代重叠，17℃以下停止产卵。雌虫蜕皮两次后为成虫，不能孤雌生殖。温暖潮湿有利其发生。树冠郁闭的易发生且较重，大树较幼树发生重，雌虫分散取食，雄虫多聚在母体附近为害。

防治方法：一是做好测报，四川、湖北及气候相似产区的锦橙初花后25~30天为第一次防治时期。花后观察雄虫发育情况，发现绿色食品柑橘园中个别雄虫背面出现白色蜡状物之后5天内为第一次防治时期。药剂防治：在第一代整齐孵化盛期用99%韩国SK矿物油绿颖160倍液加1.8%阿维菌素3000倍液进行防治，发生相当严重的果园第二代2龄幼虫期再喷一次或者用0.5%果圣1000~2000倍液防治；成虫期为害严重的果园可用99%韩国SK矿物油绿颖100~150倍液挑治，效果也很好，或加48%默赛毒死蜱1000倍液防治；二是保护天敌。如日本方头甲、整胸节瓢虫、湖北红点唇瓢虫、矢尖蚧蚜小蜂和花角蚜小蜂等，利用天敌防治矢尖蚧。

糠片蚧分布和为害症状：糠片蚧又名灰点蚧，属盾蚧科。在我国柑橘产区均有发生。为害柑橘、苹果、梨、山茶等多种植物，枝、干、叶片和果实都能受害。叶片和果实的受害处出现淡绿色斑点，并能诱发煤烟病。

形态特征：雌成虫介壳长 1.5~2mm，形态和色泽不固定，多为不规则椭圆形和卵圆形，灰褐或灰白色。雌成虫近圆形，淡紫色或紫红色。雄成虫淡紫色，腹部有针状交尾器。卵椭圆形，淡紫色。

生活习性：1 年发生 3~4 代，以雌虫和卵越冬，少数有 2 龄若虫和蛹越冬。田间世代重叠，各代 1、2 龄若虫盛发于 4~6 月份、6~7 月份、7~9 月份、10 月份至来年 4 月份，且以 7~9 月份为甚。雌成虫能孤雌生殖。

防治方法：一是保护天敌，如日本方头甲、草蛉、长缨盾蚧蚜小蜂和黄金蚜小蜂等，利用天敌防治糠片蚧；二是加强栽培管理，增强树体抗性；三是 1.2 龄若虫盛期为防治关键时期，应当 15~20 天喷药 1 次，连喷两次，药剂防治与矢尖蚧相同。

褐圆蚧分布和为害症状：褐圆蚧又名茶褐圆，属盾蚧科。在我国柑橘产区均有发生。为害柑橘、梨、椰子和山茶多种植物，主要吸食叶片和果实汁液，叶片和果实受害处均出现淡黄色斑点。

形态特征：雌成虫介壳为圆形，较坚硬，紫褐或暗褐色。雌成虫杏仁形，淡黄或淡橙黄色。雄成虫介壳为椭圆形，成虫体淡黄色。卵长椭圆形，淡橙黄色。

生活习性：褐圆蚧 1 年发生 5~6 代，多以雌成虫越冬，田间世代重叠。各代若虫盛发于 5~10 月份，活动最适温度为 26~

28℃，不行孤雌生殖。雌虫多处叶背，尤以边缘为最多，雄虫多处叶面。

防治方法：一是保护天敌。如日本方头甲、整胸节瓢虫、草龄、黄金蚜小蜂、斑点蚜小蜂和双带巨角跳小蜂等，利用天敌防治褐圆蚧；二是在各代若虫盛发期喷药，应当15~20天喷一次，连喷两次，使用的药剂同防治矢尖同。

黑点蚧分布和危害症状：黑点蚧又名黑点介壳虫，属盾蚧科。在我国柑橘产区均有发生。除为害柑橘外，还为害枣、椰子等。常群集在叶片、小枝和果实上取食。叶片受害处出现黄色斑点，严重时变黄，果实受害后外观差，成熟延迟，能诱发煤烟病。

形态特征：雌成虫介壳长方形，漆黑色；雌成虫倒卵形，淡紫色。雄成虫蚧壳小而窄，长方形淡紫红色。

生活习性：在中亚热带产区，黑点蚧1年发生3~4代，田间世代重叠，多以雌成虫和卵越冬。4月下旬1龄若虫在田间出现，7月中旬、9月中旬和10月中旬为其三次出现高峰。第一代为害叶片；第二代取食果实。虫口数叶面较叶背多，阳面比阴面多，生长势弱的树受害重。

防治方法：一是保护天敌。如整胸寡节瓢虫、湖北红点唇瓢虫、长缨盾蚧蚜小蜂、柑橘蚜小蜂和赤座霉等，利用天敌防治黑点蚧；二是加强栽培管理，增强树势，提高抗性；三是于若虫盛发期喷药防治，应当15~20天喷一次，连喷两次，所用药剂与防治矢尖蚧相同。

黑刺粉虱分布和为害症状：属粉虱科。我国柑橘产区均有发生。为害柑橘、梨和茶等多种植物。以若虫群集叶背取食，叶片受害后出现黄色斑点，并诱发煤烟病。受害严重时，植株抽枝少而短，果实的产量和品质下降。

形态特征：雌成虫长 0.2~1.3mm，雄成虫腹末有交尾用的抱握器。卵初产出时为乳白色，后为淡紫色，似香蕉状，有一短卵柄附着于叶片。若虫初孵时为淡黄色、扁平、长椭圆形，固定后为黑褐色。蛹，初为无色，后变为黑色且透明。

生活习性：1 年发生 4~5 代，田间世代重叠，以 2、3 龄若虫越冬。成虫于 3 月下旬至 4 月上旬大量出现，并开始产卵。各代 1、2 龄若虫盛发期在 5~6 月、6 月下旬至 7 月中旬、8 月上旬至 9 月上旬和 10 月下旬至 12 月下旬。成虫多在早晨露水未时羽化并交配产卵。

防治方法：一是保护天敌。如刺粉虱黑蜂、斯氏寡节小蜂、黄金蚜小蜂、湖北红点唇瓢虫、草龄和韦伯虫座孢菌等，利用其防治黑刺粉虱；二是加强预报。越冬若虫从初见日后 40~45 天进行，结合冬季清园或早春清园，此时是防治黑刺粉虱的最关键时期。另一个关键时期是抓住 5 月底 6 月初整齐孵化的第一代若虫期进行防治。药剂防治：冬季或者早春用 99% 韩国 SK 矿物油绿颖 160 倍液仔细周到清园；5 月底至 6 月上旬用 99% 韩国 SK 物油绿颖 1.8% 阿维菌素 3000 液；7 月下旬至 8 月上旬再用 99% 韩国 SK 矿物油绿颖 180 倍液加 1.8% 阿维菌素 3000 液防治。

柑橘粉虱分布和危害症状：又称橘录粉虱、通草粉虱、柑橘白粉虱。在我国柑橘产区均有发生，危害桂花、牡丹、栀子花、山茶、丁香、常春藤、矮牵牛、石榴、茉莉、柑橘等。幼虫孵化后，即群集在叶背及嫩枝上固定取食危害，吸取枝叶汁液，并分泌絮状蜡丝，抑制生长发育，叶片发黄，枝叶枯萎，引发煤烟病，影响光合作用和产品质量。

形态特征：成虫雌雄异态，雌成虫体长 1.2mm，体淡黄色，全体被有白色蜡粉。翅白色，半透明。复眼红褐色，分上下两部分，中有一小眼相连。触角第二节较四五节之和为长，第三至第七节上部有若干个膜状感觉器。雄成虫略小，体长 1.0mm 左右，全体覆有白色粉状物，翅白色，不透明；复眼红褐色。生殖器端部向上部弯曲；卵黄褐色，椭圆形，径长 0.22mm，一端有短柄，以柄附着在叶片上。在卵的周围常附有白色蜡粉；蛹壳近椭圆形，淡黄绿色，长 1.6mm，宽约 0.80mm。壳缘前、后端各有一对小刺毛。管孔圆形，其后缘内侧有多数不规则的锐齿。

生活习性：在宜昌一年发生 4 代。以 2、3 龄若虫在寄主叶背上越冬。成虫产卵于嫩叶，而在徒长枝叶上产卵者更多，在老叶上极少。第一代成虫于翌年 4 月上中旬羽化，其余各代成虫均分别在 7～8 月和 10 月上、中旬羽化，以 7～8 月发生较多。成虫白天活动。卵产在叶面上，每头雌成虫可产卵 130 粒左右，成虫寿命 9 天左右。雌成虫未经交尾也能产卵，但后代都是雄虫。卵期 8～24 天，第一代若虫孵化整齐，在宜昌一般在 5 月下旬至 6 月上旬，后二、三、四代世代重叠，若虫在孵化数小时后，即在叶背上固定吮吸汁液，并渐渐分泌出棉繁状蜡丝、诱发煤烟病。

防治方法：加强肥培管理和合理修剪，确保橘园通风。药剂防治：一是抓住 2、3 龄若虫越冬期，用 99% 韩国 SK 矿物油绿颖 160 倍液进行冬季或者早春彻底清园，二是抓住第一代卵孵化期，即 5 月下旬至 6 月上旬用 99% 韩国 SK 矿物油绿 180 倍液加 1.8% 阿维菌素 3000 倍液进行周到喷雾；三是 7 月下旬至 8 月上旬再用 99% 韩国 SK 矿物油绿颖 180 倍液加 1.8% 阿维菌素 3000 倍液均匀喷雾一次即可透光。

生物防治：保护和利用天敌尾虫，利用刀角瓢虫捕食此虫。

恶性叶虫、恶性叶甲恶性叶虫，成虫为蓝黑色，有光泽，成虫不群居，活动性不强，有假死性，幼虫喜群居，卵孵化后在叶背取食叶肉，留存表皮，后逐渐连表皮食去，被害叶显不规则缺刻和孔洞，背上的粪便及黏液污染嫩叶，经 1 日后变焦黑。卵白色，后变为黄白色，卵壳表面有黄褐色网状黏膜。

恶性叶甲，成虫为绿色，能跳跃，有不明显假死性，幼虫在嫩叶内生活，只取食叶肉，残留表皮，形成隧道，两面透明，虫体清晰可见。卵深黄后变粉白，横黏叶背前端。

柑橘潜叶跳甲成虫为棕黄色至深橘红色，喜群居，跳跃力强，有不显著假死性。幼虫潜居嫩叶内，将叶片蛀食成不规则的弯曲隧道，但隧道中央有幼虫排泄物形成一条黑线，卵黄色。横黏叶上，常在表面有褐色排泄物。

防治方法：一是剪除枯死枝干，刮除树体上的地衣、苔藓并进行树干涂白刷干；二是摘除卵块；三是在卵孵化 50% 左右时，用 1.8% 阿维菌 2000 液被喷杀 1~2 次。

柑橘小实蝇柑橘小实蝇，又叫黄苍蝇。分布于广东、广西、福建、台湾、湖南和四川等省（自治区），为国内检疫对象。它危害柑橘类、桃、李、枇杷、洋桃、香果和番石榴等 250 余种植株果实。幼虫危害果实，取食果瓤，引起腐烂，造成大量落果。

形态特征：柑橘小实蝇成虫体长 6~8mm，翅展 16mm，深黑色。复眼间为黄色；3 个单眼排列三角形，单眼区为黑色。额缝弯曲成钟罩形。颊黄色。近额缝两侧各有一黑色大圆斑。喙短，淡黄色。触角有芒，芒细长。胸部黄色，长有黑色和黄色短毛，但中线及近两侧有无毛的纵带。前胸背板黄色。中胸背板较宽，黑色，两侧有较宽的黄色纵带。后胸狭小，背板黑色，侧板和后盾片为黄色。胸部有鬃11对，为黄褐色，包括肩板鬃两对，暗褐色，内方且小；背侧渠两对，基部黑色，端部黄褐色；前翅有鬃一对；小盾端鬃一对。小盾片为黄色至橙黄色。翅透明，脉黄褐色，翅痣三角形。腹部椭圆形，黄至赤黄色，雄虫腹部为4节，雌虫腹部为5节。产卵管发达，3节组成，第三节由两根刺组成。卵长约1mm，宽约0.1mm，棱形，黄白色。一端稍细而尖，另一端钝圆，略微弯曲。一龄幼虫体长1.2~1.3mm，半透明。二龄幼虫乳白色，体长2.5~2.8mm。三龄幼虫7.0~11mm，共11节。口钩黑色。前气门呈小杯状，其先端有乳状突起15个左右，开孔向上，后气门突位于腹末。气门片新月形，上有3个椭圆形小孔。气门片内侧有明显的纽扣状构造。蛹长5mm，宽2.5mm，淡黄色，11节，两端有前后气门痕迹。

发生规律：柑橘小实蝇每年发生3~5代，无严格越冬过程。生活史不整齐，各虫态同时存在。成虫午前羽化，在8时前后最盛，羽化后经一段时间，性成熟后才开始交尾产卵。产卵前用产卵管刺入果皮，每孔内产卵5~10粒，每头雌虫可产卵200~400粒，分多次产出。其卵期为：夏季7~9天，春季10~12天，冬季13~20天，幼虫共3龄，老熟后脱果落地入土，多在3.3cm左右深处化蛹，其蛹期为：夏季8-9天，春秋蚕10~14天，冬季15~20天。

防治方法：一是加强检疫，对引进的果实和苗木，要严格检疫。严禁带虫果实、种子和苗木出运，防止蔓延；二是诱杀成虫。参照大实蝇用药防治。

　　铜绿金龟子多发生在山区新建柑橘园及幼龄柑橘园，危害花蕾、花及幼嫩枝叶。

　　形态特征：铜绿金龟子成虫体长 19~20mm，铜绿色。有较鲜明的光泽，复眼红黑色，触角淡黄褐色，前胸背板两侧边缘为黄色。鞘翅上有纵脊 3 条，虫体腹部及足均为黄褐色。足的胫节和腹节为红褐色，前足胫节外侧有两个齿，跗节 5 节。

　　发生规律：铜绿金龟子每年发生 1 代，以三龄幼虫在土中越冬。4 月初，越冬幼虫开始爬至土表取食，活动，5 月上旬化蛹，5 月中旬成虫出现。5 月下旬至 7 月中旬为成虫发生盛期。成虫白天潜伏土中不活动，夜间交尾、取食。以闷热天气数量最多。

　　成虫有较强趋光性及假死习性。其卵产于土中。幼虫取食根及地表的茎，10 月份以后在 20~28cm 深的土中越冬。

　　防治方法：一是对树冠喷洒 90% 晶体敌百虫 1000 倍液；二是可用瓶口较大的玻璃瓶，如啤酒瓶、大口瓶等，最好是浅色的。把它洗干净，捉 2~3 头活金龟子放进瓶中，用绳子拴住瓶颈，系在果树枝条上，使瓶口距树枝 2cm 左右。金龟子具有群集习性，会陆续飞到树枝上，然后钻进瓶中不能出来。一般可每隔 3~4 株挂 1 个瓶。金龟子多时，一天可钻满 1 瓶。到时取下来，用开水烫死金龟子，倒出来处理掉，将瓶涮干净再继续使用；三是在果园边缘点火或在灯光下加设油水盆，以诱杀成虫；四是在树冠下铺张布毯或放油水盆，收集从树上振落的成虫，予以杀死；五是柑橘园冬季深翻。杀死土内幼虫及成虫；六是在柑橘园内养鸡，对消灭金龟子类也有好效果。

　　蚱蝉，又叫黑蝉、黑蚱和知了。广泛分布于我国各柑橘产区。其寄主有柑橘、苹果、梨、桃、樱桃、李、山楂、葡萄、杨、柳、榆、槐、桑和棉花等多种草、木本植株。成虫在小枝条上产卵为害，造成枝条枯死。

形态特征：蚱蝉成虫体长 40~44mm，翅展 122~125mm，虫体黑色，有光泽，局部密生细毛。头比中胸背板基部稍宽，头的前缘及额顶各有一块黄褐色斑。复眼灰褐色，单眼琥珀色。前胸背板短于中胸背板，微突起。中胸背板上"X"形突起非常明显，红褐色，前角上有一条暗色纹。腹部各节侧缘为黄褐色。背瓣将发音器全部盖住，酱褐色。腹瓣舌状，边缘红褐色。前足基节隆线及椎节背面红褐色。腿节上有尖锐的刺，中、后足腿节脉纹为黄褐色。前后翅均透明，脉纹为黄褐色。雄虫发音器在腹部第一、二节处，雌虫无发音器，但有听器。卵长 2.4mm，长椭圆形，稍弯曲，乳白色有光泽。老熟幼虫长约 35mm，状似成虫。幼龄虫体软，为白色或黄白色，以后变为黄褐色，具翅芽。额显著膨大，触角和喙发达。无复眼，在复眼部位上有单眼。前胸背板很大。前足腿节、胫节发达。有齿适于开掘。老龄时体较硬，前胸背板缩小，中胸背板变大，头顶至后胸背板中央有一蜕皮线，腹部缩小，翅芽发达，老熟时可达腹部中央。

发生规律：蚱蝉每年发生一代，以若虫和卵越冬。若虫在土中占整个生活史的绝大部分时间，共蜕皮 5 次。羽化的头一天黄昏至夜间钻出土面，爬到树干及植株茎上蜕皮羽化。7 月初成虫出现，成虫寿命为 60~70 天，至 9 月下旬仍可见成虫，主要在白天活动。交尾时雌虫与雄虫头的方向相反，呈"一"字形，同时雄虫能继续发音。7 月下旬开始产卵，8 月份为产卵盛期。卵多产在 4~8mm 粗的枝梢上，产卵时头朝上，用产卵器刺破枝皮插入木质部内，造成爪状裂口，产卵于其中，每一卵孔内有卵 6~8

粒。卵孔纵斜排列，较整齐。少数为弯曲或螺旋形排列。一枝上产卵多者达百余粒。每头雌虫可产卵 500~600 粒。卵至翌年 6 月份孵化，若虫落地钻入土中，吸食根的汁液。秋后钻入深土层越冬，翌年春暖后再升至表层危害。

防治方法：一是秋季剪除产卵枯枝，春季结合修剪，再彻底剪净产卵枝，予以集中烧毁。除柑橘外，同时注意剪除附近林木上的产卵枝；二是在夜间点火，摇动树枝，诱集成虫飞入火中烧死，或趁机进行捕杀；三是成虫羽化前，在树干绑一条 3.3cm 宽的塑料薄膜带，阻挡出土爬行上树的若虫，傍晚或清晨进行捕捉；四是园地应选在附近无柳、杨、苦楝、法国梧桐、重阳木等树木，防风林应以松、杉为主。

蜗牛以同型巴蜗牛为例。同型巴蜗牛，又叫蜓蚰螺、小螺狮和旱螺等。在我国长江流域各省及山东、河北、陕西、内蒙古、台湾、广西和广东等省（自治区）均有分布。其寄主有柑橘类果树、林木幼苗、蔬菜和花卉等 30 余种，同时它也取食食用菌及土壤腐殖质。柑橘叶片常被吃成缺刻，枝条皮层也常被其取食，柑橘果实被其取食后形成凹坑状。

形态特征：同型巴蜗牛成螺壳高 12mm，宽 16mm，扁球形，黄褐色至红褐色，螺层有 5.5~6 层，螺层周缘及合线上，有一条褐色带，壳口为马蹄形，触角两对，眼着生在第二对触角顶端。体色灰白，腹部有扁平的足。卵直径为 0.8~1.4mm，球形，乳白色至灰白色，卵壳石灰质。幼螺外壳淡灰色，肉体乳白色。

发生规律：同型巴蜗牛每年发生 2 代，以成螺在草丛、落叶、树皮下和土石块下越冬。第一代在 4 月中旬至 5 月下旬发生，第二代在 8 月中旬至 10 月中旬发生。该蜗牛为异体受精，交配后

4~30天开始产卵，卵产生在疏松潮湿的土壤中，也有产在石隙及落叶中。其交配、产卵期分别为3月下旬至5月上旬，8月上旬至9月下旬。卵经5~20天后孵化，再经3~4个月即长为成螺。幼螺以取食土中腐殖质为主。成螺则危害多种植株地上部分，也可取食腐殖质。白天躲在阴暗潮湿处，阴雨天及晚间外出活动，晚上9~12时最盛，一般在晚7时后上树危害，全年中以5~7月份、9~12月份危害较重。全年为害时间一般为200天左右。以生草免耕、房前屋后、管理粗放、阴坡潮湿、间作蔬菜及土块大、岩石缝隙多的柑橘园发生严重。

天敌有鸡、鸭、青蛙、蟹类、龟类、蚂蚁、步行虫、乌鸦、麻雀和鸽子等。

防治方法：一是生物防治。养鸡鸭啄食，每只鸡每天能食蜗牛200头以上，效果很好；二是药剂防治。所有药剂均在蜗牛大量出现又未交配的4月中旬和大量上树前的5月中、下旬两个有利时期使用。用富美实呋喃丹颗粒剂与细沙1：3配合，均匀撒于土面，防治效果好。另外，用1%五氯酚钠溶液或1%茶籽饼浸出液，在上午8时前及下午6时后，对土面及树干喷雾，注意药剂不能喷洒树冠，以免产生药害；三是人工防治。土面堆置新鲜青草、菜叶和树叶等，或在树干上捆扎草把，将在其中躲避的蜗牛一起取下烧毁。产卵盛期翻耕土壤，使卵暴露后大批死亡。

木虱分布和为害症状：属木虱科。在我国南亚热带、边缘热带柑橘产区有分布。为害芸香科植物。柑橘的嫩芽、嫩梢都可被害。成虫常在嫩芽和叶背上取食，若虫则群集嫩芽和嫩叶上吸食为害，使嫩芽萎缩干枯，新叶扭曲畸形。木虱可诱发煤烟病。木虱为害削弱树势，降低产量和品质，同时还是柑橘检疫性病害

——黄龙病的重要传媒昆虫，对柑橘的为害大于本身取食的危害。

形态特征：成虫体长 2.8~3mm，青灰色且带褐色斑纹，体被白粉，头部前方两个额锥明显，复眼暗红色，触角 10 对节。

胸部略隆起，前翅绿色微透明，后翅无色透明，足腿节粗壮，腹部背面灰黑色，腹面浅绿色，雌虫产卵期呈橘红色。卵近椭圆形，橘黄色，长 0.3mm，有一卵柄。若虫扁圆形，体呈鲜黄色，复眼红色。2 龄时显现翅芽，3 龄虫体色黄绿相间，5 龄若虫体扁而薄，形似盾甲，黄土色或带绿色。

生活习性：我国南亚热带柑橘产区，木虱的各虫态终年可见，但冬季以成虫为多。一年发生 8 代，3~4 月成虫产卵于嫩芽上，6~8 月繁殖量大，为害最重。9~10 月以后逐渐下降。一般为害秋梢最重，春梢次之，夏梢较少。气温在 8℃ 以下木虱停止活动，15℃ 能产卵，每雌成虫可产卵 800 粒。成虫能飞能跳，一到冬季，多密集于叶背。卵产于嫩芽的缝隙、叶腋和嫩梢上，且以嫩芽上为多，若虫集中在嫩梢上取食。树势弱，枝梢稀疏透光，嫩梢抽生不整齐的植株发生多，为害重。

防治方法：一是保护天敌。如六斑月瓢虫、草蛉和寄生蜂等；二是采取农业防治，园内种同一品种使之抽梢整齐，或采用抹芽放梢，减少危害；三是砍除衰老树，减少虫源；四是药剂防治可用 99% 韩国 SK 矿物油绿颖 180 倍液加 1.8% 阿维菌素 3000 倍液进行防治。

橘蚜分布和为害症状：橘蚜属蚜科。在我国柑橘产区均有发生，为害柑橘、梨和柿等果树，常群集在柑橘的嫩芽和嫩叶上吸食汁液，引起叶片萎缩卷曲、硬脆、严重时嫩梢枯死，幼果脱落。还分泌大量蜜露诱发煤烟病和招蚂蚁上树，影响天敌活动，降低光合作用，也是柑橘衰退病的传播媒介。

形态特征：无翅胎生雌蚜，体长 1.3mm，漆黑色，复眼红褐色，有触角 6 节，灰褐色，有翅胎生雌蚜与无翅型相似，有翅两对，白色透明，无翅雄蚜与雌相似，全体深褐色，后足特别膨大，有翅雄蚜与雌蚜相似，惟触角第三节上有感觉圈 45 个，卵为椭圆形，长 0.6mm，初为淡黄色，渐变为黄褐色，最后成漆黑色，有光泽，若虫体黑色，复眼红黑色。

生活习性：一年发生 10~20 代，在北亚热带的浙江黄岩主要以卵越冬，在福建和广东以成虫越冬，越冬卵 3 月下旬至 4 月上旬孵化为无翅若虫，即上嫩梢为害，若虫经 4 龄成熟后即开始生幼蚜，继续血红繁殖，最适宜温度为 24℃~27℃，气温过低过高，雨水过多均影响其繁殖，春末夏初和秋季干旱时为害最甚，有翅具有迁移性，秋末冬初便产生有性蚜交配产卵越冬。

防治方法：一是保护天敌，如七星瓢虫、异色瓢虫、草龄、食蚜蝇和蚜茧蜂等；二是剪除虫枝或抹除抽发不整齐的嫩梢，以减少橘蚜食料；三是加强观察，当春、夏、秋梢嫩梢期有好率达到 25%时喷药防治，可用 1.8%阿推菌素 2000 倍液或好年冬 1500 倍液，注意每年使用次数和安全间隔期。

橘二叉蚜虫分布和为害症状：橘二叉蚜又名茶二叉蚜，属蚜科。在我国柑橘产区均有发生。为害柑橘等植物与橘蚜相似。

形态特征：有翅胎生雌虫体长 1.6mm，黑褐色，翅无色透明，因前翅中脉分二叉而得名。无翅胎生雌蚜，全长 2mm，近圆形，暗褐色或黑褐色，若虫与成蚜相似，无翅，淡黄绿色或淡棕色。

生活习性：一年发生 10 余代，以无翅雌蚜或老熟若虫越冬。3~4 月份开始取食嫩梢、叶。以春末夏初和秋季繁殖多，为害重，繁殖最适宜条件是 25℃左右的温度和少雨天气。雨水过多或干旱不利于繁殖。多行孤雌生殖。有翅蚜有迁移性。

防治方法：与橘蚜相同。

星天牛分布和为害症状：星天牛属天牛科。在我国柑橘产区均有发生，为害柑橘、梨、桑和柳等。幼虫蛀食柑橘离地面 0.5m 以内的树颈和主根皮层，切断水分和养分的运输而导致植株生长不良，枝叶黄化，严重时死树。

形态特征：成虫体长 19~39mm，漆黑色，有光泽。卵长椭圆形，长 5~6mm，乳白至淡黄色。蛹长约 30mm，乳白色，羽化时黑褐色。

生活习性：星天牛一年发生 1 代，以幼虫在木质部过冬。4 月下旬开始出现，5~6 月为盛期。成虫从蛹室里爬出后飞向树冠，啃食嫩枝皮和嫩叶。成虫常在晴天 9~13 时活动，交尾产卵，中午高温时多停在根颈部活动和产卵。5 月底至 6 月中旬为其产卵盛期，卵产在离地面约 0.5m 的树皮内。产卵处因被咬破，树液流出表面而呈湿润状或有泡沫液体。幼虫孵出后即在树皮下蛀食，并向根茎或主根表皮迁回蛀食。

防治方法：一是捕杀成虫。白天中午在根茎附近捕杀；二是加强栽培管理，保持树干光滑；三是堵塞孔洞。清除枯枝残桩和苔藓地衣，减少产卵和去除部分卵和幼虫；四是立秋前后，人工钩杀幼虫；五是在立秋和清明前后，将虫孔内木屑排除，用棉花蘸 48%默赛毒死蜱 5~10 倍液塞入虫孔，再用泥封住口，杀死幼虫。

褐天牛分布和为害症状：又名杆虫，属天牛科。我国柑橘产区均有发生。为害柑橘、葡萄等，幼虫在离地面 0.5m 左右的主干和大枝木质部蛀食，虫洞常有木屑排出，树体受害后会导致水分和养分运输受阻，出现树势衰弱，受害重的枝、干会出现枯死，或易被风吹断。

形态特征：成虫长 26～51mm，初孵化为褐色，后变为黑褐色。卵椭圆形，长 2～3mm，乳白色至灰褐色。幼虫老熟时长 46～56mm，乳白色。扁圆简形，蛹长 40mm 左右，淡米黄色。

生活习性：两周年发生 1 代，以幼虫或成虫越冬，多数成虫于 5～7 月份出洞活动、成虫白天潜伏洞内，晚上出洞活动，尤其是下雨前闷热夜晚的 8～9 点最盛。成虫产卵于距地面 0.5m 以上的主杆和大枝的树皮缝隙，产卵以晴天中午为多，6 月中旬至 7 月上旬为卵孵化旺盛期、幼虫先向上蛀食，至小枝难容虫体时再往下蛀食，引起小枝枯死。

防治方法：一是捕捉天牛成虫；二是其他防治同星天牛。

光盾绿天牛分布和为害症状；又名枝天牛，属天牛科。在我国柑橘产区均有发生，以重庆、四川的柑橘产区较多，只为害柑橘、成虫产卵于小枝上，幼虫孵出后即蛀入木质部引起小枝枯死，并在大枝和主干上造成许多孔洞，阻碍水分和养分的运输，严重时植株枯死，也易被大风折断。

形态特征：成虫长 24～27mm，墨绿色，有金属光泽，头绿色，卵长扁圆形，黄绿色，长约 4.7mm，幼虫老熟时长 46～51mm，淡黄色。蛹长 19～25mm，黄色。

生活习性：光盾绿天牛多为一年发生 1 代，以幼虫越冬，成虫 1～5 月份开始出现，5 月下旬至 6 月中旬盛发。

防治方法：与天牛科害虫相似。

潜叶蛾分布和为害症状：又名绘图虫，属潜蛾科，我国柑橘产区均有发生，以长江以南产区受害最重，主要为害柑橘的嫩叶和嫩枝，果实也有少数受害，幼虫潜入表皮蛀食，形成弯曲带白色的虫道，使受害的叶片卷曲，硬化易脱落，受害果实易烂。

形态特征：成虫体长约2mm，翅展5.3mm左右，身体和翅均为白色，卵扁圆形，无色透明，壳极薄，幼虫黄绿色、蛹呈纺锤状，淡黄至黄褐色。

生活习性：潜叶蛾一年发生10多代，以蛹或老熟幼虫越冬，气温高的产区发生早，为害重，多数地区4月下旬见成虫，以7~9月份为害夏、秋梢最多，成虫多于清晨交尾，白天潜伏不动，晚间将卵散产于嫩叶叶背主脉两侧，幼虫蛀入表皮取食，田间世代重叠，高温多雨时发生多，为害重，秋梢受害重，春梢受害少。

防治方法：一是采用控肥水和抹芽放梢，使梢抽发整齐，减少害虫食链；二是冬季修剪时剪除病虫枝叶，以减少虫源；三是药剂防治，在放梢期，当多数新梢嫩芽长0.5~2cm时喷药，7~10天一次，连喷2~3次，可选1.8%阿维菌素2000倍液效果明显。

拟小黄卷叶蛾分布和为害症状：属卷叶蛾科，在我国柑橘产区均有发生，为害柑橘、荔枝、棉花等。幼虫为害嫩叶、嫩梢和果实，还常吐丝，将叶片卷曲，或将嫩梢粘结一起，或将果实和叶粘在一起，藏在其中为害，严重时可将嫩叶吃光。幼果受害大量脱落，成熟果受害引起腐烂。

形态特征：雌成虫体长8mm，黄色，翅长18mm。雄虫体略小。卵初产时为淡黄色，呈鱼鳞状排列成椭圆形卵块。幼虫1龄时头部为黑色，其余各龄为黄褐色。老熟时为黄绿色，长17~22mm。蛹褐色，长约9~10mm。

生活习性：一般一年发生8代，以幼虫或蛹越冬。成虫于3月中旬出现，随即交配产卵。5~6月份为二代幼虫为害盛期，导致大量落果。成虫白天潜伏在隐蔽处，夜晚活动。卵多产于树体中、下部叶片上。成虫有趋光性和迁移性。幼虫惊后可吐丝下垂，或弹跳逃跑，或迅速向后爬行。

防治方法：一是保护和利用天敌。在4~6月份卵盛产期，每667平方米放松毛虫赤眼蜂2.5万头，同时保护核多角体病毒和其他细菌性天敌；二是冬季清除枯枝落叶和杂草，减少虫源；三是在幼虫发生期进行巡查，及时摘除卵块和幼虫；四是在幼虫盛发期可用5%的百事达1000~1500倍液进行药剂防治。

嘴壶夜蛾分布和为害症状：又名桃黄褐夜蛾，属夜蛾科。我国柑橘产区均有发生。为害柑橘、芒果等，成虫吸食果实的汁，受害果表面有针刺小孔，刚吸后的有汁流出，约两天后果皮刺孔处海绵层出现直径1cm的淡红圆圈，以后果实腐烂脱落。

形态特征：成虫体长17~20mm，翅展34~40mm。雌虫前翅紫红色，有"N"形纹。雄虫赤褐，后翅褐色。卵为球形，黄白色，直径0.7mm。老熟幼虫约44mm，漆黑色。蛹红褐色。

生活习性：一年发生4代，以幼虫或蛹越冬，田间世代重叠，在5~11月份均可见成虫。卵散产于十大功劳等植物上，幼虫在其上取食，成虫9~11月间为害柑橘果实，尤以9~10月为盛，成虫白天潜伏，黄昏进园为害，以20~24时最多。早熟皮薄的果实受害重，喜食健果，很少食腐烂果。山地果园受害重。

防治方法：一是连片种植，避免不同品种混栽；二是夜间人工捕捉成虫；三是去除幼虫寄主十大功劳等植物；四是用白炽灯驱避；五是药剂防治，用5%的百事达1500倍液喷杀，7～10天喷一次，连喷2次。

枯叶夜蛾分布和为害症状：与壶嘴夜蛾相似。在四川、重庆产区为害重。

形态特征：成虫体长35～42mm，翅展约100mm。卵近球形，直径约1mm，乳白色。幼虫老熟时长60～70mm，为赤色。

生活习性：一年发生2～3代，以成虫越冬。田间3～11月份可见成虫，以秋季最多。晚间交尾，卵产于通草等幼虫寄主。

防治方法：与嘴壶夜蛾相似。

柑橘凤蝶分布和为害症状：又名橘黑黄凤蝶，属凤蝶科。我国相橘产区均有发生。为害柑橘和山椒等，幼虫将嫩叶、嫩梢食成缺刻。

形态特征：成虫分春型和夏型。春型，体长21～28mm，翅展70～95mm，淡黄色。夏型，体长27～30mm，翅展105～108mm。卵为圆球形，淡黄至褐黑色。幼虫初孵出时为黑色鸟粪状，老熟幼虫体长38～48mm，为绿色。蛹近菱形，长30～32mm，淡绿至暗褐色。

生活习性：一年发生3～6代，以蛹越冬。3～4月份羽化的为春型成虫。7～8月份羽化的为夏型成虫，田间世代重叠。成虫白天交尾，产卵于嫩叶背或叶尖。幼虫惊时伸出臭角发出难闻气味。老熟后即吐丝做垫头，斜向悬空化蛹。

防治方法：一是人工摘除卵或捕杀幼虫；二是冬季清园除去蛹；三是保护凤蝶金小蜂、凤蝶赤眼蜂和广大腿小蜂，或蛹的寄生凤蜂天敌，防治柑橘凤蝶；四是为害旺期用药剂防治，可选用48%默赛毒死蜱1000倍液防治。

玉带凤蝶分布和为害症状：与柑橘凤蝶相同。

形态特征：成虫体长25~32mm，黑色，翅展90~100mm，雄虫前后翅的白斑相连成玉带。雌虫有二型：一型与雄虫相似，后翅近外缘有数个半月形深红色小点，另一型的前翅灰黑色，卵为圆球形，淡黄色至灰黑色。1龄幼虫黄白色，2龄幼虫淡黄色，3龄幼虫黑褐色，4龄幼虫油绿色，5龄幼虫绿色。老热幼虫长36~46mm，蛹绿色至灰黑色，长约30mm。

生活习性：一年发生4~5代，以蛹越冬。田间世代重叠。3~4月份出现成虫，4~11月份均有幼虫，但5、6、8、9月份出现4次高峰。其他习性同柑橘凤蝶。

防治方法：同柑橘凤碟。

柑橘大实蝇分布和为害症状：柑橘大实蝇，其幼虫又名柑蛆，属实蝇科，受害果叫蛆柑。我国四川、重庆、湖北、云南、湖南和陕西等柑橘产区均有不同程度为害。成虫产卵于幼果内。幼虫蛀食果肉，使果实出现未熟先黄，黄中带红现象，最后腐烂脱落。

形态特征：柑橘大实蝇成虫体长12~13mm，翅展20~24mm，身体褐黄色，中胸前面有"人"形深茶褐色纹。卵为乳白色，长椭圆形，中部微弯，长1.4~1.5mm，蛹黄褐色，长9~10mm，生活习性：一年发生1代，蛹在土中越冬。4月下旬出现成虫。5月上旬为盛期，6月至7月中旬进入柑橘园幼果产卵。6月中旬为盛期，7~9月份孵化为幼虫，蛀果为害。受害果9月下旬至10月下旬脱落，幼虫随落果至地，后脱果入土化蛹。成虫多晴天中午出土。成虫产卵在果实脐部，产卵处有一小刺孔，果皮由绿变黄。阴山湿润的柑橘园和蜜源多的柑橘园，受害重。

柑橘大果实蝇绿色防控技术要点：一是严格检疫制度。禁止从疫区引进果实和带土的苗木等；二是抓住成虫诱杀关；三是严把虫落果捡拾与处理关。近十年来，湖南省石门县探索出了果瑞特等食诱剂、柑橘大果实蝇成虫诱捕器（诱蝇球）和捡拾、处理虫落果的柑橘大果实蝇绿色防控核心技术体系，取得了柑橘大果实蝇高效、绿色、省工、节本的防治效果。其主要技术要点是：

①建立柑橘大果实蝇虫情监测预报体系，及时、准确掌握其发育进度和虫口密度。县级植保植检站、各乡镇农业技术推广站于每年 10 月中旬前建立挖蛹观测圃和羽化进度观测圃，并覆盖窗纱防逃。次年 4 月中旬后，在挖蛹观测圃和羽化进度观测圃进行发育进度和羽化进度观测，根据发育进度准确预测其成虫羽化始盛期和产卵期，及时准确地向橘农发布防治适期，推荐防治措施。

②建立虫情预警机制。5 月上旬后，各乡镇农业技术推广站在之前未发现柑橘大实蝇的重点区域，适当建立监测点，通过挂诱蝇球开展虫情监测预警，及时准确掌握本地发生动态，便于组织和指导橘农实施防治。

③适时防治。严格按照防治适期组织橘农进行防治，支持和鼓励农民专业合作社和植保服务机构进行统防统治。

④使用果瑞特等食诱剂诱杀。根据虫蛹发育进度预测成虫羽化始盛期和产卵期，制定防治适期（一般在 5 月底至 6 月初）。并掌握在柑橘大实蝇成虫回园始盛期，进行第一次诱杀，以后每隔 7 天一次，连续诱杀四次。

使用果瑞特实蝇诱杀剂，通常使用点喷法，每 667 ㎡ 喷 10 个点，每点 0.5 平方米，喷在橘树中部枝叶茂密、结果较多的背光处叶片正反两面，以叶面湿润药液不下滴为宜，靠近树林、竹林的橘园应重点喷；同时要抓住最有利喷药时段喷药，最好选在上午 10 点以前和下午 5 点以后的时段。

⑤使用诱蝇球诱杀。5 月下旬至 6 月上旬，成虫羽化盛期至回园始期开始挂球。挂球过早，苍蝇、金龟子等昆虫会更多污染球体表面，降低诱杀效率；过迟，会让一部分先返园的实蝇成虫在未挂球之前就产卵，缩短了诱蝇球的有效诱杀期，降低诱杀效果。

挂足诱球数量。要本着符合橘园实际、足量、不浪费、保防效的原则合理安排挂球数量。并按照橘园上年虫果率 10% 以上，每树一球；虫果率 10% 以下，每 2~3 树一球；往年未见危害，每 667 ㎡ 挂 8~12 个监测球。实际操作中，可根据先期诱杀情况对挂球数量和位置做相应的调整。

讲究挂球方法。蜜橘、橙类混栽的橘园和荫蔽度高的橘园，应适当增加挂球数量；诱蝇球尽量挂在树冠中上部太阳不能直射、相对背光处，同时要适当剪除诱蝇球周围的枝叶，避免叶片粘在球面上影响诱杀效果，尽量营造背光敞亮环境，让大实蝇成虫容易发现诱球，这是提高诱蝇球诱杀效果的关键措施之一。

⑥捡拾落果、收集处理虫果。捡拾虫落果，是弥补食诱剂诱杀、诱蝇球诱杀不足的唯一有效的辅助措施。从 9 月底至采果结束，及时捡拾橘园落果，做到国庆节前彻底捡拾一次，节后每隔 3 天捡拾一次。山坡果橘园必须要在坡下挖浅沟拦截虫果并收集。柑橘加工企业、打蜡加工厂、柑橘鲜果交易点的弃果一定要统一

收集处理。

及时搞好虫果和弃果处理。当年捡拾虫果和弃果要及时处理到位：①按照便于操作，方便处理的原则，每 10 至 20hm 橘园挖一个长 5m、宽 2m、深 1.5m 的虫果处理池。所捡拾的虫果及时入池，每倒入 40cm 虫果撒生石灰或喷洒杀虫剂，采果清园后，在虫果处理池上面盖土 40cm 压实；②虫果袋处理。虫果及时装入专用塑料虫果袋，扎紧袋口密封，置于橘园内防止破损。虫果袋如需重复使用，应加入药剂密闭 10 天，并确保虫果袋无破损。

虫果处理效果复查。次年 4 月下旬对上年的虫果处理池严格检查，处理不到位的应及时采取盖土、撒药、覆膜等措施，防止处理池内有未杀灭的虫羽化出土。

⑦联防联治，集中诱杀。由于柑橘大实蝇具有较活跃的迁飞习性，单家独户防治效果不佳。所以无论是采用食诱剂诱杀还是诱蝇球诱杀，最好实施整村或乡推进，采取统一时间，统一诱杀方式，整区域集中诱杀，提高诱杀效果。

花蕾蛆分布和为害症状：又名橘瘿蝇，属瘿蚊科。我国柑橘产区均有发生。仅为害柑橘。成虫在花蕾直径 2~3mm 时，将卵从其顶端产入花蕾中。幼虫孵出后食害花器，使其成为黄白色不能开放的灯笼花。

形态特征：雌成虫长 1.5~1.8mm，翅展约 2.4mm，暗黄褐色，雄虫略小。卵为长椭圆形，无色透明。幼虫长纺锤形，橙黄色，老熟时长约 3mm。纺锤形，黄褐色，长约 1.6mm。

生活习性：一年发生 1 代，个别为 2 代，以幼虫在土壤中越冬，柑橘现蕾时，成虫羽化出土。成虫白天潜伏，晚间活动，将卵产在子房周围。幼虫蛀食后使花瓣变厚，花丝花药成黑色。幼虫在花蕾中约 10 天，即弹入土中，入土 3~4 天后，虫体分泌黏液将土粘合结成薄茧，潜伏休眠至第二年 3 月才恢复活动。幼虫借花蕾弹跳入土，以树冠边缘内外各 30cm 左右的土中最多，而入土时间以清晨和阴雨天最多，第二年 3~4 月间成虫羽化出土，又是雨天多，特别在树上刚现蕾时，遇上 2~3 次降雨，出土最多，因雨水将它的土茧壳溶破便于出土。

防治方法：一是幼虫入土前，摘除受害花蕾，煮沸或集中烧毁；二是成虫出土时，进行地面喷药，用 48% 默赛毒死蝉 800~1000 倍液喷布树冠滴水内外各 30cm 处，杀死出土成虫。当花蕾直径 2~3mm 时，再喷 1 次 1.8% 阿维菌素 2000 倍液。

吉丁虫分布和为害症状：鞘翅目吉丁虫科甲虫，我国柑橘产区均有发生。为害林木、果树。成虫咬食叶片造成缺刻，幼虫蛀食枝杆形成层，被害处流胶吐泡沫，危害严重时树皮爆裂，甚至造成整株死亡。

形态特征：成虫体形略呈纺锤形，体形小，长约 10mm 左右，茶褐色，鞘翅不光滑。卵乳白色，椭圆形。老熟幼虫体长约 30mm 左右，体扁平，头小微黑色，胴部白色，蛀食树干，亦有潜食于树叶中的，严重时能使树皮爆裂，故名"爆皮虫"。

生活习性：一年发生 1 代，以幼虫在树干皮层下越冬，在宜昌 5 月初成虫羽化出干。吉丁虫成虫白天活动，喜欢阳光，通常栖息在树干的向阳部分。它们的飞翔能力极强，既飞得高又飞得远，不易捕捉；但当它们栖息在树干上时，却很少爬动，行动迟缓。

防治方法：一是结合冬季清园，剪除受害严重的枯树枯枝，加强肥培管理，恢复树势，减轻危害；二是在 4 月 20 日左右用

0.5kg48%默赛毒死蜱乳液混 15kg 黄泥，涂于树干为害部位及周围半寸厚，用报纸包捆，阻止成虫出杆；三是发现流胶处用刀刮杀幼虫，再涂毒死蜱原液。

柑橘蓟马为害症状：柑橘蓟马以成虫、若虫为害柑橘的花和果，花蕾至开花期，蓟马潜入花内，吸食汁液，引起落花；受害果实，在果梗周围或侧面呈轮状或不定形云彩状，降低果实商品价值。

形态特征和生活习性：虫体很小，成虫体长约 1mm，橙黄色，产卵于花基部、叶柄或果柄组织中，1 头雌成虫一生产卵250 粒。

防治方法：在初花期或开花中期用 99% 韩国 SK 矿物油 180倍液加 1.8%阿维菌素 3000 倍液喷施一次，兼治其他虫害。

椿象分布和症状：椿象，属半翅目蝽科，渐变态昆虫，体内有臭腺。俗称"打屁虫、屁蛋虫"，又名臭屁虫，在广东、广西福建、浙江、江西、湖南、湖北、四川、云南、台湾等省、自治区广泛分布，是柑橘果实的重要害虫，也为害梨、苹果等果实。

成虫、若虫用刺吸式口器插入果内，吸取汁液，使其组织坏死，常造成大量落果，白地霉菌、青霉菌、绿霉菌等极容易从伤口侵入，引发柑橘酸腐病、青霉病、绿霉病，造成贮运期间大量烂果，致使经济损失严重。为害柑橘的主要有长吻蝽（角肩蝽）、橘蝽、麻皮蝽等。以长吻蝽为例介绍如下：

形态特征：成虫体绿色，盾形，体长 18~22mm，前胸背板前缘两侧成角状突起是其最显著的外形特征。卵球形，淡绿色，常14 粒聚合成卵块。若虫共 5 龄，第 1~3 龄体色液黄至赤黄色，背部具黑色斑点；第 4 龄胸部绿色，腹部黄色，翅芽显露；第 5 龄全体绿色。若虫期的口针，比身体还长，故称长吻蝽。

生活习性：华南地区每年发生 1 代，以成虫在荫蔽的树丛中越冬。越冬成虫于 4 月间开始活动，取食、交配、产卵，卵块多见于叶面，该虫产卵期很长，可持续到 10 月份，卵期 3~9 天低龄若虫有群集性，用长吻刺入果内吸食汁液。7~8 月是低龄若虫盛发期，田间常见被害掉落青果遍地，若虫期 25~39 天。

发生危害期 4~10 月，以 7~8 月有甜味时为害最重。10~11 月，常见新羽化的成虫与 4~5 龄若虫共存。成虫每次吸食果实的时间长达数小时，果实受害后逐渐变黄，乃至脱落，但被害果实外表不形成水渍状，可与吸果夜蛾的为害状相区别。成虫 12 月上旬开始越冬。

防治方法：一是注意保护天敌。如黄狼蚁、螳螂、蜘蛛等都是长吻蝽的天敌，平腹小蜂是卵的主要寄生蜂，注意保护利用；二是捕捉成虫、摘除卵块；三是果实开始迅速膨大时喷第一次药保果，以后每月至少喷一次药剂，可用 5% 百事达 1500 倍液。

四、柑橘主要病害的症状、病原、发病规律及其绿色防治方法

我国的柑橘病害有 317 种。分为侵染性病害和非侵染性病害两大类，而侵染性病害又分为病毒类病害、细菌性病害和真菌性病害。

在病毒类病害中，以黄龙病最严重，曾造成大批柑橘园毁灭，还有衰退病、裂皮病、碎叶病及温州蜜柑萎缩病，对这类病使用常用药剂防治，效果不佳。

柑橘的真菌性病害种类最多，约 178 种，但使用一般药剂防治常能奏效，田间病害主要为疮痂病、炭疽病、树脂病和脚腐病等。贮藏病害主要为青霉病、绿霉病、蒂腐病和黑腐病等。

此外。在柑橘的侵染性病害中，还有一类细菌性病害，在我国仅发现一种，即溃疡病，在防治上比较困难，故被列入国内外的重要检疫对象。

柑橘的非侵染性病害分布广、危害大，有油斑病、裂果病和果实日灼病等，此外，还有因缺乏营养元素而引起的病害。目前，在我国值得重视的有缺硼、缺铁、缺锌、缺钙、缺镁、缺钾、缺磷等生理性病害，至今还有很多柑橘园被忽视，大面积缺素症严重影响产量和品质，这是当前提升柑橘产量和品质必须重视的一个问题。

柑橘植株患病后的常见症状。一是变色，由于柑橘患病后叶绿素的形成受到抑制或破坏，使叶片发生变色；二是坏死斑点，由于病层菌的侵害，引起局部细胞和组织死亡，所呈现的坏死斑点；三是腐烂，由于病原菌的侵害，引起植株组织较大范围或大面积的坏死解体或破坏；四是萎蔫，植株地上部的枝叶失水萎蔫发展到整株枯死，如非侵染性病害中的肥害、由病原菌引起苗期立枯病，温州蜜柑青枯病等；五是畸形，柑橘患病后在组织结构上表现反常的变化和畸形症状等。如温州蜜柑叶片感染疮痂病后，叶组织受病菌为害，细胞增生，叶片扭曲畸形。

柑橘病害按致病因素的性质划分有两种：一种为侵染性病害，它的致病因素是由病原生物侵染所引起的，病原物主要包括；真菌（如疮痂病、炭疽病、流胶病等病原菌）、细菌（如溃疡病）、病毒病（如黄龙病、裂皮病、碎叶病等）、线虫和寄生性种子植株。

另一种为非侵染性病害，又称生理性病害，它无病原物、无传染性，是由不良的外界环境条件、不当的栽培管理措施或生理上发生变化的一类病害。如高温降低树体净光合能力，使树体内有机营养供应失调引起的落果、强光造成果实日灼、枝杆日灼、低温冻害、土壤 pH 过高过低引发缺素症、土壤内渍造成根腐病等。非侵杂性病害的特点：一是病株在田间分布一般比较成片；二是在显微镜下找不出病原物；三是没有传染性。

柑橘发生流行病害的因素。病原物、寄主和环境是绿色食品柑橘病害发生和流行的三要素，三者缺一不可。但在某一地区或某一特定生态条件，病害的发生、流行又有其主导因素。如一个果园同时栽种温州蜜柑和锦橙，当疮痂病侵染时，温州蜜柑会发病，而锦橙没有发病，这就是寄主的抗性起了作用。另一种因常年使用一类杀菌剂，导致病原物产生抗性，致使药效降低，造成某种病害猖獗成灾，这就是病原起主导作用的原因。

要防治好病害应注意几点：一是要尽量减少发病或侵染时病原物；二是培育健壮的树体，提高对病原物的抗病力，在栽培上注重肥培管理，避免衰弱树势，对预防炭疽病、黄斑病的为害，尤为重要；三是创造一个有利绿色食品柑橘健壮生长发育的环境，减少病原物生存的环境；四是掌握在寄主抗病力最弱、最易遭侵染的季节进行喷药保护，避免病原为害。

裂皮病 裂皮病是世界性的病毒类病害，对感病砧木的植株可造成严重为害。

分布和症状：裂皮病在我国柑橘产区均有发生，以枳、枳橙作砧木的柑橘，尤其是脐橙等症状表现明显，病树表现为砧木部树皮纵向开裂，严重的树皮剥落，有时树皮下有少量的胶质。植株矮化、有的出现落叶枯枝，新梢短而少。

病原：由病毒引起，是一种没有蛋白质的游离低分子核酸。

发病规律：病原通过汁液传播，除带病接穗或苗木传播外，在柑橘园主要通过工具（枝剪、果剪、嫁接刀等）所带病树汁液与健康株接触传播。此外，田间植物间相互接触也可通过伤口传播。

防治方法：一是用指示植物—伊特洛香橼亚利桑那861品系鉴定出的无病母枝进行嫁接；二是用茎尖嫁接培育脱毒苗；三是将枝剪、果剪、嫁接刀等工具，用10%的漂白粉消毒（浸泡1分钟）后，用清水冲洗再用；四是选用耐病砧木，如红橘；五是一旦园内发现有个别病株，应及时挖除、烧毁。

黄龙病　黄龙病又名黄梢病，系国内外植物检疫对象。

分布和症状：在我国广东、广西、福建的南部和台湾、海南等省、自治区发生普遍；在四川、云南、湖南、江西、浙江个别产区也有发现。

黄龙病的典型症状有黄梢型和黄斑型，其次是缺素型。该病发病之初，病树顶部和外围1~2枝或多枝新梢叶片不转绿而呈均匀的黄化，称为黄梢型。多出现在初发病树和夏、秋梢上，叶片呈均匀的淡黄绿色，且极易脱落；有的叶片转绿后从主、侧脉附近或叶片基部沿叶缘出现黄绿相间的不均匀斑块，称黄斑型。黄斑型在春、夏、秋梢病枝上均有。病树进入中后期，叶片均匀黄化，先失去光泽，叶脉突出，木栓化，硬脆而脱落；重病树开花多，结果少，且小而畸形，病叶小，叶片主、侧脉绿色，其脉间叶肉呈淡黄或黄色，类似缺乏锌、锰、铁等微量元素的症状，称为缺素型，病树严重时根系腐烂，直至整株死亡。

病原：黄龙病为类细菌为害所致，它对四环素和青霉素等抗生素以及湿热处理较为敏感。

发病规律：病原通过带病接穗和苗木进行远距离传播。柑橘园内传播系柑橘木虱所为，幼树感病，成年树较耐病，春梢发病轻，夏、秋梢发病重。

防治方法：一是严格实行检疫。严禁从病区引苗木、接穗和果实到无病区；二是一旦发现病株，及时挖除、烧毁，以防蔓延；三是通过指示植物鉴定或用茎尖嫁接脱除病原后建立无病母本园；四是砧木种子和接穗要用49℃热湿空气处理50分钟或用1000倍浓度盐酸四环素或盐酸土霉素处理2小时；五是隔离种植，选隔离条件好的地域建立苗圃或柑橘园，严防柑橘木虱；六是对初发病的结果树，用1000倍盐酸四环素或青霉素注射树干，有一定的防治效果。

溃疡病　柑橘溃疡病是为害柑橘的细菌性病害，为国内外植物检疫对象。

分布和症状：我国不少柑橘产区有发生，以东南沿海各地为多，此病为害柑橘嫩梢、嫩叶和幼果。叶片发病开始在叶背出现针尖大的淡黄色或暗绿色油渍状斑点，后扩大成灰褐色近圆形病斑。病斑穿透叶片正反面并隆起，且叶背隆起较叶面明显，中央呈火山口状开裂，木栓化，周围有黄褐色晕圈。枝梢上的病斑与叶片上相似，但较叶片上的更突出，有时病斑环绕枝1圈使枝枯死。果实上的病斑与叶片病斑相似，但病斑更大，木栓化突起更显著，中央火山口状开裂更明显，溃疡病引起落叶落果，削弱树势，降低产量和品质。

病原：此病由油菜黄单胞杆菌柑橘致病变种引起，已有明确的A、B、C三个菌系存在，我国柑橘溃疡病均属A菌系，即致病性强的亚洲菌系。

发病规律：病菌在病组织上越冬，借风、雨、昆虫和枝叶接触作近距离传播。远距离传播由带病苗木、接穗和果实引起。病菌从伤口、气孔和皮孔等处侵入。为害夏梢和幼果最重，秋梢次之，春梢轻。气温25℃～30℃和多雨、大风条件溃疡病盛发。苗木和幼树受害重，甜橙和幼嫩组织易感病，老熟和成熟的果实不易感病。

防治方法：一是严格执行植物检疫。严禁带病苗木、接穗、果实进入无病区，一旦发现立即彻底销毁；二是建立无病毒苗圃，培育无病毒苗；三是加强栽培管理；四是加强对潜叶蛾等害虫的防治，同时抹除抽生不整齐的枝梢；五是药剂防治。在夏、秋新梢芽萌2cm时及花后10～50天喷药，每次梢期和幼果期，均喷3～4次药。药剂可选螯合铜2000倍液或30%悬浮剂王铜600～800倍液喷雾。

碎叶病 碎叶病分布和症状：在我国四川、重庆、广东、广西、浙江和湖南等地均有发现。症状是病树砧穗结合处环缢，接口以上接穗肿大。叶脉黄化，植株矮化，剥开结合部树皮易断裂，裂面光滑。

病原：由碎叶病毒引起，是一种短线状病毒。

发病规律：枳橙砧上感病后有明显症状。该病除了由带病苗木和接穗传播外，在田间还可通过污染的刀、剪等工具传染。

防治方法：一是用指示植物鉴定选出无病母树，嫁接育苗，或对带病材料进行热处理，培育无病苗；二是对刀、剪等工具，用1%的漂白粉液消毒后，用清水冲洗；三是挖除病株，烧毁。

温州蜜柑萎缩病 温州蜜柑萎缩病分布和症状：目前，此病主要发生在我国从日本引入的特早熟温州蜜柑上。病树新梢新芽黄化，叶片中脉向下略弯，叶脉两侧显反卷，形成船形。迟展叶片因叶尖生长受阻而呈匙形，新梢发育不正常，枝叶丛生，植株矮化。船形叶、匙形叶通常在昼夜温差大时出现。常在春梢上显示症状，夏、秋梢不显症状。

病原：为球状病毒感染所致。

发病规律：寄主广泛，除柑橘外，还感染豆科等约 34 种草本植物。由汁液通过工具等传染。

防治方法：一是深翻改土；二是及时挖除病树，剪除轻病树重症枝，可减轻发病；三是用热处理或茎尖嫁接方法脱毒。

疮痂病 疮痂病分布和症状：我国柑橘产区均有发生。主要为害嫩叶、嫩梢、花器和幼果等。

症状表现：叶片上的病斑，初期为水渍状褐色小圆点，后扩大为黄色木栓化病斑。病斑多在叶背呈圆锥形突起，正面凹下。病斑相连后使叶片扭曲畸形。新梢上的病斑与叶片相似，但凸起不如叶片上明显。花瓣受害后很快凋落。病果受害处初为褐色小斑，后扩大为黄褐色圆锥形木栓化瘤状突起，呈散生或聚生状。严重时，果实小、果皮厚、果味酸而出现畸形和早落现象。

病原：疮痂病菌属半知菌亚门痂圆孢属的柑橘疮痂圆孢菌。

发病规律：以菌丝体在病组织中越冬。来年春阴雨潮湿，气温达 15℃以上时，便产生分生孢子，借风、雨和昆虫传播，为害幼嫩组织，尤以未展开的嫩叶和幼果最易感染。

防治方法：一是在冬季剪除并烧毁病枝叶，消灭越冬病原；二是加强肥水管理，促进枝梢抽生整齐健壮；三是春梢新芽萌2cm 前及谢花 2/3 时喷药，隔 10~15 天再喷 1 次药，秋梢发病地区也需保护。药剂可选 30% 悬浮剂戊唑·多菌灵龙灯福连 1000 倍液或 70% 默赛甲基硫菌灵 1000 倍液。

脚腐病　脚腐病分布和症状：脚腐病又叫裙腐病，烂蔸病，是一种根茎病害。我国柑橘产区均有发生。病部呈不规则黄褐色水渍状腐烂，有酒精味，天气潮湿时病部常流出胶液，干燥时病斑开裂变硬结成块，后扩展到形成层，甚至木质部。病健部界线明显，最后皮层干燥翘裂，木质部裸露。在高温多雨季节，病斑不断向纵横扩展，沿主杆向上蔓延，可达 30cm，向下可蔓延至根系，引起主、侧根腐烂，当病斑向四周横向扩展时，可使根颈部树皮全部腐烂，形成环割而导致植株死亡。病害蔓延过程中，与根颈部相对应的树冠，叶片小，叶片中、侧脉呈深黄色，以后全叶变黄脱落，落叶枝干枯，病树死亡。当年或前一年，开花结果多，但果小，提前转黄，且味酸易脱落。

病原：由疫霉菌引起，也有认为是疫霉菌和镰刀菌复合感染。

发病规律：病菌以菌丝体在病组织中越冬，也可随病残体在土中越冬。靠雨水传播，田间 4~9 月份均可发病，但以 7~8 月份最盛。高温、高湿、土壤排水不良、园内间作高秆作物、栽植密度过大、树冠荫蔽、树皮损伤和嫁接口过低均有利于发病。甜橙砧敏感，枳砧耐病，幼树发病轻，大树尤其是衰老树发病重。

防治方法：一是选用枳、红橘等耐病的作砧木；二是栽植时，苗木的嫁接口要露出土面，可减轻发病；三是加强栽培管理，做好土壤改良，开沟排水等工作；四是对已发病的植株选用枳砧等进行靠接，重病树要进行适当修剪，以减少养分损失；五是涂药治疗。病部浅刮深纵刻后涂药，药剂可选 99% 恶霉灵 20

倍液或 30% 悬浮剂戊唑·多菌灵龙灯福连 10 倍液或 70% 默赛甲基硫菌灵 10 倍液。

炭疽病 炭疽病分布和症状：在我国柑橘产区均有发生。为害枝梢、叶片、果实和苗木，花、枝杆和果梗也会受害。严重时引起落叶枯梢，树皮开裂，果实腐烂。叶片上的病斑分叶斑型（慢性型）和叶枯型（急性型）两种。叶枯型病斑多自叶缘、叶尖或沿主脉发生，初为淡青色似开水烫伤的水渍状小斑，后迅速扩大呈纹状，病部组织枯死后多呈 "V" 字形或倒 "V" 字形，此种症状冬春在老叶，夏秋在新叶上出现较多；叶斑型病斑多发生在老熟叶片近叶缘处，病斑中央浅灰白色，天气潮湿时病斑上会出现许多红色带黏性小粒点，干燥时则出现黑色小粒点。枝梢受害后也有两种症状，一种是由梢顶向下枯死；另一种是发生在枝梢中部，从叶柄基部腋芽处或受伤皮层处开始发病。幼果期发病，病果腐烂后，失水干枯变成浆果悬挂在树上。在 8~9 月果实生长中后期，也会发生蒂枯症状造成落果。大果染病后出现干疤、泪痕和落果三种症状。炭疽病也是重要的贮藏病害之一。

病原：病菌属半知菌亚门的有刺炭疽孢属的胶孢炭疽菌。

发病规律：病菌以菌丝体及分生孢子在病组织内越冬，环境条件适宜时，病菌分生孢子借风、雨和昆虫传播，从植株伤口、气孔和皮孔侵入。该病为弱寄生菌，凡因栽培管理不善或冻害严重、高温多雨、低温潮湿等不利的气候条件下均能加剧病害发生，成熟过度或有伤口的果实也容易感病，所以在春、夏、秋梢嫩叶期、幼果期和 8~9 月果实成熟期均有发病高峰。

防治方法：一是加强栽培管理，增施生物有机肥，做好防冻、防旱、防涝和其他病虫的防治，增强树体的抗性；二是冬季清除枯枝落叶，并集中烧毁，减少病源；三是药剂防治。在春、夏档嫩梢期和果实接近成熟时均需喷药，15~20 天一次，连续 3~4 次，药剂可选用 30%悬浮剂戊唑·多菌灵龙灯福连 1000~1200 倍液或 70%默赛甲基硫菌灵 1000 倍液；或 F500 百泰 2000 倍液。

黑斑病　黑斑病分布和症状：又叫黑星病，在我国长江流域以南柑橘产区均有发生。主要为害将近成熟的果实，叶片受害轻。症状分黑星型和黑斑型两类。黑星型发生在近成熟的果实上，病斑初为褐色小圆点，后扩大成直径 2~3mm 的圆形黑褐色斑，周围稍隆起，中央凹陷呈灰褐色，其上有许多小黑点，一般只为害果皮。果上病斑多时可引起落果；黑斑型初为淡黄色斑点，后扩大为圆形或不规则形，直径 1~3cm 大黑斑，病斑中央稍凹陷，上生许多黑色小粒点，严重时病斑覆盖大部分果面。在贮运期间果实腐烂，僵缩如炭状。

病原：此病由半知菌亚门茎点属所致，其无性阶段为柑橘茎点霉菌，其有性阶段称柑橘球座菌。

发病规律：病菌主要以未成熟子囊壳和分生孢子器落在叶上越冬，也可以分生孢子器在病部越冬，病菌发育温度 15℃~38℃，最适 25℃，高湿有利于发病，柠檬和沙田柚等发病重，橘类也易感病，柑类和橙类较抗病。大树比幼树发病重，衰弱树比健壮树发病重。田间 7~8 月份开始发病，8~10 月份为发病高峰。

防治方法：一是冬季剪除病枝、叶，清除园内病枝、病叶烧段，以减少越冬病原；二是加强栽培管理，增施生物有机肥，及时排灌，促壮树体；三是花后 1 个月至 1 个半月喷药，15 天左右 1 次，连续 2~3 次。药剂可选 30%悬浮剂戊唑·多菌灵龙灯福连 1000 倍液或 70%默赛甲基碗菌灵 1000 倍液。

煤烟病 煤烟病分布与症状：在我国柑橘产区均有发生。该病能为害枝梢、叶片和果实，开始在表面形成暗褐色霉层，后期于霉层上散生黑色小粒点，这种霉层似煤烟，手擦易脱落。霉层使光合作用受阻，并分泌毒素使植株组织中毒，严重削弱树势，植株开花少，结果少，品质低劣，重影响柑橘品质和产量。

发病规律：病菌以菌丝体、子囊壳和分生孢子器等在病部越冬，翌年随风雨传播，孢子落在蚧壳虫、蚜虫、粉虱等害虫较多的柑橘园，煤烟病发生严重。另外，果园荫蔽和潮湿也易发生。

防治方法：一是加强柑橘园管理，适度修剪，以利通风透光，降低湿度；二是药剂防治。冬季或早春用99%韩国SK矿物油绿颖160倍液清园，5月底6月初结合防治介壳虫、粉虱、蚜虫、螨类用99%韩国SK矿物油绿颖180倍液加1.8%阿维菌素3000倍液防治效果良好。

树脂病 树脂病分布与症状：在我国柑橘产区均有发生。因发生部位不同而有多个名称：发生在主杆上的称树脂病，发生在叶片和幼果上的称沙皮病，发生在成熟或贮藏果实上称蒂腐病。枝杆症状分流胶型和干枯型。流胶型病斑初为暗褐色油渍状，皮层腐烂坏死变褐色，有臭味，此后危害木质部并流出黄褐色半透明胶液，当天气干燥时病部逐渐干枯下陷，皮层开裂剥落，木质部外露。干枯型的病部皮层红褐色，干枯略下陷，有裂纹，无明显流胶。但两种类型木质部均为浅灰褐色，病健交界处有一黄褐或黑褐痕带。病斑上有许多深褐色散生或密集小点，使表面粗糙似沙粒，故称沙皮病。衰弱或冻害枝的顶端呈明显褐色病斑，病健交界处有少量流胶，严重时枝条枯死，表面生许多黑色小点称为枝枯型。病菌危害成熟果实后在贮藏中会发生蒂腐病。

病原：真菌引起，其有性阶段称柑橘间座壳菌，属子囊菌亚门；无性世代属半知菌亚门。

发病规律：以菌丝体或分生孢子器生存在病组织中，分生孢子借风、雨、昆虫和鸟类传播，10℃时分生孢子开始萌发，20℃和高湿最适宜生长繁殖。春、秋季易发病，冬、夏发病缓慢。病菌在生长衰弱、有伤口、冻害时易侵染，故冬季低温有利于病菌侵入木质部感病。大枝和老树易感病，发病的关键是湿度。

防治方法：一是加强栽培管理，增施生物有机肥，合理修剪和防冻，以增强抗病力；二是药剂防治，在春梢萌发和幼果期各喷1次药，药剂可选用30%戊唑·多菌灵龙灯福连1000倍液或70%默赛甲基硫菌1000倍液并将树干树枝喷周到。

黄斑病　黄斑病分布与症状：管理粗放的柑橘园均有发生。黄斑病有两种类型：一种是黄斑型，发病初期叶片背面出现黄色颗粒状物，随着叶片的长大发展为黄褐色或黑褐色，透到叶片正面，形成不规则的黄色斑块，叶片正反两面皆见，病斑中央有黑色小颗粒；另一种是病斑较小，初期表面生赤褐色稍凸起如芝麻大小的斑点，后病斑扩大中央微凹，灰褐色，圆形或椭圆形，后期病斑中间退为灰白，边缘黑褐色，稍隆起，叶片正反两面皆见，灰白处密生黑色小点。为害果实后，果面出现黄色凸点，果皮青黄相间，口感酸，完全失去商品价值。

发病规律：黄斑病菌生长适宜温度20~25℃，病菌在病叶上越冬，第二年温度适宜时形成子囊壳释放大量的子囊孢子，靠风雨传播。叶片发病后常引起大量落叶，严重影响树势和产量。

病原：是一种真菌引起的病害。

防治方法：一是加强柑橘园肥培管理。多施生物有机肥，注意排灌。促进树势健壮，提高抗病力；二是采果后，收集病落叶，集中烧毁，减少病菌侵入源；三是气温回升后，叶面喷施天达 2116（果树型）800~1000 倍液或补充硼（纯硼含量 20%）钼或含钼螯合态全营养叶面肥；五是喷药保护。根据病菌孢子接触寄主后并不立即侵入寄主组织的特点，使用杀菌剂防治有良好效果。春梢重点侵染期为 5 月上旬至 6 月下旬。果实重点侵染期为 6 月下旬至 7 月下旬。要抓住三次萌芽一粒米或自剪期，用 99% 韩国 SK 矿物油绿颖 180 倍液加 30% 悬浮剂戊唑·多菌灵龙灯福连 1000 倍液能有效防治黄斑病。

流胶病 流胶病分布较普遍，在柠檬栽植区较严重，部分甜橙园也有发生，主要危害主杆及主枝。

症状：在距地面 30cm 以上的主杆上，先发生油浸状褐色小点，中央产生裂缝，流出胶状物。以后病斑扩大成不规则形，组织变软，流胶增多，并有酒糟味。严重时水分、养分运输受阻，引起枝枯叶落，甚至全株死亡。

发病规律：病原菌在老病斑上越冬，第二年温度升高、湿度增大时，病菌从伤口侵入皮层。排水不良，栽植过深，嫁接部位矮，间作物距柑橘树近，枝叶过密及偏施氮肥，均容易发生此病。

防治方法：一是对土壤属碱性的橘园，用红橘作砧木；土壤属中性或偏酸性的橘园，用枳作砧木，可有效地防止发病；二是建园应选排水良好的地方，并注意排灌，避免不合理间作。密植园要及时间伐与疏剪，加强对天牛及吉丁虫等害虫防治；三是刮治病部，用 75% 酒精消毒，再涂药。药剂用 30% 戊唑·多菌灵悬浮剂龙灯福连 100 倍液或 70% 默赛甲基硫菌灵 100 倍液。

灰霉病　灰霉病主要危害花瓣，也可危害嫩叶、幼果及枝条。它在我国各柑橘产区均有发生。

症状：开花期遇阴雨连绵天气，感染病菌的花瓣开始时有水渍状小点，以后扩大使花瓣腐烂，并长出灰黄色霉层。如遇干燥天气，则变为褐色干枯状。当病花瓣掉到嫩叶或幼果上，则可使嫩叶或幼果感病。嫩叶上的病斑在潮湿天气时，呈水渍状软腐，干燥时病斑呈淡黄褐色，半透明，果上病斑常呈木栓化，形状不规则。

发病规律：该病以菌核及分生孢子在病部越冬，由气流传播。发生与否，与天气关系极大。干燥天气发病轻或不发生；反之，阴雨连绵，常严重发生。

防治方法：一是萌芽一粒米期结合防治其他病害，可用30%戊唑·多菌灵悬浮剂龙灯福连1000倍液或70%默赛甲基硫菌灵1000倍液进行周到喷雾。二是在谢花期注意及时摇落谢花，避免病花瓣侵染嫩叶、幼果。

柑橘油斑病　柑橘油斑病俗称熟印病，仅发生在成熟或近成熟的柑橘果实上。患病后的果实会产生不规则的淡黄白色病斑，大小不一，一般直径为2~3cm，个别果实扩大到果面一半以上。

明显症状是：病斑内的油胞显著突出，油胞内的组织向下凹陷，后期病斑油胞萎缩，斑块变为黄褐色。油胞本身不会引起果实腐烂，但病斑枯死后，易受青霉、绿霉菌侵染而导致果实腐烂。

发生条件：油斑病是生理性病害，果皮在湿润条件下细胞破裂渗出的橘皮油侵蚀果皮细胞而产生。油斑病发生的原因分两类：采收前果实成熟期受红头叶蝉为害刺伤，或者成熟期间刮大风、雨水较多引起；由于采摘、贮运、浸药、包装过程中人为造成的机械损伤所至。如中熟柑橘成熟期，出现刮大风、下大雨两次，其余是日暖夜凉露水重天气，容易感染此病。

防治方法：①果实成熟期间如发生红头叶蝉为害，可喷5%百事达1500倍液防治；②果实采收应在露水干后进行，雨天及露水未干时不采果；③采果时应用采果剪，并实行一果两剪，剪平果柄。采摘时轻拿轻放，果篮内应垫有海绵或柔软垫布，防止损伤果面，诱发油斑病；④采果后预贮2~3天再进行包装，调运、装箱、运输过程中避免果皮受损，同时，保鲜果的洗果液中不得加催熟剂。

锰过剩病 柑橘锰过剩病，近20年来发生逐渐增多。

症状：柑橘对锰吸收过多产生的毒害，发生在秋季至第二年春季时。其表现是在春叶（老叶）上发生深褐色不规则形斑点，开始在叶端部及叶缘发生，以后逐步向叶片其他部分扩展。冬末春初常有大量患病，最严重的叶片脱落，剩下光秃枝条或仅留下端部新叶。早橘果实在着色期出现大块绿斑，到成熟期及贮藏期时，绿斑变成紫褐色。

发病规律：由于大量多次使用含锰杀菌剂或大量施用化肥及天降酸雨，使土壤酸化，特别是在红壤地区，柑橘园土壤中的活性锰增多，因而导致柑橘树吸收锰过多，引起锰过剩病。

防治方法：一是柑橘园内杀菌剂要交换使用，避免单一、常年使用含锰杀菌剂；二是在强酸性土中，结合多施生物有机肥或有机肥加石灰；三是用0.5g硅酸钠加100L水配制药液进行叶面喷施。

温州蜜柑青枯病 温州蜜柑青枯病，在广西、广东、福建、湖南、湖北等地均有发生。此病常造成柑橘树成片死亡，对生产威胁大。

症状：该病在温州蜜柑大树及幼苗期均可发生，但以七、八年生结果树较多。发病时，先从部分大枝或全株呈失水状态开始。3~4 天后，尚保持绿色的叶片卷曲枯枯，挂在树干上或脱落。最后，嫁接口以上全部死亡。枯死枝干的树皮保持完好，尚能恢复生长，但所结果实小、畸形、皮厚、品质低劣。春季发病时，柑橘树抽梢期延迟，所抽梢短而细，有的蜜柑树甚至不抽梢。纵剖嫁接口部位的主杆，可见到上部的木质部导管被黄褐色胶状物堵塞，下部砧木的木质部仍为正常的淡黄白色。

发病原因：该病尚未查明原因。有的认为是砧木与接穗不亲和；也有认为是侵染性病害。除温州蜜柑外，南丰蜜橘及本地早也有发生。从树龄看，以七八年生树最容易发病，25 年以上及实生温州蜜柑则未见发病。一般自采果后至第二年 5 月份均能发病，而 2~4 月份发生较多，尤其是头年大量结果后，及长期低温阴雨之后突然天气转晴时，发病最严重。此外，栽培管理好坏与病害的发生也有密切关系，管理良好的柑橘园发病较轻。

防治方法：一是推广用枳作砧木的温州蜜柑，适当扩种早熟品系；二是在发病初期，表现滞育现象时，立即实施剪枝，进行全株露骨更新，并加强肥水管理，促进新树冠的形成，可完全控制病害发展；三是及时补充水分，可以缓解病害。

根线虫病 根线虫病分布和症状：在我国柑橘产区均有发生。为害须根。受害根略粗短、畸形、易碎、无正常应有的黄色光泽。植株受害初期，地上部无明显症状。随虫量增加，受害根系增多，植株会表现出干旱，营养不良症状，抽梢少而晚，叶片小而黄，且易脱落，顶端小枝会枯死。

病原：由半穿刺线虫所致。

发病规律：主要以卵和 2 龄幼虫在土壤中越冬，来年春发新稍时以 2 龄虫侵入。虫体前端插入寄主皮内固定，后端外露。由带病的苗木和土壤传播。依靠雨水和灌水，也能作近距离的传播。

防治方法：一是加强苗木检验检疫，培育无病苗木；二是加强肥水管理，增施生物有机肥和磷、钾肥，促进根系生长，提高抗病力；三是药剂防治。2～3 月份在病树周围开环形沟，用 1.8 阿维菌素 1500 倍液喷施沟面。

根结线虫病　根结线虫病分布和症状：我国华南柑橘产区发生多。线虫侵入须根，使根组织过度生长，形成大小不等的根瘤，最后腐烂，病根死亡，其他症状同根线虫。

病原：由根线虫属的柑橘根结线虫所致。

发病规律：主要以卵和雌虫越冬。环境适宜时，卵在卵囊内发育为 1 龄幼虫，蜕皮后破壳而出，成为 2 龄幼虫，活动于土中，并侵染嫩根，在根皮和中柱间为害，且刺激根组织过度生长，形成不规则的根瘤。一般在通透性好的沙质土中发生严重。

防治方法：同根线虫病。

日灼病　日灼病分布和症状：日灼病又名日绕病，我国柑橘产区均有发生，主要为害果实，是果实接近成熟时的一种生理障碍。其症状始为小褐色斑点，随后逐渐扩大，病部凹陷．形状和大小各不相同。

病原：生理障碍，夏、秋季的酷热和强烈光照曝晒，使果实表面温度达到 40℃以上，而导致果实向阳面出现灼伤。

发病规律：不同的柑橘品种均会发生，但以脐橙、温州蜜柑发病重。枳砧柑橘较其他砧柑橘发生多，土层浅的山地柑橘园较土层深厚的平地果园发生多。

防治方法：一是深翻土壤，促进根系健壮，增加根系的吸水能力，保持地上部和地下部生长平衡；二是及时灌水、喷雾、覆盖土壤，不让干旱；三是在日灼果发生初期用纸（最好白纸）粘贴于受害部位，或用套袋加以防治，四是用天达 2116 细胞稳态剂 1000 倍咬施果面。

五、柑橘果实贮藏期的主要病害与防治方法

柑橘的贮藏期的病害很多，主要是两大类，一是病原物侵染所致的侵染性病害，如青霉病、绿霉病、黑腐病、蒂腐病等；另一类是生理性病害，如褐斑病（干疮）、枯水、水肿病等。

青霉病和绿霉病　青霉病和绿霉病分布和症状：分布很广。青霉病发病适温较低，发病以北缘柑橘产区为主。绿霉病在气温较高的柑橘产区发生较多。青霉病、绿霉病初期症状相似，病部呈水渍状软腐，圆形，后长出霉状菌丝，并在其上出现粉状霉层。但两种病症也有差异，后期病症区别尤为明显。两种症状比较如表 4-1：

表 4-1　青霉病和绿霉病的症状对照表

病害名称	青霉病	绿霉病
孢子丛	青绿色，可发生在果皮上和果心空隙处	橄榄绿色，只发生在果皮上
白色菌丝带	较窄，仅 1~2mm、外观呈粉状	较宽，8~15mm，略带胶着状，有皱纹
病部边缘	水渍状，规则而明是对包裹纸和其他接	水渍状，边缘不规则，不明显
黏着性对	触物无黏着力	包裹纸黏在果上，也易与其他接触物黏结
气味	有霉味	有芳香气味

病原：青霉病为意大利青霉侵染引起，它属半知菌，分生子无色呈扫帚状；绿霉菌由指状青霉所侵染，分生孢子串生无色单胞近球形。

发病规律：病菌通过气流和接触传播，由伤口侵入，青霉病发生的最适宜温度为18℃~21℃，绿霉病发生的最适宜温度为25℃~27℃，湿度均要求95%以上。

防治方法：一是适时采收；二是精细采收，尽量避免伤果；三是对贮藏库用硫磺熏蒸、紫外线照或喷药消毒；四是果实采收后，用于贮藏的应挑出残次果后立即用药剂浸果。药剂可用百可得加扑霉灵；五是改善贮藏条件。通风库以温度5℃~9℃，湿度90%为宜。多采用通风贮藏库，通过门窗启闭，调节温、湿度。

黑腐病　黑腐病分布和症状：黑腐病又称黑心病，对宽皮柑橘为害重。病菌由伤口和果蒂侵入，通常有两种症状：一是病斑初期为圆形黑褐斑，扩大后为微凹不规则斑，高温高湿时病部长出灰白色的绒毛状霉，此为心腐型；二是蒂腐型。果蒂部呈圆形褐色、软腐，直径约1cm的病斑，且病菌不断向中心蔓延，并长满灰白色至墨绿色的霉。

病原：由柑橘链格孢菌所致，属半知菌。

发病规律：病菌在枯枝和烂果上生存。分生孢子靠气流传播至花或幼果上潜伏于果实内，直至果实贮藏一段时间出现生理衰退时才发病。高温、高湿易发病，果实成熟度越高越易发病。

防治方法：一是病菌来自田间，应加强田间防治。发病多的果园可在4~5月间用螯合铜2000~3000倍液或30%悬浮剂戊唑·

多菌灵龙灯福连 1000 倍液或 70% 默赛甲基硫菌灵 1000 倍液防治；二是适时采收，精细采收。

炭疽病　炭疽病分布和症状：在柑橘贮藏保鲜中、后期发生较多的病害。常见的症状有两种：一种是在干燥贮藏条件下，病斑发展缓慢，限于果面，不侵入果肉；另一种是在湿度大的情况下产生软腐型病斑，病斑发生快，且危及果肉。在气温较高时，病斑上还产生粉红色黏着状的炭疽孢子。病果有酒味或烂味。

病原：由属于半知菌亚门的盘长孢子状刺盘孢所致。

发病规律：病菌在病组织上越冬。分生孢子经风、雨或昆虫传播，从伤口或气孔等处侵入树体。寄主生长衰弱，高温高湿时易发生。

防治方法：加强田间管理，增强寄主抵抗力。冬季结合清园，剪除病枝。发病果园，抽梢后喷 30% 悬浮剂戊唑·多菌灵龙灯福连 1000 倍液或 70% 默赛甲基硫菌灵 1000 倍液防治。连喷 2~3 次。果实采收后，用百可得加扑霉灵浸果。

蒂腐病　蒂腐病分布和症状：在我国柑橘产区均有发生。分褐色蒂腐和黑色蒂腐病两种。褐色蒂腐病状为果实贮藏后果蒂与果实间皮层组织因形成离层而分离，果蒂中的维管束与果实连着，病菌由此侵入或从果梗伤口侵入，使果蒂部发生褐色病斑。由于病菌在囊、瓣间扩展较快，使病部边缘呈波纹状深褐色，内部腐烂较果皮快，当病斑扩展至 1/3~1/2 时，果心已全部腐烂，故名穿心烂。黑色蒂腐病多从果蒂或脐部开始，病斑初为浅褐色、革质，后蔓延全果，病斑随囊瓣排列而蔓延，使果面呈深褐蒂纹直达脐部，用手压病果常有琥珀色汁流出。高湿时病部长出污黑色气生菌丝，干燥时病果成黑色僵果，果肉腐烂。

病原：褐色蒂腐病由柑橘树脂病菌所至。黑色蒂腐病的病原有性阶段为柑橘囊孢壳菌，属子囊菌；在病果上常见其无性阶段，病原称为蒂腐色二孢菌，属半知菌亚门。

发病规律：病菌从果园带人，在果实贮藏阶段才发病。病菌从伤口或果蒂部侵入，果蒂脱落、干枯和果皮受伤均易引起发病，高温高湿有利于此病发生。

防治方法：一是加强田间防治，将病源杀灭在果园；二是适时、精细采收，减少果实伤口；三是运输工具、贮藏库进行消毒；四是药剂防治同青、绿霉病。

褐斑病 褐斑病分布和症状：褐斑病又称干疤，是果实贮藏期间常发病害，尤其是不用薄膜包裹的发生较多。通常果实贮藏 1~2 个月开始发病，且随贮藏期的延长而发病增多。病果蒂缘凹陷并扩散，病斑有网状、块状、点状和木栓状等形状。其中块状和木栓状等多数病斑带菌；网状和点状为生理病害。干疤多数只为害果皮，但病斑大时果实会产生酒味，继而感染青、绿霉病。

病原：不清楚。有人认为是果实失水皱缩、机械伤和油胞凹陷所致。

发病规律：此病田间也发生，贮藏期间低湿是发病的主要原因，不同品种发病程度有异，如皮光滑的哈姆林橙干疤较锦橙发病重。

防治方法：一是提高贮藏环境的湿度；二是采用薄膜包裹，使果实保持新鲜；三是其他同青霉病、绿霉病防治。

枯水病 枯水病分布和症状：枯水病是宽皮柑橘贮藏后期发

生的生理性病害。症状主要是果皮发泡，果皮与果肉分离，汁胞失水干枯。枯水时，使果实失去食用价值。

病原：是一种生理性病害。目前，较多的看法是果皮白皮层结构疏松是枯水的重要原因。

发病规律：偏施氮肥，用激素保果，使果皮增厚、变粗的易发生枯水。延迟采收或贮藏时温度过高，也易出现枯水。

防治方法：一是科学施肥，氮肥使用不宜过多，特别是6月底以后需严格控制氮肥施用；二是不用激素保果，果实膨大期用天达2116（果树型）1000倍液加液态钙镁滋喷2~3次；三是适时采收；四是果实采收后进行预贮，可减轻枯水发生。

水肿病 水肿病分布和症状：水肿是是冷库和气调贮藏中常出现的生理性病害。病果初期是果皮失去光泽，显出由里向外渗透的浅褐色斑点。以后渐发连片，严重时整个果实呈"水煮熟状"。其白皮层和维管束也变为浅褐色，易与果肉分离，且囊壁上出现许多白色小点。病果有异味。

病原：生理性病害，系长期处于不适宜低温或氧气不足，二氧化碳过量环境，导致果实生理失调所致。

发病规律：在库温3℃以下，二氧化碳3%以上的库内易发生水肿。此外，高湿可促使水肿提早发生和蔓延。在贮藏中，用薄膜包裹的比用纸包果的发病率高。

防治方法：一是库内贮藏温度不宜过低，湿度和二氧化碳浓度不宜过高；二是适时采收。

酸腐病 酸腐病是柑橘贮藏期常见病害之一，用薄膜包装的果实更易发生。

症状：果实染病后，出现橘黄色圆形斑。病斑在短时间内迅速扩大，使全果软腐，病部变软，果皮脱落。后期出现白色黏状物，为气生菌丝及分生孢子，整个果实出水腐烂并发生酸败臭气。

发病规律：病菌从伤口侵入，首先在伤口附近出现病斑。由果蝇传播及接触传染，本病具较强的传染力。在密闭条件下容易发病。

防治方法：一是注意果实采收时的卫生，是防治贮藏期病害的关键。采收不要在雨后或晨露未干时进行。从采收的整个过程，直到搬运、分级挑选和包装打蜡等，应避免机械损伤，特别要避免拉果剪蒂、果柄过长及剪伤果皮；二是用防腐保鲜剂浸果，可收到很好的防治效果。即百可得 5g+扑霉灵 5ml+2.4D（1~2g），兑水 5~7.5kg 浸果；三是采收用的果篓果箱及运输用的车厢和贮藏库，要进行消毒处理。贮藏库可用 $10g/m^3$ 硫磺密闭熏蒸 24 小时；四是贮藏时保持适当的温湿度：甜橙为 1℃~3℃，温州蜜柑和椪柑为 7℃~11℃，相对湿度为 80%~85%，并注意换气；五是搞好田间卫生，及时修剪病枝和腐朽枝条；六是及时清除烂果与流出的汁液。

第四节　绿色食品柑橘采收及采后处理技术

绿色食品柑橘除了选择无污染的环境条件，采用绿色的栽培管理技术外，另一方面是果实采收和采后处理时更应注重防止再次污染，以保证广大消费者真正食用的柑橘果实是绿色食品。

绿色食品柑橘果实成熟表现为果汁增加，果汁中的糖含量增加，酸含量下降，可溶性固形物增加，果皮及果肉的色泽表现出品种的固有特性，果肉组织软化，产生芳香物质。绿色食品柑橘果实成熟受温度、光照、水分、土壤、地势和栽培管理技术等的影响，判断柑橘果实是否成熟，主要依据果实的着色和风味。

一、影响绿色食品柑橘果实成熟的因素

1. 气温对绿色食品柑橘果实成熟的影响。在果实发育期间，高温会使果实中的酸含量减少，成熟提早。气温低，果汁中酸含量减少速度缓慢，使成熟延迟，但果皮的着色因秋季低温而变好，同样，高纬度地区或高海拔地区，由于秋季气温的迅速下降，果实也会提前着色，果实着色是指果实表皮由青转黄的过程。果实充分长大和保持一定时间的 20℃左右的温度是着色的条件，在这样的条件下，叶绿素分解，类胡萝卜素显现。

2. 日照对绿色食品柑橘果实成熟的影响。日照多、高温、少雨，可促进绿色食品柑橘果实的成熟；阴雨连绵，光照不足，果实着色减缓，成熟推迟。山地柑橘园，通常阳坡果实的着色比阴坡早。

3. 土壤水分对绿色食品柑橘果实成熟的影响。夏、秋季干旱，土壤水分不足，可促进果实的着色。秋雨绵绵，尤其是土壤肥沃的柑橘园，会使果实的着色和成熟延迟。

4. 土壤质地对绿色食品柑橘果实成熟的影响。土壤质地、深浅、肥沃程度等影响果实的着色和成熟。沙质壤土，一般土温上升较快，吸收和保持水分、养分的能力弱，果实具有早熟的趋势。土质疏松、土层浅，着色提前。相反，则着色推迟。

5. 栽培措施对绿色食品柑橘果实成熟的影响。在栽培措施中，诸如施肥、修剪、甚至病虫害防治均可影响果实着色、成熟。在果实发育后期，施用氮、钾肥过多，会使果实的着色和成熟延迟，减酸缓慢。若多施磷肥，可促进果实减酸，成熟提早。施氮多，结果量少，着色推迟。施氮少，坐果多，可提前着色。幼果期至着色前喷施天达 2116（果树型）800～1000 倍液或喷施 1.8%高效植物生长调节剂爱多收 5000 倍液 2～3 次，可加快果实膨大，调节果实整齐一致，促进果实提早着色。

二、不同用途果实的采收时期的确定

1. 产地鲜销果实采收的成熟度：要求达到该品种的固有色泽、风味和香气，果肉变软，糖、酸和可溶性固形物达到标准。

2. 运往外地的鲜销果实：应比产地鲜销的果实稍早采。

3. 出口外销的果实：应根据进口国家和地区的要求来确定。通常对销往香港、澳门特区及新加坡、马来西亚的比销往俄罗斯和东欧各国的要求成熟度高。

4. 采后贮藏的果实：可比鲜销的果实早采，一般在果面三分之二转色，果实未变软，接近成熟时采收。

5. 用于蜜饯加工的果实：可提前采收。

6. 留树贮藏的果实：可在留树贮藏期间，根据市场需要，随销随采。

绿色食品柑橘果实过早采收，因果实未充分长大、成熟，影响产量和品质，而且恶性早采，会严重影响消费者信誉度，导致卖橘难等不良循环。早采的贮藏果实易失水、果汁少、风味酸。过迟采收影响果实的贮藏性，不耐贮、腐烂率高，贮后果汁虽多，但风味淡薄、酸少。

表 4-2　我国柑橘产区各主栽品种成熟期对照表

产地	品种	成熟期
浙江黄岩	本地早 早橘 温州蜜柑	11 月上中旬 10 月上中旬 10 月中旬至 12 月初
重庆江津	甜橙 红橘	12 月上中旬 11 月下旬
广东汕头	蕉柑 甜橙	12 月上旬至翌年 1 月下旬 11 月中旬至 12 月中旬
湖北宜昌	甜橙 温州蜜柑	11 月中旬 10 月中旬至 11 月中旬
江西南丰	南丰蜜橘	11 月上旬
福建漳州	蕉柑 碰柑 甜橙	12 月中旬 11 月下旬 11 月中下旬
广西柳州	沙田柚	11 月下旬
湖南衡山	中熟温州蜜柑	11 月中旬
浙江衢州	椪柑	11 月中下旬
浙江温州	瓯柑	11 月下旬至 12 月上旬
陕西城固	红橘	11 月中下旬

三、柑橘采收前后的准备和注意事项

1. 柑橘采前做好一切准备工作，包括对产量的预测、采收工具及采收劳力的安排，保证采收有序进行，保证质量，不损伤果实。

2. 严格按采收规程采果。一株柑橘树的采果规程应先外后内，先下后上，要求用圆头果剪采果，采用复剪。具体剪法是第一剪果实带果梗在约 1cm 处剪下，第二剪（复剪）齐萼片整齐地

剪去果梗，因两次剪梗，故称复剪。复剪剪口平、光滑，不会有果梗过短，伤及萼片或果梗过长，刺伤其他果实的弊病。

3. 分工合作，提高采果效率和质量。根据采果人员的体力和技能，每3~5人一组，进行合理分工，合作采果，以提高质量和效率。

4. 装箱、装车量适度。不论是果实装箱，还是果箱装车，载量均应适度，一般八九成满为宜，轻装轻放。运输中应避免果实受大的震动而发生新伤。

5. 选晴好天气采收，雨天不采，果面露水未干不采。

6. 采果注意事项。一是采果人员忌喝酒，以免乙醇使果实不耐运；二是采果人员指甲要剪平，最好戴手套，以免刺伤果实；三是凡下雨、起雾的天气，树体水分未干时均不采果。刮大风也不宜采果；四是采果时实行复剪，严禁强拉硬采而拉脱果蒂，因为拉松果蒂的果实易发生腐烂。轻拿轻放，严禁掷果；五是入库贮藏的果实应在果园进行初选，果实不得露天堆放过夜。

绿色食品柑橘采后处理，一定要防止再次被污染。具体程序包括：分级、包装、冷贮、运输、销售，不马上销售的果实则进行贮藏保鲜。

四、绿色食品柑橘果实分级及方法

一是初选：初选主要是剔除畸形果、病虫果和新伤果等，通过初选可使柑橘生产者了解所生产的柑橘质量，并对果实的等级心中有数，同时减少精选工作量。

二是分级方法：分手工用分级板和机械打蜡分级机。

（1）分级板：是常用的手工分级工具，分级时将分级板支架支撑，下置果箱，分级人员手拿果实从小孔至大孔比漏（切勿从大到小比漏）以确保漏下的洞孔为此级的果实，为了正确分级，必须注意以下事项：

①分级板必须经过检查，每孔误差不得超过 0.5mm。

②分级时果实要拿正，切不可横漏或斜漏，漏果时应用手接住，轻放入箱，以免导致果实新伤。

③自由漏下，不能用力将果实从孔中按下。

（2）打蜡分级机：由提升传送带、洗涤箱、打蜡抛光带、烘干箱、选果台、分级装箱、预冷等 7 部分组成。

提升传送带：由数个辊筒组成的滚动式运输带，将果实传送入清水池。

洗涤装置：洗涤由漂洗、涂清洁剂、淋洗三个程序完成。漂洗水箱：盛清水（可加允许的杀菌剂），并由一抽水泵使箱内的水不断循环流动，以利于除去果面部分脏物和混在果中的枝叶等。水箱上面附设一传送带，可供已漂洗的果实传到下一个程序。清洁剂刷洗和清水淋洗带：该部分上方由一喷水喷头前后组成，下方是一组毛刷辊筒组成的洗刷传送带。果实到达后，果面即被涂上清洁剂，经毛刷洗刷去污，接着传送到喷水喷头下进行淋洗，经清洗过的果实传送到打蜡抛光带。

打蜡抛光带：该工段由一排泡沫辊筒和一排特制的外包马鬃铝筒制成的打蜡刷前后组成。经过清洗的果实，先经过泡沫辊筒擦干，减少果面的水渍，再进入打蜡工段。经上方的喷蜡嘴喷上蜡液等，再经打蜡毛刷旋转抛打，被均匀地涂上一层蜡液，打过蜡的果实进入烘干箱。

烘干箱：以柴油燃烧产生 50~60℃ 的热空气，由鼓风机吹送到烘干箱内，使通过烘干箱的果实表面蜡液干燥，形成光洁透明的蜡膜。

选果台：由数个传送辊筒组成一个平台，打蜡的果实由传送带送到平台，平展地不断翻动，人工剔除劣果，使优质果进入自动分组带。

分级装箱：可按6个等级大小进行分级，等级的大小通过调节辊筒距离来控制。果实在上面传送滚动时，由小到大筛选出等级不同的果实，选漏的果实自动滚入果箱。

预冷：凡是用打蜡分级机处理的果实，一定要及时送到预冷库预冷，避免果实变味，失去果实应有的品质，影响销售信誉。

打蜡包装机生产线全部工艺流程：

原料→漂洗→清洁剂洗刷→擦洗（干）→涂蜡（或喷涂允许的杀菌剂）→抛光→烘干→选果→分级→装箱（装袋）→预冷→成品。

五、绿色食品柑橘果实包装

柑橘果实包装的作用：一是为了在运输过程中果实不受机械损伤，保持新鲜，防止污染和避免散落和损失。包装可减弱果实的呼吸强度，减少果实水分蒸发，降低自然失重损耗，减少果实之间病菌传播机会和果实与果实果箱间摩擦而造成的磨损。

二是果实包装后，特别是装饰性包装（礼品包装）还可增加对消费者的吸引力和扩大果品的销路。

三是包装上箱的产品必须标注绿色食品的产品名称、净重量、规格、产地、采收日期、包装日期、生产单位、执行标准代号及产品商标内容，起到产品溯源的良好效果。

六、绿色食品柑橘对包装的要求

（1）包装厂或包装场地要求通风、防潮、防晒、防雨、温度

25℃~30℃、相对湿度60%~90%、干净整洁、无污染物，不能存放有毒、有异味物品。

（2）包装可采用单果包装，但包装材料应清洁、质地细致柔软、无污染。

（3）果品包装箱应排列整齐，内可用清洁、无毒的柔韧物衬垫。果箱内用瓦楞纸箱或镂空塑料箱，结构牢固适用，且干燥、无霉变、无虫蛀、无污染。

（4）每批次包装箱规格应做到一致，其规格可按CB/T13607规定执行，且每箱净重不超过20kg或应客户要求包装。

（5）绿色食品柑橘包装上应标注绿色食品的产品名称、净重量、规格、产地、采收日期、包装日期、生产单位、执行标准代号及产品商标内容。

七、绿色食品柑橘果实主要包装技术

（1）纸或薄膜单果包装袋包裹：每一果实包一张纸或一个单果包装袋，交头裹紧。甜橙交头在果蒂部或果顶部，柠檬交头在果腰部，装箱时包裹纸交头应全部向下。

（2）装箱：果实包好后，即应装入果箱，一个果箱内只能装同一个品种、同一个级别的果实，外销果应按规定的个数装箱，装箱应按规定排列，底层果蒂一律向上，上层果蒂一律向下，果形长的品种可横放，底层应摆均匀，以后各层注意大小、高矮搭配，以果箱装平为度，装箱前先要垫好箱纸，两端各留半截纸作为盖纸。装果后折盖在果实上面，果实装毕应分组堆放，并注意保护果箱，防止受潮、虫蛀、鼠咬。

（3）成件：按要求封箱，做好标志，待运。

八、绿色食品柑橘的运输

绿色食品柑精运输，是采收后到入库贮藏或应市销售过程中必须经过的生产环节，运输质量直接影响绿色食品柑橘耐贮藏性、安全性和经济效益，严禁运输过程中对果实产生再次污染。

绿色食品柑橘的运输，应做到快装、快运、快卸。严禁日晒雨淋，装卸、搬运时要轻拿轻放、严禁乱丢乱掷。装运箱应清洁、干燥、无异味，长途运输宜采用冷藏运输工具。运输最适宜温度，甜橙类3℃~5℃、宽皮柑橘类5℃~8℃、柚类8℃~10℃。

运输方式：分短途运输和长途运输，短途运输是指绿色食品柑橘果园到包装场（厂）、库房、收购站或就地销售的运输。短途运输要求浅装轻运，轻拿轻放，避免擦、挤、压、碰而损伤果实；长途运输系指柑橘果品通过汽车、火车、轮船等运往销售市场或出口。长途运输最好用冷藏运输工具，但目前难以全部达到。目前运货火车有机械保温车、普通保温车和棚车3种，以机械保温车为优。运输途中的管理是运输成功的重要环节。运输途中应根据各类柑橘对运输环境条件（温度、湿度等）的要求进行管理，减少运输中果品的损失。当温度升高，超过适宜温度时，可打开保温车的通风箱盖或半开车门，以通风降温；当车厢外气温降到0℃以下时，则堵塞通风口，有条件的还可加温。

果实运至市场后，即进入销售，是果品直接与客商、消费者交易的阶段。果品的批发，与客商交易；果品的零售，直接与消费者交易。不论是批发或是零售，均应继续防止绿色食品柑橘再次被污染，使真正的绿色食品柑橘到消费者手中。

九、绿色食品柑橘的贮藏保鲜

绿色食品柑橘的贮藏保鲜，是通过人为的技术措施，使采摘后的果实或挂树已成熟的果实，延缓衰老，并尽可能地保持其固有的品质（外观和内质），使果实拉开季节，周年供应。

鉴于果实采后或成熟后挂树贮藏仍是一个活体，会继续进行呼吸作用，消耗养分，故应采取保鲜技术，避免果实腐烂和损耗。

绿色食品柑橘的贮藏保鲜，必须在无污染的条件下进行。

绿色食品柑橘的采后贮藏保鲜，常分为常温贮藏保鲜和低温贮藏保鲜。常温贮藏保鲜的果实的变化，大多向坏的方向发展。如果实失水萎蔫、生理代谢失调、抗病力减弱，糖、酸和维生素C含量降低、香气减少、风味变淡等。低温贮藏保鲜的果实，可人为控制温度和湿度，甚至调节气体的成分，将常温中出现的变化，控制在一定的限度以内。

酸是果实贮藏中消耗的主要基质，糖也消耗一部分，但因水分减少，有时糖分的相对浓度并未下降，柑橘贮藏时间，一般以2~3个月为宜，但不同种类和品种的柑橘耐贮性各异，通常温州蜜柑的中晚熟品种可贮2~3个月；椪柑（中、北亚热带产区）可贮3~4个月；脐橙可贮2个月左右；锦橙可贮3~4个月；沙田柚可贮4~5个月；晚白柚和矮晚柚可贮3~4个月；柠檬可贮4~5个月，贮藏保鲜期之长短，要根据品种的耐贮性，更应看重市场的需求，做到该售就售，决不惜售。

十、影响绿色食品柑橘果实贮藏保鲜的因素

影响果实贮藏保鲜的因子很多，其主要的因素：一是种类、品种不同，贮藏性各异：如沙田柚、柠檬等高糖、高酸的品种耐贮，普通温州蜜柑较早熟温州蜜柑耐贮。

二是砧木不同，贮藏性各异：砧木对嫁接后的柑橘树生长发育，环境适应性，产量、果实品质、贮藏性和抗病性等方面都有影响，用不同砧木作甜橙的砧木，以枳、红橘作砧木的果实耐贮性好。先锋橙贮藏中显现褐斑（干疤），最轻的是枳砧，甜橙砧居中，宜昌橙砧较重。

三是树体生长结果不同，贮藏性各异：

树龄：青壮年树比幼龄树、过分衰老的树所结果实耐贮藏。

长势：长势健壮树结果实比长势过旺的树所结果实耐贮藏。

结果量：结果过多，肥水跟不上，果小色差，果实的耐贮性也差；结果少，因大肥大水，果虽大，但味淡色差的果实，也不耐贮藏。

结果部位：同一株树，不同部位所结的果实，耐贮藏性各异。向阳面果实比背阴面果实耐贮性好，顶部、中部和外部所结的果实比下部、内膛所结的果实耐贮藏。

四是栽培技术不同，贮藏性各异：

（1）修剪、疏花、疏果：经修剪、疏花、疏果留下的果实，因通风透光条件改善，营养充足，果实充实、品质好、耐贮藏。

（2）合理施肥：合理施肥能增加果实贮藏性。通常施氮的同时多施钾肥，果实酸含量提高，贮藏性增加；反之施氮肥时少施钾肥，果实的贮藏性降低。

（3）科学灌水：根据需要进行灌溉的柑橘园，果实品质和耐贮性好。但果实采收前2~3周若灌水太多，会延迟果实成熟、色差，果实不耐贮。

（4）采前喷药：采前喷允许的高效植物生长调节剂、杀菌剂或其他营养元素的可增强果实的耐贮性，如喷施天达2116或1.8%高效植物调节剂爱多收效果就显著。

（5）采收质量：采收质量高，果实耐贮。

（6）装运条件：装载适度，轻装轻卸，运输途中不使果实震动太大而受伤，可使果实保持完好而耐贮。

（7）环境条件不同，贮藏性各异。环境条件主要是气温、光照、雨量等。

十一、温度、湿度对绿色食品柑橘贮藏保鲜的影响

温度。尤其是冬季的温度影响果实的贮藏性。冬季气温过高，果实色泽淡黄，使果实的贮藏性变差；反之，冬季连续适度低温，可增加果实的贮藏性。

果实呼吸作用在一定温度范围内，随温度的升高而增强。温度越高，呼吸作用越大，消耗的养分越多。果实的保鲜时间就越短。此外，微生物的活动能力，在一定的温度范围内，也随着湿度的升高而加快。常温保鲜的果实，开春后易腐烂，风味变淡，主要是果实呼吸加强和微生物活动加快所致。温度过低也会引起对果实的伤害。

湿度。影响贮藏保鲜果实水分蒸发速度，湿度大，果实失水少；湿度小，果实失水多。一般柑橘果实含 85%～90% 的水分，保鲜湿度过低，果实会失水过多而引起萎蔫，既损耗大，又影响外观和内质。

十二、气体成分对绿色食品柑橘贮藏保鲜的影响

气体成分与果实贮藏保鲜关系密切。氧气为果实正常生命活动必不可少的重要条件，在有氧的情况下，果实进行正常的有氧呼吸；氧气不足的情况下，果实进行不正常的缺氧呼吸，不仅产生乙醇，使果实变味；而且产生同样的能量，比正常的有氧呼吸消耗的营养物质多得多。故贮藏保鲜场所应适当通风，使氧气和

二氧化碳浓度适宜。有时为了延长果实保鲜期，用提高二氧化碳的浓度来降低果实的呼吸强度，但浓度不能超过一定的范围，否则会产生生理性病害。通常情况下，柑橘果实贮藏氧的浓度不低于19%，二氧化碳的浓度不低于2%~4%。

国外果蔬采后商品化处理的先进经验。果蔬商品化处理是果蔬采摘后的重要工作。一些发达国家特别重视这方面新技术研究和开发，并达到相当发达的程度，并已在商业上大量应用，取得了巨大的经济效益。现代果蔬采后商品化处理具有应用标准化、组织化、自动化和配套化的特点。

一是标准化。目前世界上一些商品经济发达的国家，十分重视对标准化工作的智力和财力投资。在果蔬产销的各个环节都有相应的标准和技术规格，严格控制商品质量，使生产者能获得较好的收益，消费者也能购买到质优鲜嫩的商品。如美国、日本、澳大利亚、新西兰等国已将标准化作为果蔬现代化生产和管理的纽带。一些国际组织还制定了统一的果蔬商品质量标准。通过标准的制定与实施，强化了流通中商品的质量管理，有利于果蔬依质论价、优质优价。

二是组织化。发达国家果蔬采后商品化处理工作有的是以农户为单位，有的是由许多农户成立的小型合作社为单位，还有的是由许多农户成立的大型合作社为单位。农业合作社已经开始进一步完善经济过程，把一级合作社聚集起来组成二级或三级合作社。多年的经济完善过程不仅体现在组织和管理方面，而且在产品集中供应、市场批发方面已经取得了良好的效果。果蔬采后商品化处理技术必须满足消费者和经营者的共同意向，既服务于国际市场，又服务于国内市场。

三是自动化。果蔬采后商品化处理技术工作最初是由人工完成，以后逐步向半机械化和机械化方向发展，特别是将电子计算机及光电子学用于分选，使得自动化程度进一步提高。

多数现代化果蔬采后处理技术工作站具有包括采收、清洗、预冷、涂蜡、分级、包装和运输等机械设备，但要根据处理的产品种类和规模选择设备，自动化的好处不仅在于节省劳力，提高工作效率，还可以克服不同人之间的操作差异。但是机械对果蔬也容易造成伤害，需要进一步完善。

四是配套化。现代果蔬采后商品化处理技术工作集采后处理、运输和贮藏为一体。除配有采后处理、分级和包装的机械外，还配备了冷藏运输车及冷藏车和气调库。并将包装车间与冷藏库和气调库连接起来，生产场地内还设有凉棚，以便于空包装容器的堆放。这些设施的科学选用和合理配套也是提高工作效率、保障经济收益的一个重要方面。

第五章　柑橘病虫统防统治生产模式 在绿色食品柑橘生产上的发展与前景

柑橘病虫害专业化统防统治，是指具备一定植保专业技术条件的服务组织，运用其现代化专业设备和技术，开展契约性和社会化服务，并根据契约区域内柑橘病虫害的发生发展情况，制定适应该区域柑橘病虫害的防控的方案，优化控防措施、在最佳防控适期实施病虫防控行动的总和。

现代农业发展的新形势对柑橘病虫害的防治提出了新的要求，要求柑橘病虫害的防治要实现机械化、规模化和专业化。目前，全国各柑橘产区都在按照上级要求，积极尝试主动探索柑橘病虫害统防统治生产模式，并取得了一定的成效。

柑橘病虫害在我国各大柑橘产区发生普遍，其为害程度比其他作物严重，目前柑防病治虫是柑橘生产中劳动强度最大、用工最多、技术含量最高、任务最重的环节。随着农村青壮年劳动力大量外出务工，劳动力出现结构性短缺，迫切需要发展专业化发展组织来解决一家一户防病治虫难的问题。多年的生产实践证明，柑橘病虫害专业化统防统治，适应现阶段农村、农业生产实际，适应病虫害防治规律，是全面提升柑橘植保工作水平的有效途径，是保障柑橘产业安全、农产品质量安全和农业生态安全的重要措施。是转变农业发展方式的有效途径，其服务的产业是农业，服务的对象是农民，服务的内容是防灾、减灾，不仅具有很强的公益性质，而且符合现代农业的发展方向，对保障产业安全和促进农民增收意义深远，作用重大。近年来，各地加大了统防统治工作的探索与推广力度，全面推进，取得显著成绩。

第一节　柑橘病虫专业化统防统治的意义

发展柑橘病虫害专业化统防统治是当前和今后一个时期推进植保工作的一项重要任务，是适应现代农业生产经营方式转变和发展现代农业的必然趋势和方向。而柑橘是我国大宗特色农业产业之一，实施柑橘病虫专业化统防统治对生产绿色食品柑橘具有更加重要的意义。

一是柑橘病虫专业化防治是新型社会化服务体系的重要组成部分，不仅有利于解决现阶段农村一家一户防治病虫难的问题，而且还能把发展规模化经营和农村经济发展有机地结合在一起，在一定程度上缓解了农民进城务工后老弱劳动力从事农业生产的后顾之忧，是当前植保工作的一项重要任务，也是适应现代农业生产经营方式转变和发展现代农业的必然趋势和方向。

二是柑橘病虫害专业化统防统治，能提升病虫防控能力，确保柑橘产业安全。实践证明，专业化统防统治，由于是由专业人员来实施，能够真正做到特定区域防治时间的统一，因此，能够确保同一区域防治步调一致，能够快速、高效、准确控制病虫为害，防治效果明显高于分散防治。

三是柑橘病虫害专业化统防统治能减少环境污染，确保农产品质量安全。目前我国柑橘生产仍以分散经营为主，大多数农民缺乏病虫防治的相关知识，不懂农药使用技术，施药观念和使用的药械都较落后，仍然习惯大容量、针对性的喷雾方法，农药利用率低，农药飘逸和流失严重，盲目、过量用药现象较为普遍。这不仅加重农田生态环境的污染，而且常导致农产品农药残留超标等事件。推进专业化防治，不仅可以实现安全、科学、合理使用农药，提高农药利用率、减少农药使用量，降低橘农病虫防治成本，有利柑橘增产和橘农收入，而且还可以从生产环节上入手，降低农药残留污染，保障生态环境安全和农产品质量安全。同时，通过组织专业化防治，普遍使用大包装农药，减少了包装废弃物对环境的污染。

四是柑橘病虫害专业化统防统治能加快新技术的推广普及，实现柑橘产业的可持续发展。病虫害专业化防治组织的出现，改变了面对千家万户农民开展培训的困局，大大降低培训面，增强培训效果。通过专业化防治组织，可以迅速推广普及新技术，实现病虫害的科学防治。

第二节　柑橘病虫统防统治发展历程

柑橘病虫害专业化统防统治的发展经历了一个从无到有、从初期探索到全力推进的发展过程。

2008年前处于自由发展阶段，之后，开展探索发展，2009年农业部在杭州召开全国专业化统防统治经验交流会，2010 年农作物病虫统防统治工作写入中央一号文件，农业部将此项工作列为整个种植业的工作重点，全面实施包含柑橘在内的农作物病虫害专业化统防统治"百千万行动"，2011 年在长沙成功召开全国农作病虫害专业化统防统治工作会，部署全面推进工作，出台《专业化统防统治管理办法》。

2012 年中央一号文件再次要求大力推进，农业部开展了"百强组织"评选活动，树立典型。2013 年开始利用重大农作物病虫害防治补助资金 8 亿元，开展对专业化统防统治服务组织和农民进行补贴试点。专业化统防统工作一年一个台阶，进入快速发展阶段，成为近年来植保工作的一大亮点。据有关部门报道，到 2019 年，全国有病虫害专业化防治组织 10 多万个，其中注册登记且在农业部门备案的有 3 万余个，从业人员达到 150 余万人，日作业能力达到 430 多万 hm^2，专业化统防统治覆面积达 5000 万 hm^2，实施面积 9000 万 hm^2。

各级农业植保部门认真落实农业部的要求，切实将专业化统防统治作为当前和今后一段时期重要的工作任务来抓，并大力推进。通过强化行政推动，加大扶持力度，积极扶持专业化防治组织，搞好技术服务和指导，广泛开展农民宣传培训，注重树立典型，扩大示范带动，引导专业化防治组织开展规范化服务，提高了服务能力和水平。

各地通过项目或经费补贴促进工作开展。据有关报道，浙江省从 2007 年就开始实施财政补贴项目，对全程参加柑橘、粮食等作物病虫害专业化统防统治的农户每 $667m^2$ 补贴 40 元，并从 2012 年开始拓展到其他果树和茶叶，2013 年实施 2.43 万 hm^2 发放补贴资金 148.8 万元。江苏省在 2012 年 2 个县试点的基础上，2013 年拿出 3500 万元在 17 个县扩大试点，扶持 256 个专业化服务组织，以每 667m² 补贴 40 元的标准补贴病虫害防治用工费用。各地各级农业部门积极利用各类农业综合项目，加大补贴额度，为防治组织补贴、配置高效施药机械，大大提高了防治作业效率和防治效果，提高了组织及机手的收益水平，较好地解决了机手难聘问题，有力地推动了专业化统防统治的深入开展。

通过购置和开发高效药械推进发展。2013 年，部分防治组织更加关注高效的适应柑橘产业的航化施药机械，通过租赁大型直升飞机，购买小型三角翼飞机、动力伞、遥控飞机等，在柑橘上开展航化施药作业 6.7 万 hm²。

农民企业家、中国林果无人机植保创导者周阳华先生创建了"翼腾飞农业科技有限公司"，公司充分运用现代无人机航空技术成果，致力于农用无人飞机开发与应用推进智慧农业的发展；着力适应无人机飞防药剂配制与防治效果检测研究；植保飞防服务机制探索和无人机操作技术培训。该公司秉承"让中国农民用上全世界最好的科技装备"的宗旨，采用世界首款 Q50 油动直驱多旋翼技术和现代化数据操控技术，实现了无人驾驶飞行作业，该无人机具有独特的强劲下压风场，使药液雾滴细至 0.8~0.6 微米，雾化农药可喷洒到果树的每片叶子的正反两面及树干上，实现了现代农业装备的新突破。该装备融省时、省力、省工、省药四大优点于一体，加一次油可飞行 1~4h，而且吊重量高达 60~90kg，一次起降可喷洒农田 30 亩或果林 12 亩，一天可喷洒果林 300~400 亩、粮食、油料作物 2500~3000 亩，可广泛适用于农田作物、园林作物、森林防病治虫和叶面施肥喷施。由于该设备对药液的高强雾化效果，加上喷洒均匀，实现了在确保防效的前提下，节省用药 30% 的省药效果。目前该公司投资 1.5 亿元，开发油动直驱多旋翼无人机。2019 年以来，公司利用现有 150 架油动直驱多旋翼无人机，在新疆承担 1 万 hm^2 棉花病虫防治，在广西承担 5000hm^2 柑橘和 1.5 万 hm^2 甘蔗的病虫防治任务，赢得得了广大农业农村工作者共鸣和受益农民的一致赞誉。Q50 油动直驱无人机研究和成果应用是我国植物保护史上的重大创新。世界杂交水稻之父、中科院院士袁隆平了解这项重大创新成果后，对其给予了高度肯定，并欣然挥笔写下"翼腾飞防，未来以来"八个强劲的大字。

通过整村推进示范带动发展。湖南省在 60 个县开展成建制连片 10 个村以上的整村推进示范，并建立"三赢"模式核心示范区。实现了农民有较大实惠，即服务区病虫防治效果比农民传统自防自治普遍提高了 10%，专业化防治组织每 667m^2 实现利润 20 元。

各级农业部门认真贯彻中央一号文件，按照农业部的部署和要求大力推进专业化组织建设取得显著成效，专业化统防统治覆盖率，又快又好地解决了一家一户防病治虫难题，提高施药水平和防治效果，为保障农产品质量安全和农业增产农民增收、产业增效发挥了巨大作用。

专业化统防统治适合新的生产关系，劳动力转移而带来的防病治虫难题，提高了用药水平和防治效果，已逐步成长为病虫防控大军。病虫专业化防治组织的出现，改变了以往面对千家万户开展培训的困局，提高了培训效果，解决了服务农民的"最后一公里"问题。湖南、江苏在病虫害统防统治时，全面应用大包装农药，有效减少了农药包装废弃物对环境的污染。各柑橘产区在农业行政主管部门的指导下实施农药减量，实践尝试减少防治次数，降低农药用量提高作业效率在 5 倍以上，防治效果比农民自治普遍提高了 10%以上。大面积示范显示，专业化统防统治实现了防治效率、效果、效益"三高"，做到了损失、用工和用药"三减少"；体现果农、机手和防治组织的"三方满意"，有力地促进柑橘产业、农产品质量和农业生态环境的安全。

第三节　现阶段柑橘病虫统防统治存在问题

近年来，各地统防统治工作实践表明，虽然全国专业化防治组织数量快速增长，但组织规模和服务能力都参差不齐，发展尚不平衡，发展空间和后劲差异很大，主要表现在以下十一个方面：

1. 农户分散经营与病虫害统防统治不相适应。目前农村实行的"家庭联产承包责任制"是在一家一户基础上的相对分散经营，这无疑给柑橘病虫害专业化统防统治工作带来了前所未有的挑战。

2. 病虫害防控主体力量薄弱。近年来，由于农村大量青壮劳动力外出务工，导致农村留守人员大多为老人、妇女，由于这部分人中文盲、半文盲比例很大，不仅致使作物种植水平下降，而且农田管理上常造成盲目喷药、无效喷药。

3. 基层植保体系不健全。不少乡镇农技站中经验丰富的植保员在机构改革中被下岗分流，专业人才大量流失，植保专业技术人员严重缺乏。由于植保工作比较艰苦，大学毕业生不愿从事植保工作，即使有也是身兼数职，难以做到专人专职。

4. 缺乏相应的管理机制。缺乏防治效果评定、服务费用收取的标准，服务方式不够规范，服务内容比较单一，服务人员技术水平参差不齐。同时存在缺乏高效施药机械、后勤保障跟不上以及解决纠纷的方法不完善等问题。

5. 缺少政策、资金、技术支持。专业化防治工作是"公共植保，绿色植保"的重要体现，尤其在起步阶段，需要政府积极的政策引导和财政的大力支持，设立柑橘病虫专业化防治专项补贴资金，为病虫害的专业化防控工作提供经费保障。

6. 现有防治组织规模小，缺乏较好的盈利模式、发展的内生动力不足。一方面，多数地方成立的专业化防治组织普遍规模偏小，主要是依靠相关农业项目配备的一些背负式机动喷雾机在本村开展病虫害防治服务，服务面积多在 $35 \sim 70 hm^2$ 之间，服务方式是以代防代治为主，喷 1 次药收 1 次费，所收的防治用工费 $5 \sim 8$ 元$/667m^2$，用于支付机手工资。同时，另一些地区，主要作物的病虫害发生轻、防治次数少，也影响了专业化统防统治组织的发展。由于其规模有限，难以直接从农药生产企业购进价格较低的农药，影响其利润，进而影响其机械更新及扩大再生产。另一方面，种植大户主导型的防治组织，自己购买各种农业机械，顺带为周边农民提供服务。由于机手难聘，管理费事，继续扩大服务规模、为更多农民提供服务的意思较弱。由于该类组织规模有限，难以形成规模效益，收取的防治用工费，不足以支付机手工资，发展壮大的内生动力严重不足。

7. 防治组织承担的风险大，存在后顾之忧。一方面，柑橘病虫害属自然灾害范畴，受环境和多方因素制约，其不可预见性、暴发性和灾害性特点突出，特别是在服务过程中，常常遇到一些突发性病虫、旱情灾害等不确定因素，在一定程度上增加了防治服务风险，影响承包服务收益和服务组织的发展壮大。专业化防治组织是根据往年的平均防治次数与农民签订防治合同，并收取定金的，当遇突发性病虫为害或病虫暴发为害需增加防治次数时，服务组织将会减收甚至出现亏本现象；在雨季，降雨重喷补治也经常存在。另一方面，田间病虫害发生、为害及防治的关键期，通常为高温天气，一旦遭遇意外或重大事故，合作组织将面临灭顶之灾。有位植保专业合作社负责人感慨万千地说：我们开展统防统治服务时间不长，积累的资金本来就非常有限，我们整天提心吊胆，担心一旦出现柑橘病虫大量害暴发和机手遭受意外事故死亡，就会导致合作社负债累累甚至解体。可见，专业化防治组织承受着巨大的风险，在缺乏相应政策扶持的前提下，均在谨慎发展，不敢快速扩张，致使对其有兴趣的其他企业望而却步，影响了社会资本入市的积极性。

8. 机手难聘，防治队伍不稳定。目前，专业化防治组织感到的最大困难就是难以聘到足够的机手，防治队伍极不稳定。表面的原因是由于机手辛苦一天，收入不足 200 元，低于一般劳务收入，无任何吸引力，但其根本原因是缺乏高效、优质的施药机械，现有的植保机械还是以半机械化产品为主，要靠人背负或手工辅助作业，机械化程度和工作效率低，而且施药性能差，防治效果欠佳，机手收益低，队伍流失严重，难以稳定。

9. 技术培训和指导不够，从业人员技术素质不能满足统防统治的要求。病虫害专业化统防统治是适应现代农业发展的"组织

+技术"的社会化服务行为，由于缺乏专项培训和必要的工作经费，人员少、设备落后、面对的防治任务重、范围大，向下延伸难度大，植保技术机构对专业化防治组织的培训和指导难以到位，不能具体参与和指导所有服务组织的防控方案制定。一些刚起步或发展中的组织往往与植保技术机构缺乏沟通，特别是在掌握病虫动态信息、制定防治方案、把握施药时间、用药技术等方面未能接收到应有的技术指导。大部分防治组织除接收当地植保部门的病虫情报外，并未得到其他的具体技术指导。另外，防治组织聘请的机手普遍年龄偏大，接受的培训不够，技术水平不高，难以胜任科学防治病虫害的需要。

10. 市场培育力度不足，服务组织市场运作难。对专业化统防统治的宣传、引导不够，多数农民，甚至个别地方领导，对专业化统防统治缺乏了解，特别是对其潜在的、长期的、环境友好的优势不了解，对最能体现规模效益的专业化统防统治和专业化承包防治认识不到位，担心效果，未形成共识，尚未全力推进。也有些地方，农民虽有防治服务的需求，但由于支付的费用低，服务组织认为无利可图，双方未能协商一致，影响统防统治工作。同一地区的农民接受程度有差异，未能整村推进，工作中因频繁转场作业，耗时费力，影响作业效率和统防统治效果。也有部分防治组织依靠上级部门利用不同项目提供的免费施药机械为农民开展防治服务，市场化运作能力弱，收费低、规模小，只能勉强维持，自身积累不足，当机器损坏而又无法获得继续扶持的情况下，就会失去服务能力。

11. 施药机械落后，制约防治组织的发展。施药机械是物化技术，高效、优质施药机械，能显著提高农药利用率和防治效果。目前，使用的普通液泵喷雾机，农药利用率不到15%，单喷头喷枪雾化效果较差，难以保证施药的均匀一致性；其对机手的技术要求较高，防治效果存在较大的不确定性，因此落后的施药机械不仅未能满足专业化防治发展的需要，而且成为限制专业化统防统治规模化发展的最大瓶颈。

第四节　推进柑橘病虫统防统治的主要对策

　　针对目前生产中存在的问题和困难，可以从积极争取有关扶持政策、广泛调动农民参与积极性、完善农业保险保障制度、化解防治组织后顾之忧，研发高效施药机械，并加大推广力度、消除制约瓶颈、加强防治组织的服务和引导等方面加强工作。

　　第一，强化示范引导，努力提高橘农参与和支持统防统治的积极性。当前，我国农村大量青壮劳动力外出务工，导致农村留守人员大多为老人、妇女，由于这部分人中文盲、半文盲比例很大，不仅使作物种植水平下降，而且农田管理上常造成盲目喷药、无效喷药，特别是柑橘红蜘蛛、蚧壳虫、锈壁虱、柑橘粉虱、炭疽病等暴发性的病虫发生年份增多，一家一户分散防治难以奏效。针对这种情况，要积极倡导和大力扶持合作社拓展统防统治。统防统治机构与农户签订服务合同，除农机化"三包"外，还实行统一领导、统一指挥、统一供药、统一喷雾，通过现场会等方式，以点带面，推动整村、整乡、整县重大病虫害防治工作。

　　第二，强化从业人员技术培训，努力提高防治组织技术素质。培养素质好，事业心强，技术水平高，能吃苦耐劳的技术骨干，是做好统防统治工作的必备条件。一是聘请专家坐堂授课，讲解统防统治过程中有可能出现的各种问题及解决办法；二是采取现场会的形式，言传身教，提高专业机防队员的实际操作技能，提高统防统治水平；三是定期进行研讨，对出现问题及时进行研究（如药效差、药害等问题），拿出有效的解决办法。

仅仅由县级植保植检站对专业化防治组织进行有限的综合防治技术培训是远远不够的，乡镇农技推广站要根据上级部门的要求，对从业人员加强安全用药、无害化防治技术和药械维修、故障排除等技能方面的培训。不仅仅在室内，更要到田间地头培训指导，从而全面提高专业化防治组织的科学防控能力。

第三，充分调动农民参与积极性，实施乡镇整区域推进。①改革惠农补贴发放方式，将惠农补贴资金通过完善服务协议后，以转移支付方式直接用于支付包括柑橘在内的农作物病虫统防统治所需要的人工工资和农药成本，让惠农补贴资金真正应用于农业产业发展，使之发挥应有的效果。②建立奖励扶持制度。奖励和扶持承担专业化统防统治任务的服务组织和种植大户，按照政府购买服务的防治方式进行项目化合同管理、率先在粮食、棉花、柑橘、茶叶等大宗农产品和特色农产品生产区、病虫害发生源头区实施，逐步向其他作物拓展。设立专项经费，支持县市植保部门和乡镇农业技术推广站，积极探索整乡镇、整县推进的技术服务与社会化服务管理模式。③广泛开展宣传培训。各地农业部门应制定一揽子宣传培训计划，组织专门力量、制定专项措施，定期检查考核，将组织宣传发动工作落实到乡、村。通过电视，广播等媒体，采用明白纸、宣传画册、示范片展示等形式，广泛宣传推进柑橘及其他农作物病虫害专业化统防统治的重要性、科学性和必要性，与农民算经济账，力争做到家喻户晓。特别是防治组织在他乡开展异地防治服务时，必须由当地植保技术部门带当地乡镇村干部和当地防治组织共同开展宣传培训。④抓好示范展示，搞好典型引导。建立专业化统防统治示范样板区，组织农民现场观摩、使其眼见实效，引导其自愿接受专业化防治服务。

第四，化解防治组织后顾之忧，吸引社会资本参与。①全面落实农业政策性保险制度。目前国内各大保险机构均开设了农业保险业务，国家财政、省市、县财政对农业保险分别实施了投保补贴（其中湖南 2020 年柑橘投保补贴标准为中央财政 30%、省市财政 30%、县级财政 5%），农户只负担 35%。支持和鼓励防治组织、农民专业合作社、家庭农场、种植大户带头参加农业保险。以提高专业化统防统治组织应对风险的能力，同时，积极引导保险机构推出专业化统防统治的商业性保险；鼓励引导防治组织为机手购买人身意外伤害保险。②设立重大病虫害防治物资的储备制度。扩大应急防控物资储备规模，当突发新的病虫害或常规重大病虫害暴发为害频率较常年的防治次数显著增加时，由专家组统一评估，可以调配防控物资供防治组织使用，③争取免税和低息贷款等扶持政策。为发展初期的专业化统防统治营造良好政策氛围，吸引社会资本参与，由新入市的资本牵头，将一些规模小，如大户型的防治组织作为自己的村级服务站，统一组建起来，实现规模效益，更好地适应土地流转，特别是种植大户，家庭农场、专业会计等新型农业经营主体防治的需求。

第五，化解难题，突破瓶颈。

①将高效施药机械当作特殊农机，单独制定补购政策，提高补贴比率。与普通农机相比，施药机械具有涉及安全性问题多，对使用者要求高，在作物生长期间作业具有特殊性等特点，从整个农业生产环节看，目前普遍用于病虫害防治的是机械化程度最低的机械。如果将翼腾飞农业科技有限公司开发制造的Q50油动直驱多旋翼无人喷药机的购买和操作技术培训，单独制定购机补贴政策，对快速推广这项高新植保机械具有非常重要的意义。

②加大对施药机械的研发投入，生产和推广高效的施药机械，是专业化防治组织提高防治效益，增强自我发展能力的物质基础。国家从发展战略的高度统筹规划，制定出一系列以企业为核心，加大对施药机械生产企业研发投入的短期和中、长期发展目标，逐步开发出一系列适合我国农作物种植特点的高效、对靶性强、农药利用率高，且价格适中的植保机械。

③推广区域化种植模式。各级农业行政主管部门，组织栽培与植保方面的专家，共同研究适合高效施药机械作业的生产栽培模式，实现农机农艺有机融合。同时充分将农田道路、灌溉和沟渠设施等建设统筹兼顾，创建能够实现可持续发展的"高产创建模式"。

④积极鼓励引导防治组织延伸服务链。防治组织通过延伸服务链，开展农业综合服务增加效益，稳定队伍，提升自身实力和发展空间。

第六，更好发挥农业植保部门推进工作的积极性。农业部门或植保机构扶持和发展公益性服务专业化统防统治组织，一方面增加工作经费，主要用于工作发动和宣传、病虫测报、信息传递、药效试验、抗性监测、技术培训和指导、防效调查和评估等；另一方面增加仲裁职能，即在各地农业植保部门增加仲裁的职能，公平、公正妥善处理各类赔偿纠纷，及时化解矛盾。

第七，各级农业植保部门要切实加强对防治组织的服务和引导。①指导和督促专业化防治组织建立健全各种规章制度，合理收费，诚信服务，提高服务水平，保障防治服务的正常运行。②尽快研究出台行业准入制度，如各地专业化统防统治收费标准、防治技术标准、防治效果评定标准、损失赔偿标准等一系列标准。③利用现代通信手段及时提供病虫发生情况和防治适期等方面的信息服务；指导制定科学防控方案；加强新型、高效施药机械施药技术研究，更好地指导防治组织改善施药技术，提高防控技术水平。④积极争取有关项目为开展承包防治的服务组织配备绿色防控设备，引导专业化防治组织开展农业防治、物理防治、生物防治和科学用药，改变病虫防控就是用药防治的传统观念，树立综合防治的理念，真正将综合防治落到实处。⑤引导和鼓励专业化防治组织从厂家购进大包装农药，同时选用新型、高效施药机械，实现两条腿走路，在提升防控能力的同时拓展盈利空间。

第六章　生物有机肥在绿色
食品柑橘生产上应用与潜力

第一节　生物有机肥发展与趋势

生物有机肥是指特定功能微生物与主要以动植物残体（如畜禽粪便、农作物秸秆等）为来源并经无害化处理、腐熟的有机物料复合而成的一类兼具微生物肥料和有机肥效应的肥料。生物有机肥对实现资源节约型、环境友好型社会具有重要意义，是实现农业可持续发展和生产绿色食品的必然选择。

一、生物有机肥的研究背景

中国肥料行业现状肥料是重要的农业生产资料，农业的持续稳定发展离不开肥料。化肥因其速效养分含量丰富，增产效果显著，在生产中被广泛应用。目前，中国的化肥生产量和使用量位居世界第一。在生产方面，除氯化钾外，其他主要化肥品种均已呈现过剩状态。在应用方面，存在肥料使用结构不合理，过量施用和利用率低的问题，具体表现为农民在生产过程中只注重化肥的使用，对有机肥和微生物肥料则十分轻视，且为了获得更好的肥效，盲目加大化肥的施用量。

当前世界农作物化肥施用量为 $120kg/hm^2$，中国农作物化肥施用量为 $328.5kg/hm^2$，远高于世界平均水平。化肥过量施用、盲目施用带来了成本的增加、环境的污染、土壤的退化等一系列问题。

土壤是一个国家最重要的自然资源。南京农业大学沈其荣教授认为土壤基础地力是实现作物产量潜力的关键因素，就每千克化肥在不同作物上的平均增产效果而言：

1975 年在相应作物上每施用 1kg 化肥：稻谷可增产 25kg、油料可增产 15kg、棉花可增产 10kg；

2008 年在相应作物上每施用 1kg 化肥：稻谷可增产 8～9kg、油料可增产 6～7kg、棉花可增产 5～6kg。

化肥报酬的急剧下降表明，随着化肥的长期使用，土壤的基础地力正在逐渐减弱，而土壤基础地力的减弱已成为影响中国农业可持续发展和农作物高产、稳产的重要限制因素。随着人们对环境问题和土壤循环利用认知的逐步提高，传统的化肥已不能满足农业发展的需要，为实现农业可持续发展，发展高效环保肥料势在必行。

二、中国农业废弃物基本状况

农业废弃物是指在整个农业生产过程中被丢弃的有机类物质，主要包括农作物秸秆和畜禽粪便等。中国是农业大国，农业废弃物数量巨大。这些废弃物既是宝贵的资源，又是严重的污染源，若不经妥善处理进入环境，将会造成环境污染和生态恶化。

中国是秸秆资源最为丰富的国家之一，有关专家估计，每年可产生9亿多吨的秸秆。然而，秸秆的资源化利用率并不高，每年约有30%以上的秸秆腐烂或焚烧，不仅造成了资源的浪费，而且给环境造成了极大的危害。

随着中国畜禽养殖业的快速发展，畜禽粪便的产生量也在迅速增加。有研究表明，中国畜禽粪便产生量1980年超过了14亿吨，2011年达21.21亿吨，预计到2020年和2030年将分别达到28.75亿吨和37.43亿吨。然而，现阶段绝大部分畜禽粪便得不到充分利用。调查表明，目前中国大型畜禽养殖场的畜禽粪便无害化处理技术和能力不足，再加之主观上也不想因处理粪便和废液增加更多的生产成本，致使养殖场所产生的畜禽粪便和废水多为直接排放，给环境带来了极大的负面影响，威胁着人类的安全与健康。因此，积极探索农业废弃物资源化利用方式，使其化害为利、变废为宝，对中国农业的可持续发展具有重要意义。

生物有机肥是农业可持续发展的必然选择基于目前化肥使用和农业废弃物现状，积极寻求高效环保的化肥替代品，积极探索农业废弃物资源化利用的方式，已成为国内外农业研究的热点。在此背景下，生物有机肥以其独特的优势为农业废弃物和作物生长搭建起一座桥梁，开辟出一条以"农业废弃物——生物有机肥——作物"为循环模式的可持续发展道路。如：湖南湘佳现代农业有限公司（属湖南湘佳牧业股份有限公司的全资子公司）。该公司引进国内先进技术，实施畜禽粪污资源化利用，建成了年处理畜禽粪污20万吨的生物有机肥生产线。该生产线通过微生物高温发酵处理，生产出优质生物有机肥，成就了行业的标杆，为生产绿色、有机农产品奠定基础，为农产品质量安全、农业废弃物资源化利用、繁荣农村经济和绿色农业发展提供了有力保障。

首先，施用生物有机肥是提高土壤基础地力、改善农产品品质的重要途径。生物有机肥研制和生产的初衷是集有机肥料和生物肥料优点于一体，既有助于提高作物产量，又能培肥土壤、调控土壤微生态平衡、减少无机肥料用量，从根本上改善农产品品质，符合中国农业可持续发展和绿色农产品生产的方向。其次，生产生物有机肥是农业废弃物资源化利用的重要手段。农业废弃物中含有丰富的作物生长必需的营养元素和有机养分，将其资源化利用制成生物有机肥，通过微生物的作用使有机物矿质化、腐殖化和无害化，以供作物吸收利用，不仅可以缓解农业废弃物对环境的压力，也可以变废为宝，获得一定的经济效益。综上所述，生物有机肥作为一种高效无污染环保型产品，是农业可持续发展的必然选择。

三、生物有机肥的优势与作用机理

生物有机肥的优势生物有机肥是在堆肥的基础上，向腐熟物料中添加功能性微生物菌剂进行二次发酵而制成的含有大量功能性微生物的有机肥料。它与其他肥料相比具有培肥土壤、改善农产品品质等优势。与化肥相比，生物有机肥的营养元素更为齐全，长期使用可有效改良土壤，调控土壤及根际微生态平衡，提高作物抗病虫能力，提高产品质量。与农家肥相比，生物有机肥的根本优势在于：生物有机肥中的功能菌对提高土壤肥力、促进作物生长具有特定功效，而农家肥属自然发酵生成，不具备优势功能菌的特效。与生物菌肥相比，生物有机肥包含功能菌和有机质，有机质除了能改良土壤，其本身就是功能菌生活的环境，施入土壤后功能菌容易定殖并发挥作用；而生物菌肥只含有功能菌，且其中的功能菌可能不适合现有的土壤环境，无法存活或发挥作用。另一方面，生物有机肥比生物菌肥价格更为便宜。

生物有机肥的作用机理

发酵菌和功能菌的作用。作物施用生物有机肥后，其中的发酵菌和功能菌大量繁殖，对改良土壤、促进作物生长、减轻作物病害具有显著效果。主要原因在于：

（1）肥料中的有益微生物会在土壤中大量定殖形成优势种群，抑制其他有害微生物的生长繁殖，甚至对部分病原微生物产生拮抗作用，以减少其侵染作物根际的机会。

（2）功能菌发挥功效增进土壤肥力，比如施用含固氮微生物的肥料，可以增加土壤中的氮素来源；施用含解磷、解钾微生物的肥料，其中的微生物可以将土壤中难溶的磷、钾分解出来，以便作物吸收利用。

（3）肥料中的许多微生物菌种在生长繁殖过程中会产生对作物有益的代谢产物，能够刺激作物生长，增强作物的抗病抗逆能力。

生理活性物质的作用生物有机肥富含多种生理活性物质，比如维生素、氨基酸、核酸、吲哚乙酸、赤霉素等生理活性物质，具有刺激作物根系生长、提高作物光合作用的能力，使作物根系发达，生长健壮；各种有机酸和酶类，可以分解转化各种复杂的有机物和快速活化土壤养分，使有效养分增加，供作物吸收利用；其中的抗生素类物质，能提高作物的抗病能力。

有机无机养分的作用。生物有机肥中既含有氨基酸、蛋白质、糖、脂肪等有机成分，还含有 N、P、K 以及对作物生长有益的中量元素（Ca、Mg、S 等）和微量元素（Fe、Mn、Cu、Zn、

Mo 等）。这些养分不仅可以供作物直接吸收利用，还能有效改善土壤的保肥性、保水性、缓冲性和通气状况等，为作物提供良好的生长环境。

四、生物有机肥的发展现状

1. 生物有机肥的生产现状

生产企业。南京农业大学沈其荣教授在 2014 年底的一次访谈节目中提到，目前中国生物肥或生物有机肥企业 300 多家，登记产品 2058 个，平均每个企业年生产量较小。其中大部分企业没有菌种生产条件，而且各厂家的生产条件、技术水平及生产工艺不尽相同，产品质量参差不齐。2016 年以来，湖南湘佳牧业股份有限公司在大力发展畜禽养殖、畜禽产品冷链物流的同时，积极探索养殖废弃物的资源化利用，建成了湖南省第一家年产 20 万吨的生物有机肥公司——湖南湘佳现代农业有限公司，其产品广泛应用于石门县及其周边县市的柑橘、茶叶、蔬菜等绿色食品生产基地，远销广西、贵州、湖北、江西、内蒙古、海南等地。

益生菌种的生产生物有机肥质量的优劣主要取决于其中所含益生菌的作用强度和活菌数量，目前生物有机肥的生产中通常使用活性强且耐高温、高渗、干旱等抗逆性较强的菌种，且在生产过程中要考虑各种菌剂之间的相互作用，不可随意混合。根据微生物在生产中的作用可分为发酵菌和功能菌。发酵菌多由复合菌系组成，具有促进物料分解、腐熟、除臭的功能，常用菌种有酵母菌、光合细菌、乳酸菌、放线菌、青霉、木霉、根霉等；功能菌是指能在产品中发挥特定的肥料效应的微生物，以固氮菌、溶磷菌、硅酸盐细菌等为主，在物料腐熟后加入。

生产工艺。生物有机肥的生产主要包括发酵菌促进物料腐熟过程、添加功能菌二次发酵过程和成品加工过程。通过发酵使物料完全腐熟是整个生产的关键环节，在发酵腐熟阶段，多数企业采用槽式堆置发酵法。水分、C/N比、温度、pH、通风情况等过程参数直接影响物料腐熟的程度和发酵周期。待物料完全腐熟后，添加固氮菌、溶磷菌、解钾菌等复合功能菌群进行二次发酵，通过控制发酵条件提高产品中的有益活菌数，从而达到增强生物有机肥肥效的目的。为了提高产品的商品性和保证产品中有益微生物的存活率，成品加工多以圆盘造粒后低温烘干工艺为佳。

生物有机肥的应用现状现阶段，国内种植户施用生物有机肥的积极性不高，生物有机肥使用率相对较低，主要在蔬菜、水果、中草药、烟草等附加值较高的经济作物上应用。但随着人们消费水平和安全意识的提高，对绿色有机农产品的需求日益增强，生物有机肥将会成为农业生产的必然选择。目前，生物有机肥在一些生态示范区、绿色和有机农产品基地应用取得了较好的效果，这对生物有机肥今后的推广应用起到良好的示范作用。

生物有机肥对作物产量的影响与施用等价的化肥相比，施用生物有机肥可使西瓜、番茄、大白菜、柑橘增产25.5%、35.9%、41.6%、42.6%，达到极显著水平，对辣椒、花菜、棉花、水稻等也有显著的增产效果。据比较试验结果显示，与施用等价的磷酸二铵相比，施用湘佳生物有机肥可使花生增产31%。

生物有机肥对作物品质的影响与单施化肥相比，生物有机肥的施用可显著提高柑橘果实品质；还可改善番茄、辣椒的品质，使番茄和辣椒中维生素C及还原糖的含量增加。通过研究不同施肥方式对柑橘、茶叶、烟叶品质的影响，发现施用湘佳生物有机肥可使柑橘可溶性固物增加，总酸降低，糖酸比显著增加，同时可显著降低易诱发癌症的硝酸盐含量，在改善柑橘果实口感、提高产品安全性方面具有重要作用。对茶叶、烟叶的品质也有明显提高。

生物有机肥对土传病害的防治效果国内外大量研究表明，施用生物有机肥可以有效防治土传病害。利用对枯萎病有拮抗作用的多黏类芽孢杆菌制成的生物有机肥，其田间防治效果达到73%。由枯草芽孢杆菌Ⅱ-36和Ⅰ-23分别制成的茄子专用生物肥BIO-36和BIO-23，经盆栽试验验证，这两种肥料均能有效抑制茄子青枯病，防病率分别为96%和91%。目前，生物有机肥在防治蔬菜、水果、烟草等作物土传病害方面效果十分显著，是防治土传病害的一条重要且有效的生态调控防病途径。

2. 生物有机肥的发展趋势

发展对策。目前世界各国对农业的可持续发展问题高度关注，不断加大对生物有机肥的开发、生产及应用力度。中国生物有机肥产业虽然有了一定的发展，但由于多方面的原因，仍存在一些不足和亟待改进完善的地方。未来，中国生物有机肥的发展还需从以下3个方面进行努力。

（1）提高产品质量。提高生物有机肥产品质量，主要从菌种选育、工艺优化和开发新产品3个方面入手。

在菌种选育方面，应加大对促进根系生长、转化土壤养分、防控土传病害、消减与钝化根际有毒有害物质等特定功能的农业微生物菌种资源的挖掘与利用。另外，为保证产品在加工、运输、储存等过程仍保持较高的生物活性，应加强对抗逆性强的芽孢杆菌属的应用。

在工艺优化方面，研发与建立不同固体有机废弃物堆肥资源化利用技术与工艺，根据不同来源的废弃物，建立配套工艺与技术，以满足变化多端的有机废弃物资源化利用产业需求。同时，优化工艺参数，进而提高产品质量、缩短生产周期、降低生产成本。在这方面，湖南湘佳现代农业有限公司首创"三重发酵、深度腐熟"的先进发酵工艺，通过使初级发酵、主发酵和后熟陈化三阶段紧密结合，科学调控，并且在各发酵阶段高压曝气和机械翻抛同步进行，彻底解决了有机废弃物堆肥发酵不彻底、发酵周期长的老大难问题，真正达到了无害化和腐殖质化的良好的腐熟效果。

在开发新产品方面，结合生产实际，加大创新力度。沈其荣教授在2014年山东微生物肥料发展高峰论坛上提到，未来应加强对新型肥料产品——全元生物有机肥的研发生产力度。全元生物有机肥指的是集有机肥、化肥（包括速效化肥、控缓释化肥、稳定性化肥）、生物肥为一体的新型生物有机肥料。简单说，就是含有无机养分、功能菌和有机质3种养分的肥料。它既可以给当季作物提供足够的养分，还能为土壤中增加有益菌和有机质，改良土壤中的微生物区系，使得原来有病害的土壤、养分转换慢的土壤，逐渐变成健康的土壤、养分转化快的土壤。未来应加强对新型全元生物有机肥的复配技术与工艺的研发，生产出适合不同土壤、不同作物和不同气候条件的新型全元生物有机肥料产品。

（2）规范产品管理。目前市场上生物有机肥产品品种繁多，包装丰富多样，质量良莠不齐，针对这些问题，相关行业管理部门应加强对产品的检测和监管，对于市场上的假冒伪劣行为，必须严厉打击，严惩不怠。

（3）加大推广力度。政府、企业和相关农业技术部门应合力加强对生物有机肥的宣传、推广，配套专项资金，开展生物有机肥施用效果的试验与示范，可通过示范、讲解、现场指导等方式，向农民展示生物有机肥的应用效果，让农民从根本上了解生物有机肥的经济效益和生态效益，提高农民使用生物有机肥的积极性和自觉性。2017 年湖南湘佳现代农业有限公司主动参与石门县生物有机肥替代化肥技术推广活动，举办生物有机肥应用技术推广会 80 余场次，开展生物有机肥替代化肥示范 6000 余亩，让农民充分了解生物有机肥对改良农田土壤、提高农作物产量和品质的效果，赢得了农民对生物有机肥的广泛认识赞誉。

第二节　微生物肥和生物有机肥的区别

土壤有益微生物是维系土壤有机平衡、可持续发展的关键物质。微生物肥是在土壤有益微生物极度减少、化学物质大量侵蚀、养分匮乏、质地板结的情况下产生的一类土壤肥力间接补充物质。

微生物肥——是由一种或几种微生物菌组成的制剂；含有这类制剂的有机肥、复合肥也相应地称之为微生物有机肥，复合微生物肥。微生物肥的主要特点是以特定的微生物的生命活动使作物得到特定的肥料效应。

微生物肥的产生与发展土壤中的养分有矿物性（迟效性）与速效性之分，矿物养分含量虽多，但作物不能直接吸收利用，随着化学肥料的大量施用，作物产量虽不断提高，土壤中的速效养分却越来越少，而且土壤越来越板结。

早在1912年，前苏联就有人发现了土壤中的有益菌株，当时称为"孢子杆菌"。1930年苏联人亚历山大研究了该种微生物，认为是芽孢杆菌，有活化、分解土壤、把矿物性营养分解为速效性营养的作用。

20世纪50年代，中国开始研究此项技术，1956~1958年在新疆棉花上应用，可增产20%左右。

1984年国家在河北立项研究，1993年全国土肥站长会议把"硅酸盐细菌"定名为生物钾。而后又相继开发了一系列土壤有益微生物菌类，并由农业部在河北保定定点生产。

微生物菌剂的生产和利用为维系土壤养分平衡、恢复土壤有机状态开辟了新的途径，也是世界施肥史上一次革命。

微生物肥的分类目前市场上销售的含有微生物菌类的产品很多，一般都称之为微生物肥，质量良莠不齐，国家在此方面的规定也不十分完善。

菌剂，也就是微生物菌的原始制剂，有液体与固体之分。

菌剂的国家行业标准是每毫升含活性孢子2亿个以上，但有些企业设备先进，可生产出含菌更高的产品，应用效果非常好。相反，也有些小厂生产的菌剂含菌量极低，施用后效果不佳，这也是多年来微生物菌剂推广慢的原因之一。

固体菌剂较多，一般都是作成粉状或颗粒状，固体菌剂的国家行业标准为每克含菌1亿个以上，工艺好的产品每克可达3亿~5亿个。

目前，有的厂家生产菌剂原粉，每克含活菌孢子100亿个以上，可作为微生物肥的生产原料。

菌剂中含有的菌种不同，其作用也不同，目前主要有以下几种。

（1）固氮为主，兼有解磷作用：蜡质芽孢杆菌等。

（2）解磷菌：巨大芽孢杆菌。

（3）解钾菌：胶质芽孢杆菌（硅酸盐细菌）。

（4）抑制病害菌类：如多黏芽孢杆菌。

（5）复合型菌剂：一种菌剂中含有多种有益菌，兼有解磷、解钾、固氮、解药害和抗病、抑病作用，如沃的天微生物菌剂。

微生物菌剂不是肥，但能通过分解活化土壤，起到肥的作用，所以一般销售中也称之为"微生物菌肥"。

菌肥。菌肥即含有微生物菌的肥，目前市场上品种繁多主要有两大类。

（1）复合微生物肥：同时含有有益菌和复合化学成分，此类肥的国家行业标准为有益活性孢子每克2000万个以上，有效成分≥6%。

（2）生物有机肥：同时含有有益菌和有机物质，有的还含有腐质酸，此类肥的国家行业标准为有益活性孢子每克2000万个以上，有机质≥40%。

一、微生物菌肥的功能与作用

1. 补充营养

微生物肥中所含的有益菌可以分解、活化土壤，把土壤中固定的不易被作物吸收利用的矿物性的磷、钾和多种中微量元素分解、释放出来，变为水溶性养分，被作物吸收利用，从而达到养分平衡。据多年试验和应用，连续使用3年，可使土壤速效磷含量增加2~10mg/kg；速效钾增加10~20mg/kg，并且可以提高钙、锌、硼等中微量元素的利用率。

2. 抑菌抗病

（1）位点竞争：有益菌在植物根系土壤微生态系统内形成优势种群，抑制或减少了病原微生物的繁殖机会，甚至对其产生拮抗作用，减少了对作物侵害。

（2）刺激生长：有益菌生长繁殖过程中，向植物根系土壤微生态分泌各种代谢产物，如赤霉素、细胞激素、吲哚乙酸和多种酶类，可以打破种子休眠，促进生根、生长和发育，从而抵抗不良环境。

（3）健身栽培：有益菌活动中产生的多糖可使土壤中的有机质和腐殖质增多，从而增加团粒结构，提高化肥利用率，达到健身栽培目的。有效抑制多种病害的发生。我国化肥利用率：氮为30%~40%，磷为10%~20%，钾为35%~50%。而美国和欧盟等发达国家为60%~70%。

3. 增产增收

由于微生物肥能够从根本上改变土壤理化性状，全面供给营养，从而达到抗旱、抗寒、抗病作用，而且可以减少化肥使用量，节约成本，省工、省力、所以增产增收。一般可使禾谷类作物增产10%~15%，油料作物增产13%~16%，根茎类作物增产15%~30%。瓜果类增产幅度更大，有增产50%以上的例子。美国农业生产使用微生物肥面积占70%以上，1克玉米鲜根表面附有300万个钾细菌，玉米亩产达1835kg。

微生物肥无毒、无害，对作物无不良影响。尤其是微生物菌剂，不烧苗、不伤根，是生产绿色食品的有机健身栽培专家。

微生物肥的使用方法：

（1）拌种或浸种。使用液体菌剂，玉米种子每公斤用50~60ml；大豆种子每公斤用40~50ml，小麦种子每公斤用25~30ml，水稻浸种每公斤种子用50ml，加足清水或不杀细菌的药剂，按常规浸种。

（2）种肥。使用固体磷钾菌剂每亩1~2kg与种子或其他肥混合施入。

（3）底肥。复合微生物肥或生物有机肥可根据养分含量做底肥，但为了保证养分充足，应适量加入其他化肥。

（4）蘸根或浸根。蔬菜、果树、草莓、甘薯等定植前用菌剂兑水蘸根或浸根（果树）可促使作物生根，提高成活率，兼有补充养分作用。

（5）追肥。有些作物，如果树、蔬菜可随时追施微生物肥。如用液体菌剂兑水灌根，用固体或液体菌剂冲施等。

（6）叶面喷施。在发生药害或遇到生长障碍时，可兑水喷雾或苗床浇洒。

应注意的问题：使用微生物菌肥应避免阳光直射，拌种后要阴干；不要直接与杀细菌农药及铜制剂混合，可与一般种衣剂配合使用；在碱性较强的土壤上施用应与有机肥配合；微生物菌类施在种子、根际附近效果最佳，在作物一生中施用越早越好；微生物菌剂中不含大量元素，不能全部代替化肥，但可以提高化肥利用率。

生物有机肥发展前景：据农业部消息，生物有机肥是一种新型肥料产品，对优化农业投入品结构，改良土壤，提高土壤肥力，改善作物根际微生物群具有积极作用。生物有机肥的应用符合"绿色环保，节约资源"的要求。随着人们生活水平的提高，人们对绿色有机食品的需求将不断增加。因此，生物有机肥的发展是未来农业发展的必然趋势。

农业部制定的"化肥使用零增长行动计划"明确提出要在化肥使用结构中实行"两优化"：优化 N、P、K 配比，促进宏观协调元素和微量元素，并把使用生物有机肥作为加速推广新产品的手段。其中重要内容之一就是要采取有效措施，促进微生物有机肥料的推广应用。

未来将把生物有机肥作为促进化肥减量化和提高效益的重要措施，充分利用广播电视，手机，互联网等媒体，加大宣传引导和培训力度，让农民了解生物有机肥改良土壤，提高肥力，提高作物质量，减少农业面源污染，增加应用生物有机肥的积极性和主动性。

今后，各级农业行政主管部门将会同有关部门根据国家有关政策和当地实际情况，积极开展调查研究，不断完善激励机制，鼓励生产和使用生物有机肥料，进一步加大扶持力度，推广生物有机肥料。肥料工业健康发展，加速生物有机肥技术的推广。

目前中国的耕地数量，耕地面积 20.31 亿亩，人均不足 1.5 亩，仅为世界平均水平的 40%。其次，从质的角度看，耕地负担逐年增加，地区退化问题日益严重。

而且，随着经济社会发展，特别是工业化和城镇化的步伐，耕地数量的下降难以扭转，耕地质量也将越来越突出。

据农业部有关资料显示，中国耕地长期处于亚健康状态，存在大面积退化，大面积污染，有机质含量低，土壤肥力低等问题。

4. 肥料是作物的"粮食"

20 世纪 80 年代以来，中国的粮食产量逐年增加，到 21 世纪已达到 1.1 万亿斤，1.2 万亿斤。据国家统计局公布的数据显示，2017 年全国粮食总产量达到 61791 万吨。化肥和农药发挥了重要作用。

但高强度使用耕地，超负荷运行，质量下降，岩土工程设施透支，严重的土壤污染等负面影响，严重制约了我国农业的可持续发展。

长期过量施用化肥或滥用化肥会破坏土壤颗粒结构，导致土壤板结，物理性质恶化，影响农产品质量。

据统计，从 1979 年到 2013 年的 35 年间，中国化肥用量从 1086 万吨增加到 5912 万吨。

总之，中国土壤退化问题已经非常严重。通过休耕来恢复土壤是不可能的，肥料量太大，有机肥比例极低，土壤缺碳。

生物有机肥是指含有特定功能微生物和已经解毒分解（以畜禽粪便，农作物残渣和其他动植物残体为源头）的有机物质的肥料，同时具有微生物肥料和有机肥料作用。

生物有机肥能有效利用土壤中的营养元素，提高作物产量，减少肥料施用量，提高肥料利用率。发展前景非常广阔。

第三节　生物有机肥的推广与应用

我国是一个传统的农业大国，同时也是世界上有机废弃物产量最大的国家。据统计，我国每年产生各类作物秸秆约 6.5 亿吨/年，其中产生家禽粪便约为 17.3 亿吨，城镇生活垃圾年产生量约为 1.5

亿吨，有 50%-60% 是可以降解的有机质，如此丰富的有机物资源，如不及时进行无害化处理，一方面会造成生态环境的严重污染，另一方面也导致了有机物资源的严重浪费，如何将这些有机固体废弃物进行减量化、无害化、资源化处理，是目前迫切需要解决的问题。

化肥在我国大面积使用始于 20 世纪 60、70 年代，特别是近 30 年来，化肥的施用量和施用面积迅速增加，曾一度对农作物的增产起到了显著作用，但不可否认，随之所带来的问题是土壤结构遭受破坏，保水保肥能力下降，地下水遭到污染，江、河、湖泊等水体遭受污染，农产品品质下降，土壤微生物群系破坏和病虫害发生严重，20 世纪 70 年代，我国耕地普遍缺氮，80 年代普遍缺磷，90 年代则缺钾，进入 2000 年后，土壤肥力的基本状况是：氮、磷过剩，钾元素、有益微生物数量和有机质不足，使许多农田变成了无有机质的"卫生田"，而有机质的减少，又导致作物吸收氮、磷、钾能力降低，作物抗逆性差，土壤营养成分严重失衡等，我国从 20 世纪 50 年代开始进行微生物肥料的研究和应用，到 90 年代，一些科研单位和企业相继研制和生产出生物有机肥投放市场。

由于生物有机肥以禽畜粪便、农作物秸秆、油饼类、农副产品和食品加工生产的有机废弃物为原料，通过特定微生物发酵所制成的集有机肥料和微生物肥料优点于一体，有利于改善土壤生态环境，培肥地力，促进作物营养元素吸收，增加土壤有益微生物种群和数量，减少作物病虫害，增加食品安全性和提高农产品品质的一种新型肥料，是我国农业生产中的重要肥源，越来越被各级政府部门和广大消费者认可，并在生产上广泛应用，被认为是我国发展生态农业、有机农业和农业可持续发展的有效途径。

生物有机肥与传统有机肥和生物菌肥的区别有机肥料是农村中利用各种有机物质、就地取材、就地积制的自然肥料的总称，又称农家肥料。

有机肥料资源极为丰富、品种繁多，几乎一切含有有机物质，并能提供多种养分的材料，都可用来制作有机肥料，由于传统有机肥料未经发酵或发酵不完全（主要为自然发酵），其中的病原菌、杂草种子和虫卵，施入土壤后，可引起由于有机质在土壤中腐熟产热而导致烧苗或造成作物病虫害循环发生。

生物菌肥也称为生物肥料、菌肥、细菌肥料或接种剂，确切地说，生物菌肥是菌而不是肥，因为它本身并不含有植物生长发所需要的营养元素，而只是含有大量的微生物，在土壤中通过微生物的生命活动，改善作物的营养条件，由于生物菌肥只含有功能菌，只能通过功能菌来促进土壤中被固定肥料的利用，提高土壤肥力，刺激植物生长，或抑制有害生物的活动，增强植物的抗病力和抗逆性，促进植物对养分的吸收，提高农产品质量或改善农产品质量，对土壤肥料中营养起转化增效作用，但并不足以代替其他肥料，生物菌肥的功能菌可能不适合某些土壤环境。

生物有机肥是采用生物工程技术和原理，选择从自然界中筛选、分离的细菌、放线菌、霉菌和酵母菌等微生物，通过组合和微生物之间的拮抗试验，利用有机废弃物为载体，经特殊工艺加工而成，它将有机质与生物菌的功能有机合理的予以融合，既克服了有机肥肥效迟缓，又克服了生物菌肥作用发挥易受环境、对象等特点制约作用，利于发挥菌肥和有机肥的互补增促作用，产生 1+1 > 2 的效果，由于生物有机肥中的有机质本来就是功能菌生活的环境，施入土壤后容易存活。

生物有机肥在绿色食品生产过程中的优势目前农业的增收单纯依靠增加化肥的施用量已很难实现，相反势必会加剧农业生态环境的污染和破坏，降低农产品品质，影响消费者的身心健康，鉴于此，农业部在 2004 年开始实施"农产品无公害行动计划"，组织无公害农产品生产技术推广，提高安全卫生品质，提高我国农产品的国际竞争力，农业可持续发展已受到各级政府部门的高度重视，农业生产中减少化肥施用量，施用生态型肥料已成为共识。

与化肥和普通有机肥相比，生物有机肥的优势主要体现在以下几个方面：

（1）改善土壤结构，提高土壤肥力。生物有机肥内含多种功能性微生物，进入土壤后，在生长繁殖过程中产生大量的次生代谢产物，这些产物能够促进土壤团粒结构的形成，使土壤变得疏松，水、气、热更加协调，有利于保水、保肥、通气和促进作物根系发育，为农作物提供舒适的生长环境，研究表明，在沙壤土上，当生物有机肥的施用量累积达到 240 吨/hm^2，施肥层于 20cm 土层的土壤容重显著降低，同时其有机质含量、总氮量、总磷量有显著增加，在柑橘树施用生物有机肥料可以改善橘园土壤状况，促进柑橘根系生长发育。同时，生物有机肥能明显提高土壤孔隙度、土壤脲酶活性、土壤转化酶活性、土壤速效 N 含量、土壤速效 P 含量和土壤速效 K 含量。

（2）降低作物病虫害的发生，刺激作物生长。生物有机肥中的有益微生物遇到适宜的环境大量生长繁殖，在作物根际土壤微生态系统内形成优势种群，抑制其他有害微生物的生长繁殖，甚至对部分有害病原菌产生拮抗作用。同时，微生物在生长繁殖过程中能向作物根际土壤微生态系统内分泌如氨基酸、赤霉素等各种代谢产物，可刺激作物生长。

（3）提高作物产量，改善农产品品质。生物有机肥内含多种功能性微生物和丰富的有机质，可以改良土壤结构，对作物生长起到营养、调理和保健作用，减少化肥施用量，相应地减少了农产品中硝酸盐的含量。通过生物有机肥对西红柿生长及品质的影响的研究，表明西红柿种植中施用生物有机肥可有效地提高维生素 C 的含量，降低亚硝酸盐的含量。在烟草上施用生物有机肥，能使烟叶的品质得到极大的改善。在果树上施用生物有机肥后产量和果实品质都比常规施肥大大提高。

（4）增加土壤有益微生物的种群和数量。专家们通过采用平板计数法和氯仿熏蒸法，研究了生物复混肥不同施用量对玉米和油麦菜盆栽土壤中微生物数量及土壤微生物生物量的影响，结果表明，在作物生长的前中期，每公斤土壤中施入 0.1g 和 0.2g 生物复混肥处理较等养分量的有机无机肥能显著增加土壤中细菌、放线菌和真菌的数量及生物量碳和生物量氮含量，在作物生长中后期可显著提高油麦菜盆栽土壤中生物量磷含量。

（5）可以提高氮肥利用率。单纯使用氮肥，由于挥发、淋失、反硝化、径流等原因，利用率只有 30%～50%，且造成地下水的污染，而采用生物有机肥与无机肥混用的办法可大大提高氮肥的利用率；无机磷施入土壤中容易产生不溶性化合物，利用率很低，而施用生物有机肥后，有机酸可与钙、镁、铁、铝等金属元素形成稳定的络合物，从而减少磷的固定，明显提高磷的利用率。一般可减少化肥使用 20%～30%。

（6）生物有机肥具有肥效缓释作用。在施肥过程中，微生物的繁殖吸收了化肥中的无机氮和磷转化为菌体蛋白、氨基酸、核酸等成分，一部分极易挥发的物质被微生物增殖过程中产生的代谢产物如有机酸所固定，一部分则被有机废弃物的降解产物如腐植酸所固定，部分有机态氮包括微生物菌体在土壤中再经矿化转变为植物可直接利用的氮、磷等化合物，从而达到缓释效果，减少化肥流失。

生物有机肥的作用效果生物有机肥生产的技术含量比一般有机肥生产的技术含量要高。生物有机肥除了含有较高的有机质、氮、磷、钾、腐殖质和微量元素外，还含有改善肥料或土壤中养分释放能力的功能菌，有的还添加具有杀虫和产生抗菌素的微生物。

我国生物有机肥料的生产规模20世纪90年代以来，生物有机肥料在我国得到了较为快速的发展，目前在农业部获得产品登记证的企业约有250家，年设计生产能力多是中型（2万~3万吨）或是大型企业（3万~5万吨），也有部分超大型（5万吨以上）生产企业，但大多数是小规模企业，作坊式生产，设备工艺落后，产品质量不高。湖南省湘佳现代农业有限公司就是其中为数不多的超大型生产企业之一，该公司生产的生物有机肥通过充分发酵、深度腐熟、科学接种，全面达到了行业标准要求。几年的施用实践证明其产品对修复土壤、改良土壤结构、提高农产品品质和肥料利用率效果显著。优良的产品品质不仅使得湘佳赢得了更多的市场份额，而且对整个生物有机肥行业的良性发展起到了积极的推动作用，避免了"劣币驱逐良币"的不良市场竞争，目前湖南省湘佳现代农业有限公司已成长为国内生物有机肥行业的标杆企业。

利用的原材料主要是禽类粪便，或是禽类粪便与饼粕类和草炭等有机质，虽然有些企业采用了禽畜类粪便和秸秆类作为主要原材料的生产工艺，但由于作物秸秆存在收集困难、体积大、不易粉碎、分解时间长等困难，真正采用农作物秸秆作为主要原材料的企业很少，我国生物有机肥料的年消费量为150万吨左右，仅占全国肥料总用量的7%，而欧美等西方国家生物有机肥料已占肥料总用量的50%，而且生物有机肥料的生产厂家在国内的分布也极不平衡，主要分布在经济发达的省份和有机原料丰富的地区。

我国生物有机肥的生产技术现状在生物有机肥的发酵工艺上，多数企业采用的是精式堆积发酵法和平地堆积发酵法，一些较为先进的发酵设备如塔式发酵设备也有所应用，采用的生产菌种多数是芽孢杆菌、光合细菌、酵母菌、木霉菌、高温放线菌等，有些厂家为了提高生物有机肥料的应用效果，在发酵后期或制作成品肥料前加入固氮菌、解磷菌、硅酸盐细菌等功能性微生物，但由于我国生物有机肥料发展和应用时间不长，基础研究薄弱，部分生产厂家生产条件简陋，生产工艺简单，缺少相应的技术人员，加上地方保护主义严重，监管不力，导致产品质量不稳定，或不切实际的夸大宣传、坑骗消费者的现象时有发生，给我国生物有机肥料的生产和推广应用人为地制造了许多障碍。

生物有机肥的推广应用现状生物有机肥在蔬菜上的应用。有研究表明黄瓜施用生物有机肥后，可以提高黄瓜产量，改善植物学性状和生物学性状，降低黄瓜亚硝酸含量，事实证明生物有机肥能明显提高马铃薯的产量，提高马铃薯淀粉含量1.92%；能提高苦瓜的产量和维生素C的含量，降低还原糖和果酸的含量；可以提高番茄的产量，并可改善果实营养品质与风味，尤其可显著增加果实的番茄红素含量，降低果实硝酸盐含量。

生物有机肥在粮食作物上的应用。在无机营养水平相当条件下，腐植酸生物活性肥料可以明显改善冬小麦植株性状及产量构成因素，增加产量增强抗逆性能，生物有机肥在高粱上应用试验结果表明，生物有机肥可以提高高粱的产量和淀粉含量。生物有机肥在水稻栽培上的应用研究表明，生物有机肥不仅对水稻具有增产作用，而且稻米品质明显提高。

生物有机肥在水果及经济作物上的应用。生物有机肥在水果栽培上的应用也日趋广泛，国内许多研究表明：苹果、草莓、香蕉、大樱桃、梨等、茶叶、柑橘施用生物有机肥不仅可以提高水果的产量和品质，还可增加果树根系重量、叶片厚度和面积、叶绿素含量和光合强度等。

在经济作物的应用上，生物有机肥可以提高人参茬地的产量和品质，抑制人参锈斑和腐烂现象的发生。有研究成果表明生物有机肥可以明显改善甘蔗农艺性状，提高产量。生物有机肥在油菜、生姜、西瓜、甜瓜等作物上都取得了明显的应用效果。

生物有机肥生产和推广应用中存在的问题生物有机肥的研究和生产在我国已经历了 20 多年的发展，无论从菌种质量、原材料选择、生产工艺，还是推广应用等方面都取得了可喜的成绩，研发的种类越来越多，应用的范围包括了蔬菜、水果、经济作物、观赏植物、林木、药材、粮食作物等，但生物有机肥在我国的应用范围和推广速度较国外仍显落后，主要存在的问题有：

（1）基础研究薄弱。生物有机肥生产的核心是微生物，有效活菌数是生物有机肥的主要指标之一，其数量和纯度直接关系到生物有机肥的应用效果，因此，开展微生物技术和生物有机肥发酵技术的研究十分重要，有些生产厂家使用的微生物菌种只是几个菌种的简单组合，未充分考虑菌种之间的内在关系；有些厂家采用的菌种种类过于庞大，到底是那些微生物起作用，起什么作用，进入土壤后其作用机理、能否定植和成活，根本没有进行研究，这是企业普遍存在的问题。

（2）生产技术落后，产品质量满足不了农业生产的需求。目前我国生物有机肥的生产大多是采用槽式堆积法或平地式堆积法发酵，有机质没有经过必要的处理，造成生产的产品质量得不到保证，主要表现在有效活菌数含量低、有机质腐熟不彻底，施用后出现烧苗、影响作物生长速度等现象，挫伤消费者使用的积极性。

（3）生产企业与科研院所缺少合作，产品科技含量低。有的企业在得到菌种和生产技术后就长期生产，根本不考虑菌种的更新和复壮，不具备微生物菌种生产能力，或是通过购买菌剂进行简单复配来生产生物有机肥，加上缺乏技术人员和检测条件，极少与科研单位和高等院校进行有效的合作，导致生物有机肥产品不能保证质量，产品科技含量低。目前在行业内，做得好的湖南湘佳现代农业有限公司，与湖南土壤肥料研究所、湖南农大、中国柑橘产业科学家周卫军教授进行了紧密合作，开发了多款生物有机肥产品，赢得了广大用户的好评。

（4）过度宣传。有些企业打着生物技术的牌子，对生物有机肥缺乏科学宣传，这是任何单位的一大禁区，在实际推广过程中，有些单位把自己生产的生物有机肥说得神乎其神，用了我的产品就不需要用任何肥料了，结果不仅是赔产，还损坏了生物有机肥在消费者心中的形象。

（5）剂型单一。目前市场上生物有机肥以粉剂为主，很少出现新的剂型，这给施肥技术和施肥习惯带来相当大的困难。

（6）产品名称与产品内涵不符。在国内生物有机肥的种类和名称很多，主要有"生物有机肥"、"生物有机无机复合肥"、"复合生物有机肥"、"高效有机肥"、"生态肥"、"活性肥"、"活性有机液肥"、"精制有机肥"等，尽管这些有机肥料中含有有机质和微生物，但不能说明有机质含量多少和微生物的种类。原因是有些肥料企业根本不执行国家的法律法规，导致登记监管不严，执法部门无所适从。

（7）多部门管理，导致企业推广困难。对于一个新事物的出现，往往有许多部门争相管理，原因是经济效益在作怪，一个新产品进入到一个新的市场，往往可以得到许多部门的关注，如农业执法大队、技术监督局、当地农业局，甚至当地公安局等，而且罚款一个接一个，企业为了息事宁人，往往交了罚款走人。

（8）市场管理混乱。有些产品虽已在省里登记，但在市场上冒充生物有机肥销售，但实际上是一般有机肥，在产品标识上，故意夸大功效，严重干扰了生物有机肥正常的销售和市场推广力度，这与市场监督不力有很大的关系。

第四节　生物有机肥发展趋势与潜力

一、生物有机肥料的发展趋势

按照生物有机肥占化肥总用量的20%计算，我国生物有机肥的市场容量为2000万~3000万吨，我国生物有机肥的生产还远未形成规模化，远远不能满足市场的需要，由于生物有机肥具有有机质含量高、养分全面，并且含有大量能活化土壤的有益微生物，因此生物有机肥在生态农业、有机农业生产中将发挥积极的作用：

（1）由单功能向多功能方向发展。目前市场上的生物有机肥主要是向植物提供生长繁殖所需的各种养分，根据"PGPR"的概念，生物有机肥应当兼有改善植物营养、刺激植物生长和防治植物病虫害等多种功能。

（2）由无芽孢菌转向芽孢菌。由于无芽孢菌抗逆性差，货架期短，保存成本高，难以大规模地推广和应用，芽孢菌抗逆性强，便于贮存和运输，而且芽孢菌在有机质发酵过程中耐高温，能够保证肥料中有效活菌数的含量。

（3）生物有机肥与配方施肥的有机结合。生物有机肥含有丰富的营养元素，根据植物需肥规律和土壤的肥力状况，在生物有机肥中加入不同含量的无机肥科，配制成各种有机无机专用肥，以满足农业生产的需要。

二、生物有机肥的发展前景

我国有机肥资源丰富，科研院所和高等院校许多科研人员以生物技术原理和生物工程手段为指导，正在加大生物有机肥料的研制和开发的力度，可以相信，在不久的将来，生物有机肥料将逐渐成为肥料行业的消费热点，广泛应用于我国绿色食品生产。实现有机废弃物转变为有机生物肥，使之商品化、产业化和无害化，有效解决种植业、养殖业的后顾之忧。从全国各地的应用情况分析，生物有机肥不仅可使各种作物增产，还可改善土壤生态环境、提高农产品品质、增加土壤微生物的种群和数量、提高化肥利用率，可使我国农业走可持续发展的道路。